U0470738

东南亚国家发展政策研究

宋国华 等 编著

时事出版社
北京

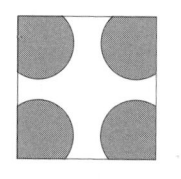

前言 PREFACE

　　面对肆虐全球的新冠肺炎疫情及其对世界经济发展造成的深刻影响，人们似乎很容易得出悲观结论：全球经济发展失衡、包容度低、不可持续等"老问题"未消，逆全球化、民粹主义、保护主义、"强制脱钩"等"新麻烦"又至。不过，正如国家主席习近平2020年7月28日在亚洲基础设施投资银行第五届理事会年会视频会议开幕式上的致辞所言：全球抗击新冠肺炎疫情的实践表明，人类是休戚与共、风雨同舟的命运共同体；和平与发展仍然是我们这个时代的主题。发展既是发展中国家面临的主要任务，也是发达国家实现持续繁荣的必由之路。同时，也是世界各国摆脱疫情影响，尽快恢复经济，努力解决经济全球化进程中出现的矛盾的不二选择。因此，发展问题仍然具有实质性的时代意义。全球化背景下，各国发展息息相关。协同发展、开放发展是促进各国共同繁荣的根本路径。中国政府提出的合作共建"一带一路"倡议，无疑是国际社会应对风险挑战、实现共同发展的重要平台。其中，东南亚地区作为中国"21世纪海上丝绸之路"的首倡地和最新的第一大贸易伙伴，自然是中国构建"以国内大循环为主体、国内国际双循环相互促进的新发展格局"的重要面向。研究东南亚国家的发展政策，对该地区全部国家的经济发展进行整体把握，在当前形势下具有相当明显的现实价值。本书旨在为中国企业，特别是"成渝地区双城经济圈"和西部陆海新通道沿线企业,与东南亚国家开展经贸合作提供科学参考,同时也可作为相关机构和人员进行东南亚研究、中外人文交流的参考资料。为发挥人文交流在经贸合作中的基础性、长效性作用,贯彻西部陆海新通道战略规划精神,由教育部中外人文交流中心和四川外国语大学合作共建的"陆海新通道涉外服务行业中外人文交流研究院"于 2019 年 9 月正式挂牌成立。本书也是该研究院为中国相关行业、企业提供公益性科研服务的重要尝试和直接体现。鉴于本书的公益性价值取向以及预期的实际应用面向,课题组在编写过程中对较为繁琐的学术规范进行了必要的精简,以方便社会层面读者更加简便地进行阅读。当然,这种形式上的简化并不意味着我们对于严谨的学术态度的放弃,以及对于前人研究成果所给予我们的极大帮助的轻视。相反,我们怀着崇高的敬意对待前人的研究成果,并竭尽全力对书中涉及的政策内容、数据文献进行了反复核验。如果笔者因水平所限和疏忽大意而对前人成果引述、评论不当,或者导致部分内容、数据存误,在此深表歉意,并将努力在未来的再版过程中认真改正。

宋国华

2020 年 8 月

目 录
CONTENTS

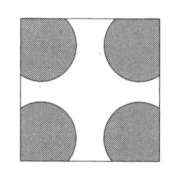

第一章　印度尼西亚发展政策 …………………………………… (1)

第一节　印度尼西亚的基本情况 ……………………………… (1)
 一、政治发展简况 …………………………………………… (1)
 二、国内安全局势 …………………………………………… (2)
 三、经济发展简况 …………………………………………… (3)
 四、主要经济部门 …………………………………………… (3)
 五、宏观经济管理 …………………………………………… (4)

第二节　印度尼西亚发展政策体系 …………………………… (5)
 一、法律政策 ………………………………………………… (5)
 二、产业政策 ………………………………………………… (11)
 三、贸易政策 ………………………………………………… (15)
 四、税收政策 ………………………………………………… (17)
 五、科技政策 ………………………………………………… (20)
 六、金融政策 ………………………………………………… (21)

第三节　印度尼西亚发展政策成效 …………………………… (23)

　　　　一、成效分析 …………………………………… (23)
　　　　二、合作建议 …………………………………… (24)

第二章　泰国发展政策 ……………………………………… (30)

　　第一节　泰国的基本情况 ……………………………… (30)
　　　　一、政治发展简况 ……………………………… (30)
　　　　二、经济发展简况 ……………………………… (31)
　　　　三、主要经济部门 ……………………………… (32)
　　　　四、宏观经济管理 ……………………………… (33)
　　第二节　泰国发展政策体系 …………………………… (36)
　　　　一、法律政策 …………………………………… (36)
　　　　二、产业政策 …………………………………… (38)
　　　　三、贸易政策 …………………………………… (39)
　　　　四、税收政策 …………………………………… (42)
　　　　五、科技政策 …………………………………… (44)
　　　　六、金融政策 …………………………………… (46)
　　　　七、旅游政策 …………………………………… (48)
　　第三节　泰国发展政策成效 …………………………… (50)
　　　　一、成效分析 …………………………………… (50)
　　　　二、合作建议 …………………………………… (52)

第三章　马来西亚发展政策 ………………………………… (57)

　　第一节　马来西亚的基本情况 ………………………… (57)
　　　　一、政治发展简况 ……………………………… (57)
　　　　二、经济发展简况 ……………………………… (58)
　　　　三、主要经济部门 ……………………………… (59)
　　　　四、宏观经济管理 ……………………………… (60)
　　第二节　马来西亚发展政策体系 ……………………… (62)

一、法律政策 …………………………………………（62）
　　二、贸易政策 …………………………………………（63）
　　三、税收政策 …………………………………………（64）
　　四、劳动政策 …………………………………………（68）
　　五、金融政策 …………………………………………（70）
　　六、科技政策 …………………………………………（71）
　　七、知识产权政策 ……………………………………（72）
　　八、环境保护政策 ……………………………………（75）
　第三节　马来西亚发展政策成效 …………………………（76）
　　一、成效分析 …………………………………………（76）
　　二、合作建议 …………………………………………（78）

第四章　新加坡发展政策 ………………………………（85）

　第一节　新加坡的基本情况 ………………………………（85）
　　一、政治发展简况 ……………………………………（85）
　　二、经济发展简况 ……………………………………（86）
　　三、主要经济部门 ……………………………………（87）
　　四、宏观经济管理 ……………………………………（88）
　第二节　新加坡发展政策体系 ……………………………（91）
　　一、贸易政策 …………………………………………（92）
　　二、企业发展政策 ……………………………………（92）
　　三、投资政策 …………………………………………（93）
　　四、税收政策 …………………………………………（96）
　　五、仲裁服务政策 ……………………………………（96）
　　六、金融政策 …………………………………………（97）
　　七、劳动政策 …………………………………………（99）
　第三节　新加坡发展政策成效 ……………………………（103）
　　一、成效分析 …………………………………………（103）
　　二、合作建议 …………………………………………（107）

第五章 菲律宾发展政策 …………………………………… (110)

第一节 菲律宾的基本情况 …………………………………… (110)
一、政治发展简况 …………………………………… (110)
二、经济发展简况 …………………………………… (111)
三、主要经济部门 …………………………………… (112)
四、宏观经济管理 …………………………………… (113)

第二节 菲律宾发展政策体系 …………………………… (114)
一、法律政策 ………………………………………… (114)
二、产业政策 ………………………………………… (116)
三、贸易政策 ………………………………………… (117)
四、税收政策 ………………………………………… (119)
五、金融政策 ………………………………………… (126)
六、科技政策 ………………………………………… (127)

第三节 菲律宾发展政策成效 …………………………… (129)
一、成效分析 ………………………………………… (129)
二、合作建议 ………………………………………… (131)

第六章 越南发展政策 ……………………………………… (135)

第一节 越南的基本情况 ………………………………… (135)
一、政治发展简况 …………………………………… (135)
二、经济发展简况 …………………………………… (136)
三、主要经济部门 …………………………………… (137)
四、宏观经济管理 …………………………………… (138)

第二节 越南发展政策体系 ……………………………… (141)
一、投资政策 ………………………………………… (141)
二、贸易政策 ………………………………………… (149)
三、税收政策 ………………………………………… (151)

四、土地政策 …………………………………… （153）
　　五、劳动政策 …………………………………… （154）
　　六、金融政策 …………………………………… （156）
　　七、知识产权政策 ……………………………… （157）
　　八、环境保护政策 ……………………………… （158）
　　九、商务政策 …………………………………… （160）
第三节　越南发展政策成效 ………………………… （161）
　　一、成效分析 …………………………………… （161）
　　二、合作建议 …………………………………… （164）

第七章　缅甸发展政策 ……………………………… （167）

第一节　缅甸的基本情况 …………………………… （167）
　　一、政治发展简况 ……………………………… （167）
　　二、经济发展简况 ……………………………… （168）
　　三、主要经济部门 ……………………………… （170）
　　四、宏观经济管理 ……………………………… （171）
第二节　缅甸发展政策体系 ………………………… （173）
　　一、投资政策 …………………………………… （173）
　　二、税收政策 …………………………………… （177）
　　三、贸易政策 …………………………………… （180）
　　四、劳动政策 …………………………………… （183）
　　五、土地政策 …………………………………… （185）
　　六、金融政策 …………………………………… （186）
　　七、环境保护政策 ……………………………… （187）
　　八、科技政策 …………………………………… （189）
　　九、优惠政策 …………………………………… （190）
第三节　缅甸发展政策成效 ………………………… （193）
　　一、成效分析 …………………………………… （193）
　　二、合作建议 …………………………………… （195）

第八章 柬埔寨发展政策 (200)

第一节 柬埔寨的基本情况 (200)
一、政治发展简况 (200)
二、经济发展简况 (201)
三、主要经济部门 (203)
四、宏观经济管理 (204)

第二节 柬埔寨发展政策体系 (206)
一、产业政策 (206)
二、金融政策 (208)
三、土地政策 (210)
四、贸易政策 (210)
五、税收政策 (213)
六、劳动政策 (214)
七、投资政策 (215)

第三节 柬埔寨发展政策成效 (217)
一、成效分析 (217)
二、合作建议 (219)

第九章 老挝发展政策 (223)

第一节 老挝的基本情况 (223)
一、政治发展简况 (223)
二、经济发展简况 (224)
三、主要经济部门 (225)
四、宏观经济管理 (226)

第二节 老挝发展政策体系 (228)
一、法律政策 (228)
二、产业政策 (229)

三、贸易政策 …………………………………（234）
　　四、税收政策 …………………………………（235）
　　五、外资政策 …………………………………（236）
　　六、劳动政策 …………………………………（237）
　　七、土地政策 …………………………………（238）
第三节　老挝发展政策成效 ………………………（239）
　　一、成效分析 …………………………………（239）
　　二、合作建议 …………………………………（242）

第十章　文莱发展政策 ……………………………（246）

第一节　文莱的基本情况 …………………………（246）
　　一、政治发展简况 ……………………………（246）
　　二、经济发展简况 ……………………………（247）
　　三、主要经济部门 ……………………………（248）
　　四、宏观经济管理 ……………………………（248）
第二节　文莱发展政策体系 ………………………（251）
　　一、贸易政策 …………………………………（251）
　　二、投资政策 …………………………………（252）
　　三、税收政策 …………………………………（253）
　　四、投资优惠政策 ……………………………（255）
　　五、劳动政策 …………………………………（256）
　　六、土地政策 …………………………………（257）
　　七、环保政策 …………………………………（258）
第三节　文莱发展政策成效 ………………………（259）
　　一、成效分析 …………………………………（259）
　　二、合作建议 …………………………………（260）

第十一章 东帝汶发展政策 ……………………………………（263）

第一节 东帝汶的基本情况 …………………………………（263）
一、政治发展简况 ……………………………………（263）
二、经济发展简况 ……………………………………（264）
三、主要经济部门 ……………………………………（265）
四、宏观经济管理 ……………………………………（265）
第二节 东帝汶发展政策体系 …………………………………（266）
一、贸易政策 …………………………………………（266）
二、投资政策 …………………………………………（267）
三、税收政策 …………………………………………（268）
四、产业政策 …………………………………………（270）
五、劳动政策 …………………………………………（270）
六、土地政策 …………………………………………（271）
第三节 东帝汶发展政策成效 …………………………………（272）
一、成效分析 …………………………………………（272）
二、合作建议 …………………………………………（272）

参考文献 ………………………………………………………（275）

后　记 …………………………………………………………（280）

第一章　印度尼西亚发展政策

第一节　印度尼西亚的基本情况

印度尼西亚共和国（英文名：Republic of Indonesia，简称"印尼"）面积约191万平方千米，人口约2.62亿，为世界第四人口大国。全国共有数百个民族，其中爪哇族人口占45%，巽他族14%，马都拉族7.5%，马来族7.5%，其他族群26%。民族语言共有200多种，官方语言为印尼语。印尼有约87%的人口信奉伊斯兰教，是世界上穆斯林人口最多的国家。6.1%的人口信奉基督教，3.6%信奉天主教，其余信奉印度教、佛教和原始拜物教等。印尼首都为雅加达（Jakarta），人口1037.4万。现任总统为佐科·维多多（Joko Widodo），2019年10月就任，任期至2024年。

一、政治发展简况

印尼于1945年8月17日独立后，先后武装抵抗英国、荷兰的入侵，其间曾被迫改为印度尼西亚联邦共和国并加入荷印联邦，1950年8月重新恢复为印度尼西亚共和国，1954年8月脱离荷印联邦。

1997年亚洲金融危机对印尼造成全面冲击，引起局势动荡。1998年5月，执政长达32年的苏哈托（Suharto）总统辞职，副总统哈比比（B. J. Habibie）

接任总统。1999年10月，印尼人民协商会议（People's Consultative Assembly，简称"人协"）选举瓦希德（Abdurrahman Wahid）为总统，梅加瓦蒂（Megawati Sukarnoputri）为副总统。2001年7月23日，人协特别会议以渎职罪罢免瓦希德的总统职务，梅加瓦蒂接任总统，哈姆扎·哈兹（Hamzah Haz）任副总统。

2004年7月，印尼举行历史上首次总统直选，原政治安全统筹部长苏希洛（Susilo Bambang Yudhoyono）和人民福利统筹部长尤素夫·卡拉（Muhammad Jusuf Kalla）组成竞选搭档，通过两轮直选胜出。2009年7月，印尼举行第二次总统直选，苏希洛搭档原央行行长布迪约诺（Boediono）首轮即胜出。2014年7月，印尼举行第三次总统直选，雅加达省长佐科·维多多和前副总统尤素夫·卡拉搭档参选，战胜前陆军战略后备部队司令普拉博沃（Prabowo Subianto Djojohadikusumo）和前经济统筹部长哈达（Muhammad Hatta Rajasa）组合，于10月20日宣誓就任新一届正副总统，任期至2019年。

2019年4月17日，印尼举行历史上首次总统和立法机构同步选举。时任总统佐科和印尼伊斯兰教法学者理事会总主席马鲁夫（Ma'ruf Amin）搭档，获得55.5%选票，赢得总统选举，将连任至2024年。佐科政府提出建设海洋强国战略，以维护国家安全、发展经济及反腐倡廉为施政重点，致力于解决长期困扰印尼发展的基础设施较差的问题，吸引外资发展经济，加强对政府官员的监督，努力创建廉洁政府。

二、国内安全局势

2002—2005年，印尼连续发生第一次巴厘岛爆炸、雅加达万豪酒店爆炸、澳大利亚驻印尼使馆爆炸、第二次巴厘岛爆炸等重大恐怖袭击事件。2005年8月，印尼政府与"亚齐独立运动"分离组织达成和平协议。2006年7月，印尼国会通过亚齐管理法。2006年12月以来，亚齐共举行三次地方选举。

2006年7月，印尼国会通过新《国籍法》，取消部分带有种族歧视和性别歧视的内容。2008年10月，印尼国会通过《消除种族歧视法》。

2009年7月，雅加达万豪酒店和丽兹·卡尔顿酒店发生恐怖爆炸。近年来，印尼政府采取坚决措施打击恐怖主义，先后击毙和逮捕了一批恐怖分子，安全形势有所好转。但随着"伊斯兰国"势力的发展，印尼一些恐怖组织宣布效忠，数百名激进分子前往中东参加"圣战"，不少人又回流至印尼。2016年1月，印尼首都雅加达发生恐怖爆炸和枪击事件。2017年2月，印尼第三大城市万隆发生爆炸事件。2018年5月，印尼第二大城市泗水发生恐怖爆炸事件。

三、经济发展简况

印尼是东盟最大的经济体，农业、工业、服务业均在国民经济中发挥重要作用。其1950—1965年国内生产总值（GDP）年均增长仅2%；60年代后期调整经济结构，经济开始提速；1970—1996年间GDP年均增长6%，跻身中等收入国家之列；1997年受亚洲金融危机重创，经济严重衰退，货币大幅贬值；1999年底开始缓慢复苏，GDP年均增长3%—4%；2003年底按计划结束国际货币基金组织（IMF）的经济监管。

苏希洛总统2004年执政后，积极采取措施吸引外资、发展基础设施建设、整顿金融体系、扶持中小企业发展，取得积极成效，印尼经济增长一直保持在5%以上。2008年以来，面对国际金融危机，印尼政府应对得当，经济仍保持较快增长。2014年以来，受全球经济不景气和美联储调整货币政策等影响，印尼经济增长有所放缓。

近年来，印尼政府陆续出台一系列刺激经济政策，经济显现加速复苏迹象，保持较快增长。2018年印尼国内生产总值约1.04万亿美元，同比增长5.17%。贸易总额3927亿美元，同比增长13.2%。2018年全年通胀率3.13%。2019年上半年国内生产总值为5540亿美元。

四、主要经济部门

印尼矿产资源丰富，石油、天然气以及煤、锡、铝矾土、镍、铜、金、银等矿产资源储量可观。矿业在印尼经济中占有重要地位，产值占

GDP 的 10% 左右。据印尼官方统计，印尼石油储量约 97 亿桶（13.1 亿吨），天然气储量 4.8 万亿—5.1 万亿立方米，煤炭已探明储量 193 亿吨，潜在储量可达 900 亿吨以上。

印尼工业发展方向是强化外向型制造业，主要部门有采矿、纺织、轻工等。锡、煤、镍、金、银等矿产产量居世界前列。全国耕地面积约 80 万平方千米，盛产经济作物，如棕榈油、橡胶、咖啡、可可等。渔业资源丰富，政府估计潜在捕捞量超过 800 万吨/年。森林面积 137 万平方千米，森林覆盖率超过 60%。不过，为保护林业资源，印尼宣布自 2002 年起禁止出口原木。

旅游业是印尼非油气行业中仅次于电子产品的第二大出口创汇行业，政府长期重视开发旅游景点、兴建饭店、培训人员和简化入境手续。1997 年以来受金融危机、政局动荡、恐怖爆炸、自然灾害、禽流感等不利影响，旅游业发展缓慢。自 2007 年起，旅游业增速加快，2017 年外国赴印尼游客达 1404 万人次，2018 年为 1581 万人次，2019 年上半年为 783 万人次。其中，马来西亚、中国、新加坡、东帝汶和澳大利亚为印尼前五大游客来源国。

五、宏观经济管理

1997 年金融危机前，印尼一直实行财政预算平衡政策，决算略有盈余，近年来实施赤字预算。1997 年亚洲金融危机爆发前，全国共有 144 家国内商业银行。金融危机中，银行业遭受重创，一大批银行纷纷倒闭。印尼政府成立银行重组机构，对银行业进行重组与整合。之后，印尼商业银行的盈利能力普遍增强，资产质量明显改善。截至 2019 年，印尼共有 115 家公共银行，其中有 4 家国有银行、27 家地区发展银行、63 家私营全国银行、21 家外资及合资银行。

印尼央行与中国、日本、韩国等三国央行在清迈协议框架下签订了双边货币互换协议，分别为 40 亿、60 亿和 10 亿美元。2009 年，印尼和中国两国央行签署为期 3 年、总额为 1000 亿人民币的双边本币互换协议。2013 年 10 月，两国央行续签该协议。2003 年 9 月，印尼央行正式加入国际清算银行。2015 年 11 月，两国央行同意将现有本币互换规模扩大至 1300 亿人民币。2018年11月，两国央行续签本币互换协议，并将互换规模扩大至2000亿人民币。

外贸在印尼国民经济中占有重要地位，政府采取一系列措施鼓励和推动非油气产品出口，如简化出口手续、降低关税等。1997年印尼外贸总额为951亿美元，1998年和1999年连续下滑，2000年受出口和内需推动锐增32%，2001年和2002年受全球经济放缓影响有所下降，2003年和2004年恢复增长，2005—2007年年均增长率在10%以上。2008年国际金融危机后，外贸总额有所下降，2009年以来外贸增长较快。

主要出口产品有石油、天然气、纺织品和成衣、木材、藤制品、手工艺品、鞋、铜、煤、纸浆和纸制品、电器、棕榈油、橡胶等。主要进口产品有机械运输设备、化工产品、汽车及零配件、发电设备、钢铁、塑料及塑料制品、棉花等。主要贸易伙伴为中国、日本、新加坡、美国等。

印尼政府重视改善投资环境，吸引外资。2010年，印尼开始强力推行投资审批一站式服务制度，强制要求全部省、市、县实施投资审批一站式综合服务以及网上办理许可证等制度，以提高办事效率。2011年12月1日起，在印尼的投资者可以申请免税优惠。2012年9月，印尼投资协调署出台了包括网上交易服务在内的一系列新型投资服务，方便投资者查询申请投资许可的步骤和进度，以提高投资便利化水平和进一步改善投资服务。2013年，印尼中央政府要求各地方政府从2014年起将办理外资企业营业执照的时间缩短至10天，提高颁证效率，优化投资服务。

第二节　印度尼西亚发展政策体系

一、法律政策

印尼法律和法律制度的发展深受欧洲大陆法系特别是荷兰法律的影响，法律文化呈多元化特征。法律渊源主要包括习惯法、伊斯兰教法和荷兰殖民时期的法律和法令以及独立以后印尼制定的法律法规。习惯法是在历史中逐步形成的，即一些习惯原则被立法吸收到现代法律制度中。伊斯兰教法由教法学家创制,规定穆斯林的行为准则,其法律制度尤其是婚姻家庭等民事领域与伊斯兰教法的道德和价值观念紧密结合。印尼在历史上受荷兰的殖民统治达 300 年之久,其法律制度尤其是现代商事领域法律深受荷兰法的影响。

2006 年和 2008 年印尼相继颁布施行了新的《国籍法》和《消除种族歧视法》。新法删除了旧法部分针对少数民族不平等甚至是歧视的条款,取消了许多有关性别歧视的内容,有利于改善不同族群、阶层、宗教、集团之间的关系,创造了相对和谐融洽的政治环境。新法还取消了原有部分限制和歧视华人的条款,确保华人可以从法律上获得与其他民族平等的权利。

(一) 矿业投资相关法律

印尼政府历来十分重视对矿产资源的开发和管理,主要通过订立联合作业合同和技术援助合同、实行合作开采煤炭合同制等形式来掌握矿产能源领域管控权。同时,印尼根据本国在不同发展阶段面临的具体国际国内经济发展形势,不断地调整矿业管理政策,其对外资进入矿业的管理政策经历了由限制到逐步放开的过程。2009 年初,印尼颁布了新的《矿产和煤炭法》,规定外国公司不再被禁止申请和持有矿业许可权,这是印尼矿业领域利用外资政策的重大突破,为印尼矿业产业的发展注入了新的活力,有效促进了矿业的快速发展。

1. 1967 年 11 号法

印尼于 1967 年颁布了基本矿业法,该法确立了印尼的矿业管理制度,即以中央为主、地方为辅的管理制度。同时,将矿产开发进行分类管理,把矿产资源分为 A、B、C 三大类。A 类为战略矿产,包括石油、天然气、煤、铀等放射性矿产、镍、钴、锡。这 7 类矿产只能由国家经营。外国公司作为政府机构或国营公司的承包人,经国会批准后也可按合同规定参与战略性矿产的勘查和开发活动。B 类为重要矿产,包括铁、锰、铝土矿、铜、金、银等 34 种矿产。这些矿产可以由国营公司、本土公司、合资公司和个体投资者进行勘查和开发。A、B 类矿产开发权的授予由中央主管部门负责。C 类主要是非金属矿产，主要由省政府管理。

2. 1999 年 18 号法

该法的主要内容是关于有害废弃物管理的，让排放有害废弃物尤其是工业有害废弃物的企业和个人承担相应的法律责任。这对于违法者是一种惩罚，对于规范矿产的开采行为和保护环境是一种利好。但由于其管理标准过于严格，矿产开发成本也随之大幅度提高。

3. 1999 年 22 号法

该法将中央政府的一些权力下放到地方政府，包括国内贸易、投资和工业政策等，地方政府因此获得较大的矿产管理开发的权限。然而，这些规定与 1967 年 11 号法的相关规定是冲突的。

4. 1999 年 25 号法

该法对中央和地方政府关于财政分配的相关事项进行了详细规定，将至少 25% 的国内收入通过中央分配基金转移到地方政府。另外，矿山所在的省政府和其他地方政府将从征收的税后石油权利金中得到 15% 的份额，天然气为 30% 的份额，其他矿产为 80% 的份额。

5. 1999 年 41 号法

该法最主要的立法目的就是禁止在林区露天采矿。印尼拥有极高的森林覆盖率，很多矿产远景区都被受保护的森林所覆盖。因此，该法的颁布施行对印尼矿产资源的开发活动产生了严重的影响。印尼政府为了尽量减少矿业投资者因此遭受的损失，通过签署总统政令等方式，允许已经签订项目且证实矿产资源储量达到经济开采水平的企业在受保护林地中进行采矿活动。

6. 2001 年 22 号法

2001 年 10 月，印尼通过新的石油和天然气法案，取代了针对石油和天然气工业的 1960 年 44 号法律与关于国家石油天然气公司（Pertamina）的 1971 年 8 号法律，放宽对该部门的限制，结束了 1971 年以来国家石油天然气公司享有的垄断局面。

7. 2009 年 4 号法

印尼于 2009 年 1 月 12 日颁布《矿产和煤炭矿业法》，该法主要聚焦于矿业的管理。相比 1967 年的矿业法，该法在内容方面进行了比较大的调整，它重新划定了中央政府和地方政府在矿业管理活动中的权限，对中央政府的管理权力做出相应的限制，地方政府的管理权力进一步扩大。矿业权管理实行许可证制度，对生产金属和煤炭的矿业权人还增加了一项新的附加税。

（二）外商投资法律法规

到目前为止，印尼政府与投资合作相关的法律主要有《投资法》《公司法》《所得税法》《劳动法》《知识产权法》《破产法》《贸易法》和《海关法》等。印尼 2007 年颁布的《投资法》以及相关法律对设立外商投资企业做了如下规定：

（1）企业形式。根据印尼的投资法律法规，企业的种类包括外商直接投资企业、"本国企业"和"外国企业"。（2）投资方式。根据 2007 年第 25 号《投资法》及相关规定，外国投资者投资的方式包括合资企业、独资企业和外资并购。（3）受理机构。印尼投资协调委员会促进外商投资，管理工业及服务部门的投资活动；财政部负责管理包括银行和保险部门在内的金融服务投资活动；能矿部负责批准能源项目，与矿业有关的项目则由能矿部的下属机构负责。（4）获批注册程序。根据《投资法》及其相关规定，外商在印尼注册设立企业，应当了解相关的注册程序，依法履行相关手续。

（三）"投资负面清单"法律法规

印尼投资负面清单由总统制定发布。在 2007 年《投资法》颁布之前，印尼并没有任何法律规定了负面清单制度。2007 年前的每一版投资负面清单的序言中，尽管列明《印度尼西亚共和国宪法》第 4 条第 1 款、1967 年《外国投资法》和 1968 年《国内投资法》等法律为其制定的主要依据，但这些法律中并没有条款涉及负面清单。

2007年，印尼颁布第25号《投资法》，将外商投资和国内投资一并纳入该法规范范围，并废止1967年《外国投资法》和1968年《国内投资法》。2007年《投资法》第12条第1款明确规定："除被宣告为禁止或者限制开放之经营行业或者领域之外，所有经营行业或者领域均向投资开放。"该法首次以法律形式明确规定了投资负面清单管理模式。该法第12条第4款还规定："宣告为禁止或者限制开放之经营行业的标准和要求及其清单由总统条例规定。"

依据2007年《投资法》第12条第4款，印尼2007年总统条例第76号颁布《负面清单的制定标准和要求》。其第5条和第6条规定了负面清单制定的5个原则：简洁原则（清单应简洁明了，禁止和限制投资行业的范围应有限）、遵守国际协议和承诺原则、透明原则（清单应清楚、详尽，不应导致多重解释）、法律确定性原则（非经总统条例不得更改）、市场统一原则（在印尼境内不得妨碍货物、服务、资本、人力和信息的流动）。

印尼投资负面清单的制定过程充分体现了行政主导原则。依据《负面清单的制定标准和要求》第17条，印度尼西亚经济协调事务部（KKBP）负责负面清单的起草工作，并应成立专门小组对负面清单进行评估、评价以及起草和修改。政府各相关部门和机构应当就禁止与限制投资行业事项向经济协调事务部提出建议和意见。该条同时规定，应当基于经济发展和国家利益，依据评估结果和投资者反馈等，对负面清单进行定期评估和修改。

除2007年《投资法》《矿产和煤炭法》和《电力法》等少量单行法律明确规定外，印尼法律对禁止投资的行业和限制投资的行业并没有过多规定。因此，印尼投资负面清单中禁止和限制投资的行业主要是由总统依据2007年《投资法》第12条第3款和第5款规定的原则性标准确定的。

（四）知识产权保护法律

近年来，为了适应经济全球化和区域经济一体化发展趋势，促进本国经济社会发展，印尼越来越重视保护知识产权，尤其是20世纪以来，制定修改了一系列知识产权法律法规，努力健全知识产权制度体系，不断提高知识产权保护水平。

到目前为止，印尼颁布实施的知识产权相关法律法规包括：1995年《印度尼西亚共和国反不正当竞争法》；2000年《印度尼西亚共和国外观设计法》《印度尼西亚共和国集成电路布图设计法》《印度尼西亚共和国商业秘密法》《印度尼西亚共和国植物品种法》；2001年《印度尼西亚共和国专利法》《印度尼西亚共和国商标法》；2002年《印度尼西亚共和国著作权法》。

印尼同时还积极加入了《建立世界知识产权组织公约》《巴黎公约》《专利合作条约》《商标法条约》《伯尔尼公约》《世界知识产权组织版权条约》《世界知识产权组织表演和录音制品条约》和《TRIPS协议》等知识产权国际公约。综合来看，印尼已经逐步建立起符合本国国情的知识产权制度，为外来投资营造了较好的知识产权环境。

1. 专利制度

印尼的专利制度有其自身的特点。从立法模式上看，印尼的专利法只保护发明和实用新型，而对于外观设计则另行制定《印度尼西亚共和国外观设计法》进行专门保护。此外，为了加强国际合作，提高知识产权保护水平，印尼还加入以下专利国际公约：《巴黎公约》《专利合作条约》《建立世界知识产权组织公约》和《TRIPS协议》。印尼专利法对于专利保护范围、可议定为专利的标准、权利内容、专利保护期限、专利保护措施都有明确的规定。

2. 商标制度

近年来，印尼加快制定和完善商标法律法规，逐步建立起适合本国国情的商标制度。1992年，印尼制定了第一部商标法，现行商标法为2001年重新制定，共16章101条，自2001年8月1日起公布施行。为了加强国际合作，提高本国的商标保护水平，印尼还积极加入了有关商标的国际公约，主要包括《建立世界知识产权组织公约》《巴黎公约》《TRIPS协议》和《商标法条约》。因此，在国内立法中，印尼也吸收了国际公约所规定的内容和普遍通行做法。

3. 版权制度

印尼版权法于1982年颁布实施，并分别于1987年、1997年和2002年进行了三次修订。修订后的版权法明确了版权保护的客体，进一步扩大了版权保护的范围，将"数据库"纳入版权的保护范围，明确了版权的侵权类型及其处罚措施。严厉打击针对版权的犯罪行为，严格版权刑事保护也是印尼现行版权法的一大特点。印尼版权法第 172 条规定：故意违反版权法相关规定的行为最高可判处 1 个月以上 7 年以下监禁，并可处 100 万卢比以上 50 亿卢比以下罚金。非法传播、展览侵权产品者的处罚为最高 5 年监禁或 5 亿卢比罚金。

在印尼，盗版问题尤其是影视媒体盗版问题，一直是知识产权保护所面临的棘手问题，也正是基于此，印尼经常被美国"特别 301 报告"列为"重点关注"对象。为了解决盗版泛滥问题，印尼知识产权总局建立了一支光盘监督队作为其防止影视媒体盗版行为的有效组成部分，光盘监督队与产业部、法律和人权事务部、商贸部及海关、公安部协调合作，共同打击影视媒体盗版行为，营造良好的知识产权环境。

4. 其他知识产权制度

除了专利、商标、版权外，印尼还就工业品外观设计、商业秘密、集成电路布图设计和植物品种的知识产权保护进行专门立法。为了激励传统文化和工艺品的发展，提高国际竞争力，印尼于 2000 年制定了《外观设计法》，专门对工业品外观设计进行保护。

印尼《商业秘密法》保护的范围包括生产方法、加工方法、销售方法以及技术与行业领域中其他具备经济价值的、通过正当手法获得且无须向外界公开的信息。商业秘密的拥有者具有对权利的独占使用权、允许或禁止他人使用权、或出于商业盈利的目的向他人透露商业秘密的权利。对于侵犯商业秘密的行为，最高可判处 2 年监禁及 3 亿卢比罚金。

二、产业政策

（一）苏加诺（Sukarno）执政时期的产业政策解读（1951—1965 年）

苏加诺执政后，国民经济掌握在外资手中，为了尽快实现政治和经济的彻底独立，苏加诺政府实行了议会民主的政治体制（1950—1958年）和有指导的民主经济体制（1959—1966年）。

印尼政府第一届内阁于1951年3月成立了工业化委员会，开始正式实施工业化计划。工业化委员会确定了工业化的3个主要目标，即建立完善的工业结构、实现就业以及提高国民收入。苏加诺执政期间共推行了3个工业发展计划，即1951年开始实施的"工业紧急计划"，1956年开始实施的"五年建设计划"以及1961年开始实施的"八年全面建设计划"。

苏加诺执政时期，工业化政策旨在迅速建立民族经济体系和满足广大民众的生活需求，政策内容以国有化和进口替代为其显著特征。具体措施包括：（1）通过对外资的国有化（没收、接管、赎买），建立和发展国家资本。（2）为了实现经济独立，政府除了建立国有企业、控制关键行业外，还积极扶持民族私人资本。（3）为了建立"有指导的经济"，除了把关键领域的外资企业收归国有经营外，政府还通过政府投资来建立工业体系，控制国民经济。（4）优先发展面向国内市场的必需品工业，如纺织、农产品加工、农业设备、基本消费品行业等，并通过实行进口许可证制度、不同的进出口汇率和征收进出口税等进口替代政策，保证国内必需品工业的发展。

但是，始于1951年的印尼工业发展计划，由于国内政局动荡（内阁更迭频繁）、资金短缺等原因，并没有实现预期的目标，特别是在20世纪60年代初，印尼的经济越发衰退。

（二）苏哈托执政时期的产业政策解读（1965—1998年）

1. 1966—1985年的进口替代政策

苏哈托执政后，利用3年时间逐步恢复了濒临崩溃的国内经济。1969年4月，重新开始实施"五年建设计划"。一直到1985年，苏哈托政府继续执行进口替代的工业发展战略，并采取了与苏加诺时期不同的工业政策。第一，与苏加诺的国有化政策不同，苏哈托把利用外资确定为发展经济的一项基本国策。第二，以政府投资为主、国内外私人资本投资为辅来进行工业化。第三，优先发展石油产业，并利用石油收入建立国内工业体系。

2. 1986—1998 年的出口导向政策

为配合出口导向型的工业战略，1983 年印尼开始了经济自由化改革。其表现在：第一，改变了工业化战略，由进口替代转向出口导向，由优先发展石油工业转向优先发展非石油天然气工业的生产和出口，并以此作为推动经济发展的动力。第二，为配合出口导向的工业战略，开始了在金融和贸易等方面的自由化改革。在汇率方面，1983 年和 1986 年两次实施印尼货币贬值。在金融方面，开启银行体制自由化，取消国家对银行利率和信贷的控制，放宽新的私有银行和外资银行准入条件，加强银行之间的竞争，最终放开资本项目下的货币自由兑换。在贸易体制上，简化进出口审批程序，取消进口特许垄断体制，降低进口关税和非关税壁垒。第三，进一步放宽对外资的限制。1985 年 3 月，印尼政府改组投资协调委员会。1986 年 5 月，印尼政府颁布了旨在改善投资环境的 19 项措施，主要包括简化外资审批程序、扩大外资可以投资的领域、允许外资将利润投资其他领域、建立出口加工区等。

3. 苏哈托时期的产业政策成效分析

经过工业战略调整转型和一系列产业结构调整政策的实施，印尼最终克服了国际环境改变带来的挑战，并成功实现产业和出口的转型，由严重依赖石油的产业结构和出口结构转向以非石油天然气制造业为主的产业和出口结构。非石油天然气制造业出口在印尼总出口中的比重从 1981 年的 17.8% 上升到 1990 年的 56.9%，取代了石油天然气出口在总出口中的垄断地位。总之，苏哈托执政的 32 年间，一共实施了 6 个"五年计划"（第六个"五年计划"即 1994—1999 年，苏哈托于 1998 年 5 月下台）。得益于坚持完成一个长达 25 年的长远发展规划（1969—1994 年），印尼经济实现了快速发展，产业结构得到较大改变，人民生活水平也得到较大提高。

从苏哈托开始执政到他下台，印尼国民经济获得持续增长，特别是 20 世纪 80 年代后期到金融危机前的 1996 年，国内生产总值年均增长介于 7%—9% 之间；通货膨胀率从 1966 年的 1136%，降到 70 年代的 17%，再到 90 年代初的 8%，成功控制在一位数之内；人均收入从 1969 年的 70 美元提高到 1997 年的 1100 美元；贫困人口从 1970 年的 7000 万减少到 1993 年的 2600 万，贫困人口占总人口的百分比也从 60% 下降到 14%。

与此同时，印尼的经济结构也得到改善。通过实行出口导向战略，印尼产业结构得到升级，农业和初级产品在国内生产总值和出口中的比重持续下降，制造业产品的比重迅速上升，并最终超过农业和初级产品。农业产值在国内生产总值中的比重从 1965 年的 56% 下降到 1997 年的 16%。制造业部门在 1975—1997 年间以年均 13% 左右的速度增长，使得制造业产值在国内生产总值中的比重由 1965 年的 8% 增加到 1995 年的 24%，是 1965 年的 3 倍。20 世纪 70 年代末以前，制造业出口在印尼总出口中的比重不超过 4%，1987 年制造业产品出口首次超过农产品出口，到 1991 年已超过石油矿产品出口。制造业产品出口的类型也开始从资源密集型、劳动密集型向资本技术密集型转变。

（三）后苏哈托时期的产业政策解读（1998 年至今）

1. 经济恢复时期的产业政策（1997—2003 年）

1997 年的亚洲金融危机给印尼经济造成严重打击。为尽快走出低谷，印尼政府不得不向国际货币基金组织求援并大量接受其提出的经济自由化改革措施。这一时期，印尼的产业政策除了保证宏观经济稳定运行的紧缩财政和货币政策、宽松外资政策和优惠税收政策外，还包括产业结构改革内容，如银行和公司重组、国有企业的私有化等。

2. 竞争力构建时期的产业政策（2004 年至今）

2004 年以后，印尼的产业政策开始朝"竞争力构建"或者"内部能力构建"（Internal Capability Building）方向转变，以增强国际竞争力。这一时期印尼国家发展政策的重点从保持宏观经济稳定转向促进投资、消费和出口经济的快速发展，特别是努力推动制造业发展并提升其竞争力，加大基础设施建设和旅游业的发展。印尼工业部明确提出长期的工业发展战略，即到 2025 年将印尼建设成工业强国，其中制造业将成为国民经济发展的支撑产业。

与此同时，工业发展政策侧重于以下几个方面：（1）提高工业的附加价值；（2）扩大工业产品的国内和国际市场；（3）提高与工业相关的服务质量；（4）促进工业技术的提升；（5）优化工业结构；（6）加强爪哇岛外地区的工业发展；（7）扩大中小企业对国内生产总值的贡献；（8）优先发展35个产业集群，其中优先发展的制造业集群是钢铁、水泥、石油化工、制陶、电气机械和设备、普通机器设备、纺织及纺织产品以及制鞋业。

3. 后苏哈托时期的产业政策成效分析

1997年亚洲金融危机后，经过持续不断的面向市场的经济调整和结构改革，印尼经济已经完全从金融危机的阴霾中走出来，并且成功抵御住2008年世界金融危机的冲击。2004年以来，除2009年和2015年国内生产总值增长速度稍低于5%以外，其他年份都取得超过5%的年度增长率，其中更是有多达1/3左右年份的GDP年度增长率超过6%。如果印尼当前的产业政策能继续保持稳定并不断进行细节优化，印尼经济的持续高速增长将是大概率事件，其在新兴经济体中的地位和作用也将进一步得到提升。

三、贸易政策

（一）亚洲金融危机后的贸易政策改革

1997年11月，印尼政府在试图自己稳定印尼卢比而没有成功之后，不得不寻求国际货币基金组织的援助。借此机会，国际货币基金组织与印尼政府签署了包括推进印尼贸易改革在内的一揽子经济改革协议。这些改革措施包括：把化工产品、钢铁和渔业产品所征收的进口关税逐步降低至5%—10%；小麦与面粉、大豆、大蒜等商品可以凭"普通进口商许可证"自由进口等。

1998年1月15日，印尼政府完全放宽对农产品国内贸易的管制，丁香销售局被取消。在投资方面，印尼于1998年2月取消了对棕榈油种植园投资的正式与非正式壁垒，随后还取消了对批发与零售贸易投资的所有限制。此外，印尼政府还废止了对"国家汽车"（帝汶）项目征收的特别税、关税和信贷优惠，以及对所有新使用船只的进口限制。1998年2月，印尼政府还取消了所有其他的贸易限制措施（特别是关于水泥与纸张的限制措施）。水泥的国内外贸易限制措施的废除，使得商人可以在所有省份购买和销售所有品牌的水泥，并可以凭借"普通进出口商许可证"出口这些产品。

1997年亚洲金融危机后，国际货币基金组织对于印尼采取的一揽子贸易改革计划显然是卓有成效的，迫使印尼取消了大多数非关税壁垒。此后，印尼变成一个比较开放的经济体，而且它的单方自由化也享有非常高的信誉。整体而言，印尼的平均关税率已明显降低，而且根据长期对有关部门的追踪考察，最高的关税主要是针对酒精饮料和完整组装的机动车辆。包括印尼在内的一些国家的平均关税率，在1985—1999年期间出现显著降低的趋势。

（二）逐步加强的贸易保护倾向隐忧

鉴于出口产品的重要性及其对印尼经济的贡献，加之1997—1998年经济危机之后实际汇率大幅降低，印尼在未来不大可能重新实行高水平的贸易保护措施。1997年亚洲金融危机之后，由于印尼政府与国际货币基金组织签署了一揽子改革协议，很多贸易保护措施已逐步取消，加之过去几十年卓有成效的贸易政策改革，印尼的开放型贸易制度成功获得许多支持者，比如出口商、学者、媒体以及部分政府官员等。

然而，就此断言印尼国内主张贸易保护的声音将会逐渐减弱并最终消失，却是非常不明智的。尽管事关生死的经济危机确实迫使印尼进一步放宽了对其经济的管制，但我们也必须清醒地意识到，经济自由化一直被很多人说成是经济危机的主要原因。贸易保护主义者对经济自由化改革的抵制是不能忽视的。这个群体仍然大有人在，并且在政府和企业部门都占据着某些重要位置，他们可能会给进一步的贸易自由化造成障碍。

有明显的证据表明，在过去和当前，印尼的密友资本家和利益集团一直是贸易自由化的主要障碍。虽然苏哈托在1998年5月的下台已促使印尼的政治环境朝着更加民主的方向演进，但这并不意味着印尼过去长期盛行的家长式专制统治或寻求经济租金的活动已经完全退出历史舞台。印尼国内"保护人—受保护人"关系依然相当牢固，而且政府外部的行动者日益增大的作用也使各种利益集团得以为限制诸如面粉等的进出口贸易而进行游说。

尽管既得利益者冠冕堂皇地声称贸易保护措施的受益者是较低工薪部门和贫困的农村农民等弱势群体，但实际上这些措施所保护的却是那些政治势力强大的寻租集团。统计数据表明，印尼政府实施的贸易保护措施主要保护了资本高度密集型的部门，而不是那些提供较低工薪的部门。换言之，没有证据表明贸易保护措施保护了穷人。事实表明，与那种关于保护措施有助于穷人或劳工的观点相反，资本家和利益集团是印尼贸易保护政策的最大受益者。

综合来看，印尼国内支持和反对贸易改革的两派之间的激烈斗争可能会继续下去，并由此带来寻租者、利益集团和各个政府机构之间极其复杂的讨价还价和联合现象。自2001年新的贸易保护政策不断加强以来，这种情况就一直很明显。比如，在润滑油行业，只能由进口产品生产者，而不是由一般的进口商来从事产品进口；面粉关税则不断提高；对纺织品、钢铁、糖和丁香实行贸易限制和许可证制度等。此外，有迹象表明，反倾销已经成了印尼政府惯常采用的一种新型保护贸易措施，如印尼政府就曾对来自欧洲的山梨醇液征收了反倾销关税。

四、税收政策

（一）立法重建财产税制度

印尼财产税改革始于1986年1月1日《土地和房产税法》的颁布。该税法的主要特点如下：(1) 明确了征税基础和税率；(2) 明确了纳税主体；(3) 税收减免措施受到限制。

通过立法，印尼进一步完善了财产评估体系，建立了相对完善的财产申报制度，并对税基进行定期评估。另外，财产税征收管理体系也得到进一步规范。财产税目前主要由中央管理，建立了较为统一的财产税信息管理系统，征收程序也进行了进一步合理化改革。

（二）所得税相关规定

2008年7月17日，印尼国会通过了新《所得税法》，个人所得税最高税率从35%降为30%。其规定，5000万卢比以下者，税率为5%；5000万至2.5亿卢比者，税率15%；2.5亿至5亿卢比者，税率25%；5亿卢比以上者，税率30%。除上述规定以外，个人取得的股息分红的最终税率为10%。

2010年后，印尼政府将企业所得税率调降为25%，对中、小、微型企业还有鼓励措施，可以减免50%的所得税。2018年5月，印尼政府完成了2013年关于某些固定企业所得税第46号政府条例的修改，主要内容是把中小微企业最终所得税税负率从原先的1%降到0.5%。

（三）增值税和奢侈品销售税

印尼的增值税标准税率为10%，根据不同货物可调整范围为5%—15%。大部分商品和服务按照10%的一般税率征收增值税，香烟、二手车辆等货物按照高于10%的标准征税，包裹快递、旅游中介等服务类按照1%的税率征税，代理经营则按照所收佣金的5%征税。

除增值税外，印尼对属于应税分类的奢侈品销售或进口征收奢侈品销售税。对出口货物不征奢侈品销售税。奢侈品销售税的计税基础与增值税一致，为销售价格、进口价格、出口价格以及其他法规规定的价格。该税仅在生产环节及进口环节一次性征收。

（四）税收优惠政策

1999年1月，印尼政府第七号总统令公布了恢复鼓励投资的"免税期"政策。对纺织、化工、钢铁、机床、汽车零件等22个行业的新设企业给予3—5年的所得税免税期。如投资项目雇用工人超过2000人，或有合作社20%以上的股份，或投资额不少于2亿美元，则增加1年的优惠。

对于已超过30%的规模进行扩大再生产的项目，减免其资本货物以及两年生产所需材料的进口关税。对于某些行业或一些被视为国家优先出口项目和有利于边远地区开发的项目，政府将提供一些税收优惠。上述行业及项目将由总统令具体决定。对出口加工企业减免其进口原料的关税、增值税和奢侈品销售税。对位于保税区的工业企业，政府还有其他的鼓励措施。

根据印尼政府现行规定，在基础金属、炼油、天然气、有机基础化学、可再生能源和电信设备等5个工业部门，投资额超过1万亿卢比（约合1亿美元）的企业，可获得5—10年的所得税免税期。同时，对在印尼偏远落后地区投资的129个劳动密集型行业的企业，最低投资额500亿卢比（约合500万美元）且投资期限超过6年的，可最多按总投资的30%降低应纳税所得。印尼将改变目前仅对投资额超过1万亿卢比（约合1亿美元）给予优惠待遇的政策，视不同情况对有关企业给予同等优惠待遇，以吸引更大规模的投资，促进印尼经济发展。同时，将增加可获得税收优惠的产业部门，让更多领域的企业投资获得税收优惠，并对企业申请较少的产业部门减少或取消优惠政策。

（五）印尼税收政策的简要评析

1. 税费复杂繁多，且面临税务体系多变和执行力不足问题

印尼实行中央和地方两级课税制度，税种主要包括：公司所得税、个人所得税、增值税、土地和建筑物税、印花税以及奢侈品销售税等。印尼依照属人和属地原则行使税收管辖权，不仅税费种类繁多，而且许多税种还分不同的纳税等级。其中的税收优惠由政府根据所需不断变化，企业很难及时把握。

2. 政府持续加强税收征管

因为印尼税收严重依赖抵扣税种，因此政府在征收方面面临巨大困难。为解决这一问题，印尼政府承诺将逐步提升税收占国内生产总值的比重，最高将提升至16%。从2016年7月起，印尼政府逐渐加强了税收征管，还特别推出税务特赦法案，偷漏税者在特定期限内申报财产并缴纳2%—10%的税款后即可免于刑罚。

3. 关税水平较高，且经常变动

印尼适用的关税税率会定期变动。2015 年平均关税税率为 37.1%，平均最惠国（MFN）税率水平为 6.9%。印尼多数商品的约束关税水平是 40%，但汽车、钢铁和一些化学品的关税水平不受此约束。在农业部门，超过 1300 种产品的关税水平处于或超过 40%。由于较高的关税水平，加上不确定的税率变动预期，想要进入印尼市场的外国企业将面临很大不确定性。在非关税壁垒方面，印尼政府对于多种产品要求其必须符合本国强制性国家标准。印尼 SNI 认证流程复杂，所需资料繁多，且认证周期较长，给国际贸易带来较大障碍。

五、科技政策

鉴于权威统治时期印尼政府对于国内科技发展的支持，多是靠一些口头的不成文规定或者某一领导一时的心血来潮，后苏哈托时期的历届政府深深意识到，要使国家制定的科技发展战略得以顺利进行，必须首先克服原来国家对科技发展的随意性管理，转而制定系统稳定的，并且能够切实解决问题或指导科技发展的科技政策。印尼政府扶持科技发展的政策自此登上了政治家的议程。

（一）五年科技发展规划

印尼政府自 1999 年起开始制定出台科技发展的五年规划。1999 年出台的《2000—2004 年科技发展规划》，标志着印尼科技管理和科技发展的重大进步。为确保该规划顺利完成，印尼政府又紧接着于 2000 年出台了《2000—2004 年印尼科技发展的战略性政策》，作为这一时期科技工作的指导方针。此后，印尼政府坚持制定五年科技发展规划，并专门就重点科技领域和优先发展领域进行必要的专项立法。

（二）科技发展远景规划

印尼科技管理和科技发展的另外一个重要事项，就是政府于 2004 年发布了《2005—2025 印尼科技发展远景》。这就将印尼政府对于科技发展的支持预期延长到未来 20 年。为了实现远景规划，印尼政府连续制定专项法律或颁布政府法令，明确规定在技术开发和转让过程中，应提高研究人员的奖励。这种相对稳定的政府科技政策，对于激发国内和国外科技企业进军印尼市场，无疑起到定心丸和催化剂的作用。

（三）专项科研远景规划

在制定总体科研发展愿景规划的基础上，印尼政府还分别细化制定了专项科研支撑计划，比如《2005—2025 年能源替代远景》《2005—2009 年六个重点领域计划》《国家科研议程书》和《国家科学技术战略政策》等。这就将国家对于未来科技发展的政策真正落到实处，极大地促进印尼科技研发和科技企业的发展。

此外，印尼政府还通过组建新型科技管理机构，比如由八部委构成的"国家能源协调机构"、新组建的"国家信息与通信技术委员会"等，为国家科技发展提供机构保障。印尼政府通过发布《科学技术研究、发展与应用白皮书》、出台《农作物与农业基因资源法》等，对未来科技发展提供系统、综合和全面的支持。

六、金融政策

自 1983 年 6 月 1 日印尼政府颁布新的银行管理条例开始，印尼金融领域逐步开始了其自由化进程。印尼金融改革的总体目标是在兼顾金融稳定、经济发展的前提下，放宽对金融机构的束缚，将竞争机制引入金融体系内，以提高金融活动的效率，健全金融体系。从印尼政府多次颁布的金融一揽子改革方案以及随后陆续出台的后续措施来看，印尼金融改革呈现出四个方面的特征。

（一）放松金融监管

印尼政府逐渐放宽了对金融机构的限制，引导银行等金融机构根据市场灵活经营，加强金融机构之间的竞争。这表现为，逐步放弃中央银行对信贷市场存款利率和限额的硬性规定，取消银行放款的上限，允许银行自定储蓄和贷款利率，使其随市场机制自由浮动，纠正过去银行业忽视市场机制的做法，以提高金融机构吸收国内储蓄的效率。这一举措大大促进各金融机构之间的竞争。

（二）扶持私人银行

这表现为，削弱国营银行垄断地位，放宽对国内私人银行的限制，扩大其活动范围，通过引进竞争机制，促进金融业的发展。措施包括：准许对私人银行发放新的营业牌照，允许私人开办新的银行，对新设银行的资本额仅要求缴足资本100亿卢比，取消长达30年不许建立新银行的禁令。过去对私人银行开设分支机构的种种限制也同时废除，准许私人银行在开办储蓄存款的同时经营外汇业务，特别是允许国营企业把50%的资金存入私人银行。而过去印尼只有10家银行被允许从事外汇交易，只有国营银行享有与国营企业、公司进行业务往来的特权。开办私人银行的最低法定准备金由15%大幅降为2%，以此提高银行的贷款能力。取消国内银行向国外银行借款的限制，鼓励国内银行加强与国际金融界的融资业务往来。

（三）放宽外资准入

这表现为，减少对国外金融机构的限制，扩大国内银行业的竞争，增强金融体系的活力。作为金融改革的一项重要内容，印尼政府还放宽了对外资银行的限制：从1988年底开始，凡在印尼开设办事处两年以上的外国银行，均可与印尼国内银行兴办合资银行，外资在合资银行中的股份份额可占85%；允许外资银行增设分支机构，在地点选择上，除原允许在雅加达设立分行外，还允许在泗水、三宝垄、万隆、棉兰、乌戎潘当和登巴萨6个城市以及巴淡岛设立分行；允许合资银行经营租赁、证券交易、信用卡以及为消费者融资等业务，合资银行还可办理保险业务；允许外资独资银行办理印尼卢比存款业务，外国银行向雅加达以外地区提供信贷的限制也被取消。

（四）催化资本市场

这表现为，积极推动资本市场和货币市场的发展，为印尼企业筹集资金开辟新的渠道。印尼政府多次修订证券市场管理办法，放宽证券上市要求，简化上市公司的审批手续。原来规定上市公司最近两年的盈利至少等于其上市股票发行额的10%，现只要有盈利即可，同时撤销管理部门对股票价格每日浮动4%的限制；增发经纪公司许可证，允许更多金融机构参与股市交易，允许民间机构建立私营股票交易所；放宽外资参与的限制，准许外国股票经纪行同印尼证券公司成立合营证券行，并提高外国投资者拥有当地公司的份额，外资企业可拥有印尼上市公司25%—49%的股权。1990年印尼成立市场监督委员会，以促进股市的发展，1992年4月采用新的挂牌条例，印尼股市逐步走上正式轨道。1996年印尼颁布《资本市场法》，2002年10月颁布《有价证券法》。2007年11月30日，印尼雅加达股市和泗水股市合并为一个全国性的股票市场，名为印度尼西亚股票市场。截至2017年，印尼股市一共有572家上市公司，股市总值约5148亿美元。

第三节　印度尼西亚发展政策成效

一、成效分析

经过70年左右的建设，印尼政府通过实行较为有效的发展政策，成功完成多个长远发展规划。整体而言，印尼经济得到快速发展，2019年的国内生产总值首度超过1万亿美元，产业结构也出现较大改变，人民生活水平有了大幅度提高。

印尼经济的顺利发展，首先得益于发展战略的转型和产业结构调整政策的实施。符合时代潮流和国家独立需求的经济发展战略，帮助印尼成功建立了民族经济体系。与时俱进的发展政策则保证印尼较为稳妥地克服了国际环境改变带来的挑战，产业结构也实现了由严重依赖石油矿产等初级产品的产业结构向以非石油天然气制造业为主的产业结构的转变。

苏哈托执政以来，印尼非常重视国家经济建设，国内生产总值增长率基本保持在5%左右，成为同一时期世界经济发展的"优等生"。伴随长期经济成长而来的，则是印尼政治趋于稳定，社会出现繁荣局面。实行民主化之后的印尼已经与之前的威权体制有了根本性的变化和进步，印尼的民主转型继续朝着提高民主品质和政治成熟的方向稳步前进。

当前，印尼经济增长虽然面临着全球经济发展失衡、逆全球化、民粹主义、保护主义等宏观困难形势，全球经济政策不确定、金融市场波动加大、大宗商品价格不稳、地缘冲突加剧等微观发展障碍，以及恐怖袭击频仍、贷款增长缓慢、国内政局出现变数等国内危机，但是印尼政府只要继续坚持长期以来实行的确定经济发展战略，制定经济发展规划，以及持续不断面向市场进行经济改革的经济发展政策并保持其稳定性，印尼经济的未来增长仍然是令人非常乐观的。

作为东盟第一大经济体、世界第四大人口大国以及中国"21世纪海上丝绸之路"倡议的宣布之地，印尼较为稳定的政治形势、相对良好的经济发展局面以及非常可观的经济增长潜力，都充分说明它必将是中国共建"一带一路"、构建西部陆海新通道以及促进与东盟国家整体合作的重点关注对象。

二、合作建议

中国和印尼同为亚洲文明古国。无论是古代"海上丝绸之路"，还是目前正在建设的"21世纪海上丝绸之路"，印尼都是重要的地理节点。千百年来，两国人民沿着"海上丝绸之路"，互换商品，分享技术，传播文化，谱写出一曲曲交流融合的华彩乐章。进入21世纪后，两国关系更是不断实现跨越式发展，2005年建立"战略伙伴关系"，2013年升级为"全面战略伙伴关系"，双边关系迈入快速发展的重要时期。

（一）合作领域建议

2020年是中国和印尼建交70周年。随着合作共建"一带一路"事业的顺利推进，中国和印尼之间的经贸、投资和人员往来等都达到前所未有的规模和水平。中国连续9年保持印尼最大贸易伙伴地位，2019年双边贸易额达794亿美元，较2000年增长10倍。短短5年间，中国在印尼海外投资国中就由第九位跃居第二位。

2018年，两国政府正式签署共同推进"一带一路"和"全球海洋支点"建设的谅解备忘录。伴随两国战略对接持续深入而来的，便是中国与印尼在经贸、投资等领域的广阔合作空间。具体来讲，中国与印尼的重点合作领域包括以下几方面：

1. 海洋油气领域

印尼富含石油、天然气。据印尼官方统计，其石油储量达97亿桶（13.1亿吨），天然气储量约为5万亿立方米。2007年以前，印尼是整个亚太地区最大的石油生产国，也是亚太地区唯一的欧佩克成员国。当前，印尼油气产业的主要问题是陆地原油基本开采殆尽。尽管印尼海上油气资源蕴含量非常丰富，拥有亚太地区最大的油气田，但是海上油气资源的开发利用对开采技术要求较高。中国是世界上少数掌握先进海洋油气资源开采技术的国家之一，目前印尼对中国"海洋石油98X"钻井平台兴趣浓厚，我们完全可以利用掌握世界深水装备前沿技术的优势与印尼在海洋油气资源开发利用方面加大合作力度。

2. 基础设施领域

中国和印尼全面合作的雅万高铁，作为印尼和东南亚地区首条高铁，是对接中国"21世纪海上丝绸之路"倡议和印尼"全球海洋支点"构想的重大成果，树立了两国基础设施和产能领域合作的新标杆。此外，两国合作建设的印尼最长跨海大桥泗马大桥和第二大水坝加蒂格迪大坝，也是两国基础设施领域合作的标志性项目。

基础设施建设是佐科政府的三大优先发展领域之一，政府希望通过加快基础设施建设来提供更多就业机会，推动减贫和缩小地区间差距。不过，尽管印尼政府在基础设施投资领域预算增长很快，但仍远远无法满足规划建设需要。2017年印尼政府预算中有920亿美元专项拨款用于基础设施建设，是预算增速最快的领域，相比2014年增长了117.7%。但是，世界银行的研究显示，目前印尼中央和地方政府的基建支出仅占国内生产总值的2.4%，印尼需要在2020年前将该比率提高到4.7%；未来5年印尼基础设施建设资金缺口达5000亿美元。

如此庞大的资金缺口对政府吸引外部资金参与、落实相关政策规划的能力提出巨大挑战。因此，印尼政府大力提倡PPP（公私合营）等模式，希望引入以中国企业为代表的外部资金和技术合作方。对照中国提出的国际产能合作相关规划或材料，可发现印尼的优先发展项目与中国期望输出的钢铁、有色、建材、化工、轻工、汽车、农业等富余优势产能，工程机械、船舶与海洋工程等优势装备，以及交通、能源、通信等基础设施，产业可对接匹配的程度极高。

3. 农业生产领域

印尼是世界第一大棕榈油生产国，也是可可、橡胶和咖啡等高价值商品的全球生产大国。印尼自然条件优越、土壤肥沃，十分适宜种植多种供应出口和国内消费的农作物与经济作物，渔业资源也十分丰富。但是，占据印尼大部分种植面积的是出口用的经济作物，这就导致两方面的问题：农业生产受国际农产品价格波动影响较大，以及很多必需农产品仍然高度依赖进口，例如小麦、大豆、糖等。问题即是机遇，中国与印尼完全可以在确保粮食安全方面进行更大程度的合作。印尼农业部门尽管雇佣了全国40%的劳动力，但其生产效率却一直不高。促进农业发展的农业金融、农业科技投资与合作，也是中国与印尼非常具有发展前途的合作领域。

4. 旅游行业领域

印尼是世界上最大的群岛国家，海岸线漫长，文化多姿多彩，旅游资源丰富。近年来，印尼一直将旅游业作为其经济发展的重点，但与周边国家相比，印尼旅游业仍显落后。2017年，旅游业对印尼GDP的直接贡献仅为1.9%，而泰国则为9.4%。印尼旅游业2017年仅占全球旅游收入的0.9%，占全球游客抵达人数的1%。

较为落后的现状,也预示着印尼旅游业未来的发展空间广阔。有研究表明,2017—2022 年,印尼酒店和餐馆业名义复合增长率估计为 5.3%,到预测期末将达到 483.5 万亿卢比。印尼丰富的旅游景点以及连接地区和全球客源市场的交通网络,将成为其旅游业未来增长的主要推动力。此外,旅游推广、放宽签证和交通基础设施投资方面的政府支持,也将吸引越来越多国外市场的游客。境外旅游增长预计将给印尼交通服务及旅游相关项目收入带来积极影响,2017—2022 年复合增长率估计为 8.3%。

5. 工业制造领域

制造业一直是印尼经济增长的主要驱动力,为印尼提供了大部分就业岗位。然而,印尼纺织业等核心行业的生产力和增长水平与区域竞争对手相比还有一定差距。就产业链位置来看,印尼制造业大多处于价值链的底端,印尼政府为此出台了吸引外资进入制造业下游以增加产品附加值的多种激励政策,这为外国投资者创造了良好的进入机会。事实也证明,制造业一直是外国直接投资中最受投资者欢迎的板块。借助印尼较为低廉的劳动者薪酬标准、政府出台的激励措施以及广阔的国内市场,中国未来与印尼在制造业领域的合作必将硕果累累。

(二) 投资风险规避

从投资环境来看,印尼较为稳定的政局、丰富的自然资源、较大的经济增长潜力、控制关键国际海洋交通线的重要地理位置、丰富而廉价的劳动力、较高的市场化程度、较为开放的金融市场等,无疑都具有巨大的吸引力。不过,投资印尼也有许多风险因素需要规避。

1. 基础设施建设相对滞后

目前,印尼的基础设施建设水平仍低于世界和东盟的平均水平。1997 年的亚洲金融危机使印尼的经济发展遭受严重打击,基础设施建设几乎处于停滞状态。2004 年底发生的印度洋大海啸对印尼基础设施的破坏更甚。长期滞后的基础设施已成为印尼经济增长和投资环境改善的主要瓶颈,主要表现在:物流成本较高、通信条件普遍较差、电力供应难以满足基本需求等。此外,基础工业落后、产业链上下游配套不完备,也影响着印尼部分制造业企业扩大再投资。作为群岛国家,印尼与邻国接壤处较少,与外界的互联互通主要通过海路、航空等方式。

2. 人力和机构能力有限

当前,印尼国内公共部门的人力和机构能力有限,无法为外国投资者提供及时和良好的支持。政府低效和腐败现象仍比较严重,部分领域如矿业等行政管理混乱、税费复杂繁多等,都在很大程度上降低了印尼对外资的吸引力。以营商环境中开办企业、获得建筑许可和获得电力的指标等因素来衡量行政效率,2017年印尼三项指标在190个国家中的排名分别是第151、第116和第49位,反映出其行政效率仍有待提升。

3. 土地征用困难

1993年以来,印尼政府颁布了关于征地的多项规定。然而,在土地征用过程中,相关部门和人员对执行立法所表现出来的无力和不情愿,使涉及土地使用投资项目的实施时间表充满了不确定性,同时也对项目的回报产生了不利影响。此外,到目前为止,印尼政府还没有制定出合理的土地价格标准和易于征地的保证。在征地过程中,投机买卖行为对项目的财务可行性产生的影响不可小觑,投机活动会导致土地价格比项目预计的售价高出很多。另外,空间规划的低效率也使得土地征用问题更加复杂。

4. 面临激烈的国际竞争

地处海上十字路口的东南亚历来是全球大国战略的必争之地,作为东南亚核心地带的印尼更是如此。中国企业的积极参与,会对现有势力范围分布形成新的挑战,来自中国的投资必须直面与欧、美、日等在印尼市场深耕多年的传统投资大国的竞争。日本自二战后就与印尼保持广泛而深入的合作,两国官方关系密切,往来频繁。近几年,日本一直稳居印尼外资来源国前列,在2013年还一度超过新加坡,成为印尼最大的外资来源国。日本与中国均积极参与印尼的基础设施建设相关项目,印尼很多重大基础设施项目的主要投标方都是来自中国和日本的企业。日本企业也积极布局参与印尼的港口通道、城市排水系统、高速公路等建设项目,与中国企业构成最直接的竞争关系。

5. 警惕反华排华传统

印尼信仰伊斯兰教的穆斯林占全国人口的80%，是全球穆斯林最多的国家。强硬派穆斯林和伊斯兰激进组织在印尼全国的影响力一直很大，其中不乏极少数组织严密、破坏力极强的宗教极端主义组织，这是导致印尼恐怖袭击事件频发的主要原因。激进的伊斯兰学者甚至把中国对印尼的投资行为称为"新殖民主义"或"中国式经济霸权"。佐科上台后，坚定维护世俗化和多元主义，并下令解散激进组织"伊斯兰解放党"，向"伊斯兰捍卫者阵线"（FPI）领袖里齐克（Rizieq Shihab）发出通缉令，情况这才相对好转。因此，中国企业到印尼投资时，必须特别警惕部分组织或地区潜存的反华排华传统。

第二章　泰国发展政策

第一节　泰国的基本情况

泰王国（英文名：The Kingdom of Thailand，简称"泰国"）面积约51万平方千米，人口约6900万。全国共有30多个民族。泰族为主要民族，占人口总数的40%，其余为老挝族、华族、马来族、高棉族，以及苗、瑶、桂、汶、克伦、掸、塞芒、沙盖等山地民族。泰语为国语。90%以上的民众信仰佛教，马来族信奉伊斯兰教，还有少数民众信仰基督教、天主教、印度教和锡克教。泰国首都为曼谷（Bangkok），人口为800万。国家元首为国王哇集拉隆功（His Majesty King Maha Vajiralongkorn Phra Vajraklaochaaoyuhua），系拉玛十世王，2016年10月即位，2019年5月4—6日举行加冕仪式。

一、政治发展简况

泰国于公元1238年形成较为统一的国家，先后经历素可泰王朝、大城王朝、吞武里王朝和曼谷王朝，原名暹罗。16世纪起，葡萄牙、荷兰、英国、法国等殖民主义者先后入侵泰国。1896年英法签订条约，规定暹罗为英属缅甸和法属印度支那间的缓冲国，暹罗成为东南亚唯一没有沦为殖民地的国家。19世纪末，拉玛四世王开始实行对外开放，五世王借鉴西方经验进行社会改革。1932年6月，人民党发动政变，改君主专制为君主立宪制。1939年更名为泰国，后经几次更改，1949年正式定名泰国。

二战后，军人集团长期把持政权，政府一度更迭频繁。20世纪90年代开始，军人逐渐淡出政坛。2001年，泰爱泰党在全国大选中胜出，他信（Thaksin Shinawatra）担任总理，2005年连任。2006年9月发生军事政变，他信下台。2007年举行全国大选，人民力量党获胜，党首沙玛（Samak Sundaravej）出任总理。2008年9月，沙玛被判违宪下台，人民力量党推选颂猜（Somchai Wongsawat）接任总理。12月，宪法法院判决人民力量党、泰国党和中庸民主党贿选罪名成立，予以解散，颂猜下台。

2008年12月15日，民主党党首阿披实（Abhisit Vejjajiva）当选总理。2011年5月，阿披实宣布解散国会下议院，7月举行全国大选，为泰党赢得国会下议院过半议席。8月，英拉（Yingluck Shinawatra）政府成立。2013年12月，英拉宣布解散国会下议院，重新举行大选。2014年2月，泰国举行下议院选举，因反对派抵制，部分地区投票无法顺利举行。3月，宪法法院判决大选无效。

2014年5月22日，军方以"国家维稳团"名义接管政权。8月21日，立法议会选举"国家维稳团"主席、陆军司令巴育（Prayuth Chan-ocha）为新总理。24日，巴育就任总理。2015年8月、2016年12月和2017年11月，巴育三次调整内阁。2016年10月13日，九世王普密蓬·阿杜德（Bhumibol Adulyadej）去世，哇集拉隆功国王即位。2019年6月5日，新一届国会上下两院投票选举总理，巴育高票当选连任。7月10日国王御准新一届内阁名单，7月16日全体阁员宣誓就职。

二、经济发展简况

泰国是东南亚国家联盟（简称"东盟"）成员国和创始国之一，同时也是亚太经济合作组织、亚欧会议和世界贸易组织成员。泰国实行自由经济政策，属外向型经济，依赖中、美、日等外部市场。其为传统农业国，农产品是外汇收入的主要来源之一，也是世界天然橡胶最大出口国。

1963年起,泰国开始实施国家经济和社会发展五年计划。20世纪80年代以后,泰国经济发展明显加快,电子工业等制造业发展迅速,产业结构变化明显,引进外资成倍增长,进出口贸易额迅速扩大,国民收入不断提高。泰国于1996年被列为中等收入国家,1997年亚洲金融危机后陷入衰退,1999年经济开始复苏,2003年7月提前两年还清金融危机期间国际货币基金组织提供的172亿美元贷款。

2005年后泰国陷入长期的政治动荡,经济发展受到严重影响。2015年9月以来,泰国政府陆续出台经济刺激计划,包括:向低收入群体和小微企业提供金融支持,鼓励国内投资并提供税收优惠,着力发展农业和农村经济,增加对公共基础设施领域的投资,加大吸引投资力度,不断完善国内产业链,提高产品附加值。

此外,泰国政府还重视创新泰国经济模式,通过降低出口在经济收入中的地位,减轻对出口的过度依赖。主要措施包括:提升泰国本土商品的商业价值,创建社区商品市集、社区旅游市集等,推动社区资金流通,活跃内需;加强与周边国家的互联互通,发展交通基础设施建设项目,推动泰国成为区域性交通中心;投资2万亿泰铢,完善城市轻轨、城际高速公路和机场设施;加快"泰国4.0"计划进度,发展新工业领域,通过投资促进委员会和相关机构的支持,与民营企业、高校建立新工业网络。这些政策目前已初见成效。

三、主要经济部门

泰国工业类型主要为出口导向型,主要门类有采矿、纺织、电子、塑料、食品加工、玩具、汽车装配、建材、石油化工、软件、轮胎、家具等。工业在国内生产总值中的比重不断攀升。

农业为泰国传统经济产业,农业人口约1530万。全国可耕地面积约1.4亿莱(1莱=1600平方米),占国土面积的41%。主要作物有稻米、玉米、木薯、橡胶、甘蔗、绿豆、麻、烟草、咖啡豆、棉花、棕油、椰子等。

泰国海域辽阔,拥有2705千米海岸线,泰国湾和安达曼海是得天独厚的天然海洋渔场。此外，还有总面积1100多平方千米的淡水养殖场。曼谷、宋卡、普吉等地是重要的渔业中心和渔产品集散地。泰国是世界市场主要鱼类产品供应国之一，也是位于日本和中国之后的亚洲第三大海洋渔业国，全国从事渔业的人口约为50万。

旅游业是泰国重要支柱产业，常年保持稳定发展势头，是外汇收入重要来源之一。主要旅游点有曼谷、普吉、清迈、帕塔亚、清莱、华欣、苏梅岛等。

泰国自然资源较为丰富，主要有钾盐、锡、褐煤、油页岩、天然气，还有锌、铅、钨、铁、锑、铬、重晶石、宝石和石油等。

对外贸易在泰国国民经济中占据重要地位。2018年，泰国贸易总额为5017.2亿美元，同比增长9.5%。其中出口2524.9亿美元，同比增长6.7%；进口2492.3亿美元，同比增长12.5%。工业产品是出口主要增长点。中国、日本、东盟、美国、欧盟等是泰国重要贸易伙伴。

主要出口产品有汽车及零配件、电脑及零配件、集成电路板、电器、初级塑料、化学制品、石化产品、珠宝首饰、成衣、鞋、橡胶、家具、加工海产品及罐头、大米、木薯等。主要进口产品有机电产品及零配件、工业机械、电子产品零配件、汽车零配件、建筑材料、原油、造纸机械、钢铁、集成电路板、化工产品、电脑设备及零配件、家用电器、珠宝金饰、金属制品、饲料、水果及蔬菜等。

四、宏观经济管理

（一）制定国家中长期发展规划

2016年9月，泰国内阁会议批准了《20年国家战略发展规划（2017—2036年）》。规划的目标是，通过20年的努力，使泰国成为高收入国家，进入发达国家行列。中央政府还要求各部委根据国家总体发展计划再制定各部门的20年长期发展规划，以明确未来工作的方向、目标以及各部委的发展任务。商业部率先制定了20年发展规划，战略目标包括促进泰国经贸增长、发展需求导向型贸易,以及公平、全面、可持续发展的贸易机制等,确保泰国经济贸易稳定发展。主要战略措施包括:商业部加大对企业家的支持力度,发展高效贸易系统,培养消费者正确的消费观,参与全球贸易体系的整合等。

(二) 启动"东部经济走廊"建设计划

"东部经济走廊"建设是泰国政府目前力推的国家经济发展重点。"东部经济走廊"包括差春骚、春武里和罗勇3个府,定位为高科技产业集群区。泰国政府希望扩大外资在这一区域的投资规模,把东部经济走廊打造成东盟领先的工业、基础设施和城市发展经济区,并成为连接缅甸土瓦深水港、柬埔寨西哈努克港和越南头顿港的东盟海上交通中心。按照泰国政府规划,东部经济走廊包含173个项目,总投资将达到7000亿泰铢,其中政府拨出1500亿泰铢,其余由公私合营企业负责。

泰国"东部经济走廊"重点发展十大目标产业,包括现代汽车产业、智能电子产业、高端旅游及保健旅游、农业和生物技术、食品加工业等5个已具有一定实力的产业,以及机器人、航空与物流、生物燃料和生物化学、数字产业、全方位医疗产业等5个具有潜力的产业。泰国的物流、能源和生物化学、旅游等产业将从"东部经济走廊"建设中获益,其中物流业将迎来最大发展空间。同时,吸引外资是建设"东部经济走廊"的关键。为提升投资者信心,泰国投资促进委员会为"东部经济走廊"投资者提供了更大的优惠,包括土地租期、免签政策、税收优惠和财政鼓励措施等,被认为是迄今为止向投资者提供的最优惠的政策。

(三) 实施"泰国4.0"战略促进经济转型

受国际金融危机的冲击,包括泰国在内的许多发展中国家的经济发展面临较为严重的困难,调整结构、力促工业转型升级成为不少发展中国家追求的发展模式。2016年4月,泰国政府副总理颂奇(Somkid Jatusripitak)指出,经济结构调整是目前泰国发展的重中之重,"工业4.0"模式有利于增强竞争力和发展潜力。同年8月,泰国总理巴育宣布泰国将启动

"4.0经济模式","泰国4.0"被提升为国家发展战略,成为当前泰国政府力推的政策。"泰国4.0"战略的推出,显示了泰国政府进行产业升级和经济结构转型的决心,意味着以创新为重点的经济发展模式将成为未来泰国的发展重点。

(四)借助经济改革解决难点问题

1. 倾力支持中小企业发展

泰国的企业中有90%属于中小企业,如何促进中小企业的发展一直是历届政府的经济核心工作之一。根据泰国工业促进厅发布的《2016年中小企业突出问题报告》,在对全国4883家企业调研后发现存在多个亟须解决的问题,比如技术创新、生产、营销、社区融合、财务人才、原料采购以及组织战略管理等,其中最突出的问题便是技术创新、生产和营销。为此,泰国工业促进厅准备采取的措施包括建立一个规模达20亿泰铢的中小企业共同基金,通过"大企业带小企业"方式由大企业向中小企业提供培训、扶持费用,提供8.5亿泰铢扶持预算,帮助中小企业实现战略升级,以及鼓励中小企业加快新技术运用和科技创新等。

2. 力促金融行业改革升级

由于国内外经济形势以及金融市场的快速变化,泰国金融业未来发展不确定因素增多,泰国央行决定成立宏观审慎政策中心,旨在通过系统的政策分析,推进新工具的开发,为维护金融稳定、促进金融业的健康发展服务。为使更多国民享受到金融改革成果,适应知识经济、数字经济发展,泰国银行系统开发了Promp Pay支付系统。泰国民众将身份证、手机号和借记银行卡捆绑在一起后,就能够享受到更加快捷和安全的金融服务。

3. 推动乡村经营发展计划

泰国城乡发展不平衡,城乡民众收入不平衡,贫富差距大,一直是泰国历届政府面临的棘手问题。巴育政府执政后,在促进农村发展方面做了诸多努力,其中之一就是推出"乡村经营发展计划"。这一计划的内容包括，建立乡村产品贸易点，对由农民、农民合作组织、农民协会、农村妇女团体组成的各类乡村经营实体提供帮助，提高经营效率，让乡村经营实体可持续地开展经营，建立更加稳健的经营团体，使农民从销售产品和服务中获得更多收入。同时，在帮助乡村经营实体开展经营的过程中，帮助它们发展成有潜力的经营商。

第二节 泰国发展政策体系

一、法律政策

泰国法律传统具备浓厚的大陆法系特征，各类法典及成文法规遍及各个领域。泰国的商法和民法相互融合，民商法典涵盖了民事和商事领域的几乎全部规范。但是，就贸易投资领域而言，泰国尚无一部专门的对外贸易法，也未形成一套系统、完整的对外贸易法律体系。

（一）泰国涉外法律体系

泰国现有与贸易和投资相关的法律法规主要包括：《货物进出口控制法》《关税法》《出口商品标准法》《植物扣留法》《反进口倾销法和补贴法》《保障措施法》《外商经营企业法》《投资促进法》《涉外经济法》《对销贸易法》《直销贸易法》《电子交易法》《商业协会法》《外汇管理法》和《商业竞争法》等。在以知识产权为主要内容的服务贸易领域，则还有《商标法》《专利法》和《版权法》等。

（二）泰国进出口管理法律规定

泰国主管贸易的政府部门是商业部，与进出口相关的法律文件主要有1960年的《出口商品促进法》、1979年的《出口和进口商品法》、1973年的《部分商品出口管理条例》、1979年的《出口商品标准法》、1999年的《反倾销和反补贴法》、2000年的《海关法》和2007年的《进口激增保障措施法》等。泰国目前采用6级关税系统，该系统根据增值部分累计征收，对世界贸易组织成员国的平均关税税率是11.2%。

目前，泰国存在关税升级现象。根据世界贸易组织《农业协定》，泰国对24种农产品实行关税配额管理，但是关税配额不适用于从东盟成员国的进口。这些产品在配额内实行低关税，在配额外实行高关税。比如，大蒜进口配额仅64.6吨/年，配额内关税为27%，配额外关税则高达57%。

泰国是出口导向型经济，除通过出口登记、许可证、配额、出口税、出口禁令或其他限制措施加以控制的产品外，大部分产品可以自由出口。受出口控制的产品目前有45种，其中征收出口税的有大米、皮毛皮革、柚木与其他木材、橡胶、钢渣或铁渣、动物皮革等。

（三）泰国投资管理法律规定

泰国法律规定，任何不具有泰国国籍的自然人或法人在泰国经商时均享有与泰国公司同等的权利，除非是法律规定的只有泰国公民才能享有的权利和外籍人不能享有的权利。规范外商投资的立法是1972年的《外商经营法》。1999年11月，泰国政府重新修订颁布了《外商企业经营法》，2000年3月4日起开始正式施行，显著扩大了外商投资范围。

总体来说，泰国禁止外资准入的领域包括三大类：第一，因特殊理由而不允许外籍人经营的行业，如报业、畜牧业、泰国草药的提炼等；第二，对有关国家安全和稳定、文化艺术、风俗习惯、民间手工艺或对自然资源、环境有影响的行业，如国内陆运、国内空运、古董或艺术品交易、采矿业等，除非商业部长根据内阁的决定予以批准；第三，泰国人尚未具备能力与外国人竞争的行业，如会计服务、法律服务行业、广告业等，除非商业部商业注册厅长根据外籍人经商营业委员会决定予以批准。

泰国《外商企业经营法》规定，外国人在大多数经济部门可以获得的所有权的最大比例为49%，这些部门包括农业、某些制造和食品加工行业以及绝大多数专业劳务部门。在银行、金融证券公司和保险公司，大部分泰国公司中的外国投资者持有的外国股份比例被控制在总额的25%以内。

二、产业政策

泰国位于东南亚地区,自然资源丰富、地理位置优越。总体来说,农业在泰国国民经济中的产值和就业比重均不断下降,工业尤其是制造业在泰国国民经济中的产值和就业比重不断提高。与此同时,服务业在国民经济中的产值和就业比重也不断上升。

(一)泰国产业结构现状与问题

1997年亚洲金融危机后,泰国开始对产业结构中的不尽合理之处进行优化调整,力促产业结构升级。目前,泰国的代表性产业主要是农业中的大米、橡胶业,工业中的汽车及零部件产业以及服务业中的旅游业。农业是泰国的支柱产业,农产品是泰国外贸出口的主要商品之一;泰国汽车及零部件产业较为发达,是全球十大汽车生产国之一;据世界旅游组织统计,泰国旅游业及其带动的相关产业占泰国国内生产总值的近1/5。

近几年来,泰国农业和工业占国内生产总值的比重有所下降,而服务业比重不断增加。2015年,泰国第三、第二、第一产业占比分别为55.14%、35.72%和9.14%。泰国服务业集中了全国近一半的劳动力,工业约占全部劳动力的20%左右。从数据来看,虽然泰国第三产业的占比超过50%,但并不意味着泰国的发展水平已经很高。

当前,泰国正面临"中等收入陷阱"带来的挑战,比如收入不平衡、社会不公平、经济发展不并行以及竞争能力有限等问题。影响泰国经济发展的主要因素在于研发能力、科技创新、生产能力以及政府执政能力普遍处于较低水平。另外,鉴于泰国经济严重依赖出口的现实,泰国产业结构调整的重点和难点还在于如何提高工业生产和发展的质量,以增强国际竞争力,最终实现泰国由中等收入国家向高收入国家的转变。

(二) 泰国产业发展政策

1. "泰国 4.0"计划

"泰国 4.0"计划旨在通过调整优化经济结构,把本国建设成中高收入国家。具体来讲,泰国政府希望通过该战略的实施,大力促进高附加值产业的发展,增强本国竞争力,将其打造成亚洲首选投资目的地之一。在"泰国 4.0"计划中,泰国将大力引进、吸纳、发展生物技术、纳米技术、先进材料及数字技术等四大核心技术,并以此为中心着力发展十大目标产业,包括新一代汽车制造、智能电子、高端旅游与医疗旅游、农业与生物技术、食品深加工等在原有优势产业基础上进行增值开发的新兴产业,以及工业机器人、航空与物流、生物能源与生物化工、数字经济、医疗中心等五大未来产业。

2. 《投资促进七年战略规划(2015—2021)》

2015 年,泰国颁布了《投资促进七年战略规划(2015—2021)》,为赴泰国投资的外资企业提供政策、税务及非税务三个方面的优惠支持。针对符合资质的企业,泰国税务部门最高可给予免征 8 年企业所得税的优惠,同时还提供 5 年税收减半优惠,优惠力度可谓非常之大。为了进一步吸引高新技术企业落户泰国,当地政府 2017 年又对《投资促进法》进行了修订升级,经审核批准的科技及创新企业,其免税年限上调至 10 年,并提供额外 1—3 年的免税额度,此外还为企业提供研发、培训及创新的配套资助。其政策力度之大,体现了泰国政府在吸引高科技产业、促进本国产业升级方面的决心与诚意。与此同时,经由中央政府牵头,泰国也在积极提升本国的经商便利指数,力争成为亚洲范围内最便利经商的投资目的地。

三、贸易政策

(一) 进出口管理政策

除了通过出口登记、许可证、配额、出口税、出口禁令或其他限制措施加以控制的产品外,大部分产品可以自由出口,受出口管制的产品目前有 45 种,其中征收出口税的有大米、皮毛皮革、柚木与其他木材、橡胶、钢渣或铁渣、动物皮革等。泰国对多数商品实行自由进口政策,任何可开具信用证的进口商均可从事进口业务。泰国只对部分产品实施禁止进口、关税配额和进口许可等管理措施。

禁止进口产品主要是涉及公共安全和健康、国家安全方面的产品,如摩托车旧发动机、博彩设备等。关税配额产品包括桂圆等 24 种农产品,如大米、糖、椰肉、大蒜、饲料用玉米、棕榈油、椰子油、茶叶、大豆和豆饼等,但关税配额措施不适用于从东盟成员国的进口。进口许可分为自动进口许可和非自动进口许可,非自动进口许可产品包括关税配额产品和加工品,如鱼肉、生丝、旧柴油发动机等;自动进口许可产品包括部分服装、凹版打印机和彩色复印机。泰国商业部负责制定受进口许可管理的产品清单。

(二) 贸易壁垒

1. 关税壁垒

第一,关税高峰。泰国现对大量进口产品征收超过 30% 的关税,包括农产品、汽车和汽车零部件、酒精饮料、纤维和一些电子产品。比如,丝织品、羊毛织物、棉纺织品及其他一些纤维织物的进口关税多为 60%,摩托车及一些特殊用途车的进口关税达到或超过 80%,大米为 52%,奶制品为 216% 等。第二,关税升级。泰国对绝大多数工业原材料和必需品,如医疗设备征收零关税;对有选择的一些原材料、电子零配件以及用于国际运输的交通工具征收 1% 的关税;一些化工原料,如氯化铵、氯化钙、氯化镁等氯化物的关税也仅为 1%;对初级产品和资本货物大部分征收 5% 的关税;对中间产品一般征收 10% 的关税;对成品一般征收 20% 的关税;对需要保护的特殊产品征收 30% 的关税。第三,关税配额。根据世界贸易组织《农业协定》,泰国对 24 种农产品实行关税配额管理,这些产品在配额内实行低关税,在配额外实行高关税。

2. 进口限制

泰国规定 42 种产品需要进口许可，包括原材料、石油、工业原料、纺织品、医药品及农产品。产品进口必须满足规定的要求，如缴纳特别费用、需要原产地证明等。进口食品、医药产品、矿产品、武器弹药、艺术品，需要相关部长的特别许可。泰国要求在食品进口登记中提供关于食品生产工艺及组成成分的详细产品经营信息。泰国卫生部食品药品管理局规定，所有食品、药品及部分医疗设备的进口均须符合进口许可证的管理。食品进口许可证每三年换一次，每次均需要重新认证，文件送达食品药品管理局后还需重新收费，药品进口许可证每年更换一次，同样需要缴纳有关费用。

3. 技术性贸易壁垒

泰国对 10 个领域的 60 种产品实行强制性认证，包括农产品、建筑原料、消费品、电子设备及附件、PVC 管、医疗设备、LPG 气体容器、表层涂料及交通工具等。泰国卫生部食品药品管理局规定，所有进口食品、药品及部分医疗设备要符合标准、检测、标签和认证要求，进口上述产品必须附有标明产品名称、重量或容量、生产和失效日期的泰文标签，并经泰国卫生部食品药品管理局批准。

4. 政府采购

泰国不是世界贸易组织《政府采购协定》的签署国。在政府采购招标中，泰国对外国投标企业设置一系列限制，使外国企业无法投标或难以中标。如泰国常在招标文件中规定非泰国产品不得参与投标；政府采购部门对投标资格的规定不确定，有权在任何时候接受或拒绝部分或所有投标，甚至可以在招标过程中修改技术要求；投标者对招标结论没有申诉权利等。泰国 2000 年 5 月颁布的《对销贸易法》规定，对金额超过 3 亿泰铢的政府采购合同，外国中标企业须易货回购价值不低于合同金额 50% 的泰国产品，该规定大大提高了外国中标企业的经营成本。

四、税收政策

(一) 泰国税收制度

泰国关于税收的根本法律是《税法典》,它是四种税收的合集。第一种是所得税,分别为个人所得税和企业所得税;第二种是增值税;第三种是特别营业税;第四种是印花税。外国公司和外国人与泰国公司和泰国人同等纳税。对于纳税人故意漏税或者伪造虚假信息逃税的行为将处以严厉的惩罚。目前泰国的直接税有3种,分别为个人所得税、企业所得税和石油天然气企业所得税,间接税和其他税种有增值税、特别营业税、预扣所得税、印花税、关税、社会保险税、消费税、房地产税、遗产税等。

(二) 泰国税收管理机构

财政部是泰国负责财政和税收管理的主管部门,其中负责税收征收管理的主要是其下设的税务厅、国货税厅以及海关厅。泰国税务厅是负责税收征管的最高管理机关,主要征收和管理以下税种:个人所得税、企业所得税、增值税、特别营业税、印花税和石油所得税;国货税厅征收特定商品消费税;海关厅负责征收进出口关税。地方政府负责征收财产税以及地方税。税务厅实行厅长负责制,并设4个副厅长。

(三) 泰国四大主要税种介绍

1. 企业所得税

在泰国,具有法人资格的公司都须依法纳税,纳税比例为净利润的30%,每半年缴纳一次。基金、联合会和协会等缴纳净收入的2%—10%,国际运输公司和航空业的税收为净收入的3%。未注册的外国公司或未在泰国注册的公司只需按在泰国的收入纳税。正常的业务开销和贬值补贴,按5%—100%不等的比例从净利润中扣除。对外国贷款的利息支付不用征收公司的所得税。企业间所得的红利免征50%的税。对于拥有其他公司的股权和在泰国证券交易所上市的公司，所得红利全部免税，但要求持股人在接受红利之前或之后至少持股3个月以上。

企业研发成本可以作双倍扣除，职业培训成本可以作1.5倍扣除。注册资本低于500万泰铢的小公司，净利润低于100万泰铢的，按20%计算缴纳所得税；净利润在100万—300万泰铢的，按25%计算缴纳。在泰国证交所登记的公司净利润低于3亿泰铢的，按25%计算缴纳。设在曼谷的国际金融机构和区域经营总部，按合法收入利润的10%计算缴纳。国外来泰投资的公司如果注册为泰国公司，可以享受多种税收优惠。

2. 个人所得税

个人所得税纳税年度为公历年度。泰国居民或非居民在泰国取得的合法收入或在泰国的资产，均须缴纳个人所得税。税基为所有应税收入减去相关费用后的余额，按从5%—37%的5级超额累进税率征收。按照泰国有关税法，部分个人所得可以在税前根据相关标准进行扣除，如租赁收入可根据财产出租的类别扣除10%—30%不等；专业收费中的医疗收入可扣除60%，其他30%；著作权收入、雇佣或服务收入可扣除40%，承包人收入可扣除70%。

3. 增值税

泰国增值税率的普通税率为7%。任何年营业额超过120万泰铢的个人或单位，只要在泰国销售应税货物或提供应税劳务，都应在泰国缴纳增值税。进口商无论是否在泰国登记，都应缴纳增值税，由海关厅在货物进口时代征。免征增值税的情况包括年营业额不足120万泰铢的小企业；销售或进口未加工的农产品、牲畜以及农用原料，如化肥、种子及化学品等；销售或进口报纸、杂志及教科书；审计、法律服务、健康服务及其他专业服务；文化及宗教服务；实行零税率的货物或应税劳务包括出口货物、泰国提供的但用于国外的劳务、国际运输航空器或船舶、援外项目项下政府机构或国企提供的货物或劳务、向联合国机构或外交机构提供的货物或劳务、保税库或出口加工区之间提供货物或劳务。当每个月的进项税大于销项税时，纳税人可以申请退税，在下个月可返还现金或抵税。对零税率货物来说,纳税人总是享受退税待遇。与招待费有关的进项税不得抵扣,但可在计算企业所得税时作为可扣除费用。

4. 特别营业税

征收特别营业税的行业有银行业、金融业及相关业务、寿险、典当业和经纪业、房地产业及其他皇家法案规定的业务。其中,银行业、金融及相关业务为利息、折旧、服务费、外汇利润收入的3%,寿险为利息、服务费及其他费用收入的2.5%,典当业和经纪业为利息、费用及销售过期财物收入的2.5%,房地产业为收入总额的3%,回购协议为售价和回购价差额的3%,代理业务为所收利息、折扣、服务费收入的3%。同时,在征收特别营业税的基础上,还会加收10%的地方税。

五、科技政策

泰国是东盟国家中具有重要影响力的国家,科技基础较好,科技发展水平较高,科技实力较强,在农业、生物技术、清洁能源等领域颇具特色。

(一)泰国国家研究理事会

泰国政府历来重视科技发展,早在1959年就依据《泰国国家研究理事会法》组建了"泰国国家研究理事会"(NRCT)。泰国国家研究理事会直属泰国总理府,由总理和副总理分别任主席和副主席,理事会成员由内阁提名,政府各部部长和副部长为理事会顾问。泰国国家研究理事会主要负责向总理和内阁提出推动国家科学(包括自然科学和社会科学)发展的政策和规划建议,同时负责全面基础研究、应用研究和开发研究的经费匹配与管理,其职能相当于政府的科技顾问。

(二)成立科学技术部

泰国政府为强化对科技的整体协调能力,于2002年成立了科学技术部。泰国科技部的职能是推动和加快实施科技创新战略,鼓励各种科技研发活动，促进和加强社会各部门之间的合作，以提升国民经济的发展效益和人民的生活水平。泰国科技部是泰国科技的总体协调部门，其他一些政府部门，如教育部、公共卫生部、工业部、商务部、信息通讯技术部等，也都具有各自领域的科技管理职能，是泰国国家科技管理的一部分。

（三）科学技术发展计划

20世纪80年代初以来，泰国政府在其五年经济和社会发展计划中就包括了科学技术方面的计划，希望以此来加强其科学和技术基础，并认为这样将促进经济的发展。政府给予公营及私营研究机构和产业界之间的合作以高度的优先权。

1. 制定规划，重视发展生物技术

泰国政府将生物技术发展目标定位于"建成世界级生命科学中心"，并以发展生命科学和生物技术为契机，力图将泰国建成东南亚地区的知识经济领头羊。相对起步早、投入大的国家，泰国在生物技术领域尚存较大差距，但其拥有非常丰富而独特的动物、植物和微生物天然资源，随着政府逐年加大投入，泰国生物技术产业的未来发展前景可期。

2. 强化政策举措，拓展电子与信息产业

泰国政府通过出台政策和修改进出口关税等措施，致力于推动电子产业的持续发展，目标定位于将泰国建设成东南亚地区消费电子工业中心。泰国政府认为，电子工业在本地区占有优势地位，但电子工业的发展必须面对国际市场的需求，借助于全球化趋势大力提升竞争力，国有企业必须打消依赖政府扶持的念头，联合私营企业和海外投资者共同寻找市场出路。

3. 举办科技会展，推动国际科技交流

泰国首都曼谷是一个国际化程度相当高的城市，是亚太地区联合国机构和其他政府间、非政府间国际组织总部最多的城市。目前，驻曼谷的联合国机构及其专门机构所设立的总部或地区总部约有40个。曼谷每年举办诸多具有国际影响力的各类讨论会和展览会，这对提高国民科技意识，推动科技发展，强化国际科技交流与合作起到十分积极的作用。

4. 建立中介结构，提供科学技术网络服务

支持科研机构和私营部门之间的合作，建立中介机构（如孵化器），提供更好的科学技术网络和服务，以利于技术的转移和扩散。鼓励私营部门加大研发投入，以此开发泰国本地产品，并降低因需要从国外进口技术和创新产品而日益升高的运营成本。《国家科技与创新政策和技术（2012—2021年）》确定的重点措施包括：加速发展知识社会；加速培养科学家、研究人员和理科教师，满足国家需要；推动国营和私营企业的投资和合作；提高科研管理系统的效率；推动空间技术与地理信息利用等。

六、金融政策

泰国组建了以中央银行为领导、商业金融机构为主体、政策性金融机构为补充的金融体系。各种非银行金融机构的发展和金融市场的初具规模都表明泰国金融业仍处于成长之中，但传统的非正式信贷机构和市场仍活跃于农村，"二重结构"并未从根本上消除。

（一）泰国中央银行

泰国中央银行为正式成立于1942年10月，设于曼谷，其职能是发行货币、制定并执行货币政策、管理公债汇兑、经理国库，并代表政府与国际金融机构往来。它还管理商业银行和其他金融机构，是最后贷款人和全国票据清算中心。泰国银行与政府关系密切，其理事会必须按照政府的意愿行事，为支持政府的某些开发计划，有时也对政府提供长期贷款。

（二）商业银行

商业银行是泰国传统的和最重要的金融机构，其资金来源主要为各类存款，或者为同业借款；资金运用主要有贷款、贴现和透支。融资重点在于满足贸易和制造业需求，农业贷款比例甚低。除商业银行外，商业性金

融机构还有金融证券公司、生命保险公司、保险公司等。

(三) 政策性金融机构

泰国的政策性金融机构主要有农业和农业合作社银行、政府住房银行、泰国工业金融公司和小企业金融局等。泰国较长时期内没有设立经济开发和进出口银行，加之商业银行主要为短期放款，因此经济发展严重缺乏长期资金，特别是与出口加工有关的部门更是如此。

1. 农业和农业合作社银行

泰国农业和农业合作社银行是按照1966年的《农业和农业合作社银行条例》，于同年11月1日在原合作社银行基础上建立的。它是一家政府金融机构，由财政部直接管理。该行的职责是直接或间接地向农业部门提供信贷，在较长时期内一直居重要地位。20世纪60年代正是泰国农业由单一的稻米向产品结构多样化转变的时期，农业和农业合作社银行的成立，正是为了密切配合政府农业发展计划的实施，以满足农业结构多样化过程中对资金迫切和巨大的需求。该行通过其业务活动，以政府资金为主直接地支持或间接地引导、鼓励社会资本流向农业部门。

2. 政府住房银行

政府住房银行是按照《政府住房银行条例》于1953年建立的，目的在于为居民购买住房提供资助，与国家住房管理局共同努力进行住房开发，以解决住房问题。该行由政府全资所有，归属财政部管理。该行的资金来源渠道有存款、借款、发行债券等。目前，该行吸收四种类型存款，即活期存款、储蓄存款、定期存款和固定住房存款。贷款是该行资金运用的最重要形式，80%的资金用于贷款，主要有透支贷款、个人贷款、住房项目贷款等。该行曾经具有开发银行的职能，如购买和开发建房用地并以分期付款的方式转售给客户；与政府储蓄银行联合兴建住房，然后转售给个人，1973年后这些职能交给了国家住房管理局。

3. 泰国工业金融公司

泰国工业金融公司是按照《泰国工业金融公司条例》于1959年11月

成立的,其宗旨为"促进工业发展,开辟泰国的资本市场"。泰国工业金融公司作为一家重要的开发性金融机构,对泰国工业发展起到积极作用。该机构为股份公司,在其股份持有人中,机构持有人占绝对优势,它们包括泰国的银行、外国银行在泰国的分支行、金融和证券公司、保险公司等。该公司的中长期贷款重点支持工业发展中经济和技术上可行的开发项目,通常每笔贷款额不少于100万泰铢,单一贷款项目放款金额最高不超过该公司股权资本额的25%。贷款期限平均7—8年,有些达15年。放款利率是由筹资成本加上一个适当的利差,以弥补管理费用支出。

4. 小企业金融局

小企业金融局是泰国主要为中小企业提供金融与技术服务的政策性金融机构,成立于1964年3月,最初名为"小工业开发贷款局",1970年改为现名。该局隶属于泰国工业部工业促进厅,主要职能是为小工业提供优惠贷款和技术指导。该局日常业务由一个9人组成的贷款委员会(成员均由泰国政府任命)负责管理。该局资金来源于政府预算和泰京银行,资金运用方式基本上是贷款,用于建立新厂、购买机械设备、建筑房屋,也可用于做流动资金和购买土地等,单笔贷款额可达100万泰铢。贷款期限通常为3—7年,最长可达10年,以分期付款的方式偿还贷款,通常有1年或2年的宽限期。

七、旅游政策

旅游业是泰国的支柱产业,对泰国经济发展具有重要作用。泰国政府十分重视旅游业的发展,从"旅游立国"高度来促进旅游业的发展。随着旅游经济的发展,泰国政府对旅游业的管理也在不断加强,管理职能由单一的市场促销逐渐扩展到行业管理,从中央到地方形成一套集权式的旅游管理体制。

(一) 旅游委员会

泰国最高层次的旅游管理机构是旅游委员会,由内务部、交通部、外交部、国家环境委员会、国家经济和发展委员会、立法委员会的高级官员和泰国航空公司总裁、泰国旅游局局长以及行业工会领袖等人士组成，主席由总理或总理授权的部长担任。旅游委员会的职责是制定旅游政策和旅游法规，管理与监督旅游局的工作。

（二）泰国旅游局

泰国旅游局是旅游委员会领导下的旅游行政管理机构，其职责包括市场促销、投资引导、信息统计、教育培训、行业管理、景点开发、受理旅客投诉等。投资开发和市场促销是泰国旅游局的主要职能，泰国旅游局每年都要制定年度计划和发展战略，通过广泛宣传，引导企业的投资方向和经营方式。同时，泰国旅游局对旅行社、饭店也实行严格的管理，保证了旅游服务的质量。

泰国的地方旅游机构由泰国旅游局直接设置、派驻人员并提供经费。应泰国旅游局的要求，泰国政府还设立了旅游警察，负责受理旅客投诉，保障旅客安全。旅游警察归警察署领导，经费由旅游局提供。旅游警察在打击旅游活动中的犯罪现象、保障旅客利益、保证旅游服务质量等方面发挥了有效作用。

（三）旅游管理政策

为了提高服务水平，增强竞争力，树立良好形象，泰国政府在旅游行业中特别重视科学管理和优质服务，把它作为旅游服务质量的主要内容和旅游市场竞争取胜的基本手段，制定和实施了一系列旨在优化旅游管理政策，提高服务质量的策略措施。泰国政府借鉴和吸取了西班牙等国旅游业发展的成功经验，明确提出要走"旅游立国"的发展道路，通过制定规划、加强领导、增加投资和扩大宣传来加快旅游业发展，以旅游业迅速发展来加快引进外资，保持市场繁荣，促进相关产业的发展和落后地区的开发，把旅游业建成关联效益大、先导作用强的支柱产业，把泰国建设成亚洲的重要旅游市场。

第三节　泰国发展政策成效

一、成效分析

2015年以来，泰国国民生产总值年度增长率都保持在3%以上。整体而言，目前泰国经济发展平稳，中泰经贸合作取得新进展。但是，过去泰国政局经常出现文人政府与军事集团轮流掌权的情况，加之出口导向型经济所带来的脆弱性，泰国的经济发展政策经常受到政治局势和世界经济大环境的影响而出现较大波动。

泰国目前仍处于国家发展的十字路口。过去30年，受外资驱动，泰国经济社会发展取得重大成就。世界银行也称赞泰国为"发展成功国家的典例，其经济之持续增长和减贫工作令人印象深刻"。2011年泰国就已迈入中等收入国家行列。但是，泰国在近10年经济扩张速度已明显放缓，1997年亚洲金融危机之前，泰国经济繁荣，10年间经济年均增长率达到9.1%；2010年之前的10年间，经济年均增长率为4.6%。而到2018年，泰国经济年均增长率仅为4%。泰国传统的出口导向型工业化面临着劳动力成本上升、许多国家追赶泰国的竞争局面加剧以及泰国的低技术能力等制约因素。为了保持竞争力，泰国需要向以知识、创造力和创新为基础的经济转型。

（一）"泰国4.0"：转型时间表

当前，泰国专注于通过由商品制造向创新型产品生产的转变而发展成为以价值为基础、由创新来驱动的经济体。泰国正进入工业革命的第四阶段。在"泰国1.0"阶段，泰国尚属农业国家；在"泰国2.0"阶段，泰国经济主要由轻工业驱动；在"泰国3.0"阶段，经济由复杂的工业驱动；在"泰国4.0"阶段，经济由创新和创造驱动（见图2—1）。2020年，政府期望将研发总支出占国家GDP的比重提升至1.5%。

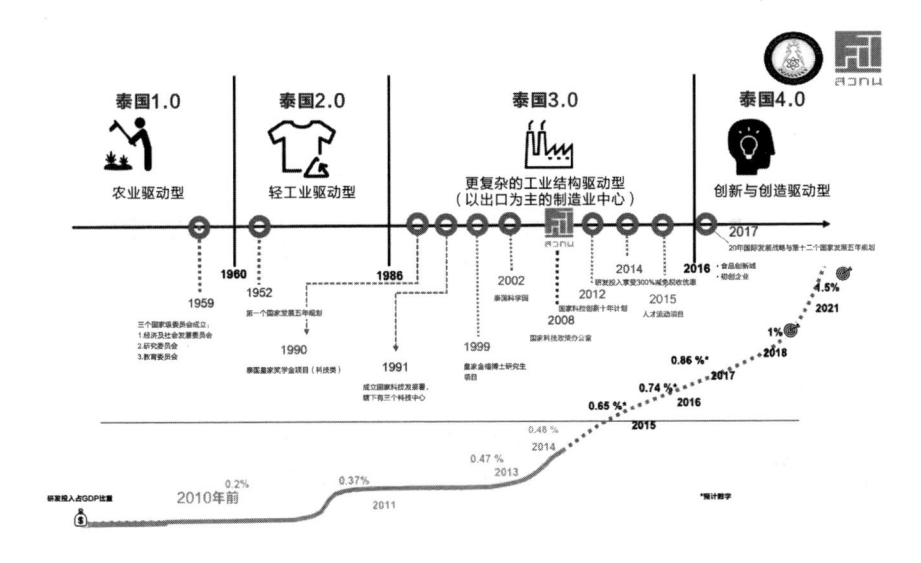

图 2—1　泰国经济模式转型过程

资料来源：[泰] 奥拉潘·维拉恰伊，靳松译：《泰国国家科技创新与泰国 4.0 议程》，《科技与金融》2018 年第 11 期，第 16 页。

（二）"泰国 4.0"：向创新型、价值型产业转型的国家议程

"泰国 4.0"向创新型、价值型产业转型的国家议程主要包含 5 个方面：为泰国开发 21 世纪人力资源；创建创新驱动型企业；提升目标产业的竞争力；增强 6 个地区 18 个省级集群和 76 个省的实力；促进泰国与世界的连接。依据泰国的"20 年发展战略"，泰国将着力加强物理基础设施、信息与交通基础设施、智力基础设施、社会基础设施建设。

为了有效落实政策，泰国政府制定了"5+5"工业发展目标：为实现现有产业向知识型和高附加值产业的转型，强化创新作为泰国未来经济发展的关键驱动力，泰国政府着力发展 10 个产业集群。这 10 个产业集群分为两大类：第一类是短中期产业集群，其中包括未来食物产业、智慧电子、新一代自动化汽车、高质量旅游业、农业和生物科技；第二类是长期产业集群，包括生物能源和化学、数字产业、医疗卫生产业、工业机器人、物流和航空业（见图 2—2）。

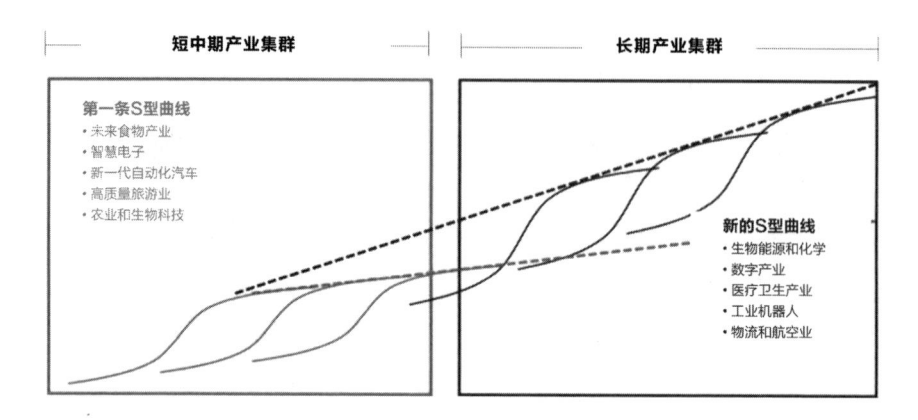

图 2—2　泰国"5+5"工业发展产业

资料来源：[泰] 奥拉潘·维拉恰伊，靳松译：《泰国国家科技创新与泰国 4.0 议程》，《科技与金融》2018 年第 11 期，第 17 页。

为具体落实提高泰国工业创新水平，泰国科技部提出一项新倡议，具体措施包括：鼓励中小型企业创新，通过提高研发、产业化和国际化水平增强创新能力；提供创新基础设施服务，使科研院所能够有效地为目标行业的企业提供 MSTQ（计量、标准、测试和质量）及知识产权服务；提高创新业务的便利性，建立产业创新生态系统，发展和培训科技创新人才，主要集中在食品创新园区、科技园区、区域科技园、科技园网络等重点创新经济区。

此外，政府还出台了五个层面的科学、技术及创新政策，包括研究、开发和创新咨询服务，金融支持和税收激励，人力资源支持及与大学建立联系，科技创新基础设施和服务，以及创业和初创企业的发展。

二、合作建议

（一）经济增长和民生领域

中国企业在泰国的投资合作领域，首先必须关注泰国政府最为关注的经济和民生议题。促进经济增长和解决民生问题始终是泰国政府放在首要位置的问题。泰国政府十分注意保证大部分国民的收入公平，促进经济保持平稳较快增长，持续扩大经济规模，充分满足劳动力就业，保持物价水平稳定。具体表现就是，刺激经济稳定快速增长，提高国民收入水平，完善社会保障体制，保护低收入群体和弱势群体的利益，缩小社会阶层之间的差距，促进社会和解。

为此，政府实施了一系列财税优惠政策，通过财政补贴、税收结构调整和优惠政策，刺激内需扩大，促进经济增长。例如将企业税由现行30%降至20%，将首套房和首辆车购置税全免，对个人住房贷款提供部分免息优惠，对教师、农民和公务员的个人住房贷款进行债务优化重组等。在针对低收入群体的政策上，政府提出在全国范围内提高最低日工资，争取在2020年前实现最低收入每日33美元；实现全民医疗保障，继续推行他信政府提出的"30泰铢普遍医疗政策"；增加政府收入，向全国7万多个村庄提供每村1万美元村庄发展基金；建设农业和农民保险制度；向农民购买化肥等农业生产资料提供政府补贴；提高大米收购价格等。

（二）产业结构调整领域

1. 农业

农业是中泰合作的一个重点领域。当前，泰国政府正在加大对农业发展的支持力度，注重政府与农民在农业上的联合；扩大农业和粮食产业等传统产业在创收和提供劳动岗位方面的作用，推动泰国发展成引领世界农产品生产的龙头和粮食交易市场的中心，加快实现使泰国成为高品质"世界厨房"的目标；推广新型的农业理念，通过促进农业研究和开发新品种、采用新型生产技术等举措，提高农作物产量和质量，提升种植效率，降低生产成本，发展有机农业；持续增加农业收入，加快发展高附加值农产品加工业，生产高回报的新产品，如橡胶、能源作物（油棕、甘蔗、木薯）等；建立区域层面的产品链，开拓各层次的市场，增强在国际市场上的竞争力；增强畜牧业生产能力，促进渔业和水产养殖业的发展等。

2. 工业

制造业是中泰合作的支柱领域。工业方面，泰国政府希望通过提高生产效率和资源利用率,降低生产成本,提高产品质量,增强工业竞争力,打造泰国的品牌产品;发展创新型、技术型和知识型工业替代传统的劳动力密集型工业,促进民族知识的创新以增加国家收入;增强中小型企业的发展基础,加大金融机构对中小型企业的投资和支持力度,并在政策上提供便利;开发新的工业基地,在适合的区域建立工业区,并完善工业区之间的交通运输线路和深水港口的建设,发展与安达曼海沿岸和泰国湾沿岸经济带的联系;加快发展对环境、社会和人类安全无害的绿色工业,采用先进的生产技术,通过重复使用和回收再利用等措施,减少资源的使用和温室气体的排放,增加替代能源在工业领域的使用率,按照"低碳社会"的发展思路建设工业城市和工业地区;制定完善的税收措施及其他相关措施,鼓励和支持发展节能工业、替代能源工业、生物能源工业、节能汽车工业、采用替代能源和清洁能源的汽车工业等。

3. 金融业

金融业也是中泰合作前景广阔的领域。泰国政府对金融业未来发展的设想主要包括:完善金融体系,以低成本、高效率、稳定安全的服务应对金融改革创新带来的变化和满足经济社会状况变化的要求;通过出台必要的措施和修改法律、法规,包括完善金融法规、调整监督体系,应对金融体系和经济体系可能出现的风险;谨防国外资金变动和转移带来的风险,建设坚强、有效的国内金融和投资市场,并加强地区合作以应对可能出现的变动;管理好国家资产,维护经济安全,建立基金用于有效管理国家资产,如国家财富基金、国家石油能源储备基金和粮食安全基金等。

4. 旅游业

旅游业是泰国的支柱产业,也是中泰合作潜力巨大的产业。泰国政府对旅游业未来发展的规划是:促进旅游基础设施的建设,发展有价值的旅游品种,加快调整旅游服务标准,提高旅游服务质量,为游客提供方便、安全、健康的旅游服务;发展、完善和保护自然景点、历史文物和文化景点,鼓励和支持私人和地方机构管理和投资发展地方景点;大力发展高附加值的旅游如文化旅游、健康和养生旅游等;提高从事旅游业人员的标准和素质以满足市场的要求;调整政府对旅游服务的管理,能够有效地吸引游客和扩大旅游市场；调整与旅游业相关的法律法规，提高相关法律的执行效率，为游客提供便捷、安全的服务，保障游客的利益；减少旅游业对环境的破坏，实现可持续发展。

5. 基础设施

基础设施领域是中国具有优势的领域。未来泰国将持续发展各种类型的交通运输基础设施，加强商品产地和出口基地的联系；发展铁路交通系统，提高国内铁路系统的管理效率，建设快捷安全的客运和货运系统，形成覆盖农村、城市和国际的铁路网；在连接郊区和主要城镇的主干线上铺设双规铁路，研究和发展高铁，建设曼谷—清迈、曼谷—那空叻是玛、曼谷—华欣等高铁线路和连接邻国的重要线路；发展连接素万那普机场和春武里、芭提雅的机场铁路；加快建设曼谷和周围地区的10条轻轨铁路，并计划在5年内完工；发展水上运输和滨海商业航行运输，包括安达曼海沿岸和泰国湾沿岸，建设深水港口和经济带连接上述两片海岸区域；建设国际机场、地区机场和泰国的航空工业，提高素万那普机场的客流承载量，使泰国成为东盟乃至世界的航空、旅游和航空货运中心。

6. 能源

泰国政府有意促进和推动作为战略性工业的能源工业快速发展，措施包括：增加投资建设能源基础设施，利用地区优势将泰国发展成地区的能源中心；加强能源安全，在国内和国外寻求开拓能源产地，发展电力系统，分散能源产地和能源种类，以实现多样化和可持续发展；控制能源的价格，使之保持在合理的水平，发挥石油基金维持价格稳定的作用，进行价格补助，运输行业扩大使用天然气，住户使用煤气和生物柴油；促进生产、使用、研究和发展替代能源和备选能源，在10年内至少替代25%的石化能源；促进和推动能源保护，在20年内减少使用25%的能源；促进使用高效率的设备，发展清洁能源，减少温室气体的排放；提倡消费者节约使用能源，提高能源的利用率。

7. 信息技术

信息技术是泰国未来大力发展的重点产业之一。泰国政府将加快信息技术基础设施建设，大力发展覆盖面广、高速、高质量、价格合适的通信网络，促进公平竞争，建设知识型、智慧型、创新型和创造型的国家，缩小城市和农村之间的差距，促进信息资料的传播，培养高水平的人力资源，增强国家的竞争力；促进免费互联网的普及，建立研究发展基金推动广播、电视和通信的发展；在公共场所、政府和学校提供免费的互联网服务；促进政府和私人广播、电视的发展，发展数字模拟信号系统；促进和支持软、硬件工业的发展，为核心信息技术企业提供资金支持，培养高水平和符合工业发展需求的人力资源，使泰国发展成东盟地区的信息技术中心和通信中心。

（三）对外贸易领域

泰国政府提出，将采取积极的市场策略，在保护传统市场份额的同时开辟新兴市场，减少对单一出口市场的依赖，促进对新兴市场的商品和服务贸易，如中国、印度、中东、非洲和东欧等国家和地区；制定完备的法律规范吸引国内外的投资者，促进全面的投资贸易，包括农业、工业、服务业等；增强泰国在世界市场的竞争力，保持泰国的市场份额并实现持续增长；扩大泰国商品和服务在世界上的知名度和受欢迎程度；鼓励并支持有实力的泰国公司到国外投资办厂、开设分公司、设立代理商和合资参股，建立庞大的泰国企业网络，利用邻国的劳动力和原材料发展国家和本地区的经济；扩大出口、降低生产成本，重视泰国在联系地区和世界之间的作用，将泰国打造成地区市场通往世界市场的门户，促进泰国成为世界商品和服务贸易中心、世界生产和出口清真食品中心；利用多边和双边合作和自由贸易协定框架，扩大经济贸易、投资和市场联系；加快建立经济发展特区，重视边境地区的贸易、市场、投资、雇佣劳动力和利用邻国的原材料，充分利用东盟地区的交通运输便利等。

第三章 马来西亚发展政策

第一节 马来西亚的基本情况

马来西亚（英文名：Malaysia）面积约33万平方千米，人口3266万。其中马来人占69.1%，华人23%，印度人6.9%，其他种族1.0%。马来语为国语，通用英语，华语使用较广泛。伊斯兰教为国教，其他宗教有佛教、印度教和基督教等。首都为吉隆坡（Kuala Lumpur），人口约180万。现任最高元首为阿卜杜拉·艾哈迈德·沙阿（Al-Sultan Abdullah Ri'ayatuddin Al-Mustafa Billah Shah Ibni Sultan Haji Ahmad Shah Al-Musta'in Billah），2019年1月31日就任第16任最高元首。

一、政治发展简况

公元初，马来半岛有羯荼、狼牙修等古国。15世纪初，以马六甲为中心的满剌加王国统一了马来半岛的大部分。16世纪开始，马来西亚先后被葡萄牙、荷兰、英国占领，20世纪初完全沦为英国殖民地。加里曼丹岛的沙捞越、沙巴在历史上属于文莱，1888年两地沦为英国保护地。二战中，马来半岛、沙捞越、沙巴被日本占领。战后，英国恢复殖民统治。1957年8月31日，马来亚联合邦宣布独立。1963年9月16日，马来亚联合邦同新加坡、沙捞越、沙巴合并组成马来西亚（1965年8月9日，新加坡退出）。

马来西亚政治制度为君主立宪联邦制。因历史原因，沙捞越州和沙巴州拥有较大自治权。马来西亚政府在和平、人道、公正、平等的基础上推行独立、有原则、务实的外交政策，与其他国家维持友好关系，并主张根据国际法和平解决争议。东盟为马来西亚外交政策的基石，优先发展同东盟国家的关系。马来西亚重视发展与大国关系，系英联邦成员，与其他成员国交往较多，已同132个国家建交，在84个国家设有110个使领馆。

二、经济发展简况

20世纪70年代前，马来西亚的经济以农业为主，依赖初级产品出口。70年代以来，马来西亚不断调整产业结构，大力推行出口导向型经济，电子业、制造业、建筑业和服务业发展迅速。同时，实施马来民族和原住民优先的"新经济政策"，旨在实现消除贫困、重组社会的目标。

从1987年起，马来西亚经济连续10年保持8%以上的高速增长。1991年，提出"2020宏愿"的跨世纪发展战略，旨在于2020年将马来西亚建成发达国家。重视发展高科技，启动了"多媒体超级走廊""生物谷"等项目。1998年受亚洲金融危机的冲击，经济出现负增长。政府采取稳定汇率、重组银行企业债务、扩大内需和出口等政策，经济逐步恢复并保持中速增长。

2008年下半年以来，受国际金融危机影响，马来西亚国内经济增长放缓，出口下降，政府为应对危机相继推出70亿林吉特和600亿林吉特刺激经济措施。2009年纳吉布（Najib Razak）总理就任后，采取了多项刺激马来西亚经济和内需增长的措施，其经济逐步摆脱金融危机影响，企稳回升势头明显。

2015年，马来西亚公布了第十一个"五年计划"（2016—2020年），继续推进经济转型，关注改善民生。2016年，马来西亚提出"2050国家转型计划"（TN50），为2020—2050年的发展规划前景。2019年，政府提出"2030年宏愿"，把缩小贫富差距、创建新型发展模式、推动马来西亚成为亚洲经济轴心作为三大主要目标。

三、主要经济部门

马来西亚自然资源丰富,橡胶、棕油和胡椒的产量和出口量居世界前列,曾是世界产锡大国,近年来产量逐年减少。马来西亚石油储量丰富,还有铁、金、钨、煤、铝土、锰等矿产,还盛产热带硬木。

马来西亚政府鼓励以本国原料为主的加工工业,电子、汽车、钢铁、石油、化工、纺织品、橡胶及塑料制造业和光学产品制造业是马来西亚制造业的重要部门。2018年,马来西亚制造业领域产值为2833亿林吉特。

马来西亚采矿业以锡、石油和天然气开采为主。天然气及能源行业是其经济转型计划中重点扶持的产业之一。据2017年版《BP世界能源统计年鉴》显示,马来西亚原油储量为36亿桶,天然气储量为1.2万亿立方米。2017年马来西亚石油日产量为64.8万桶,天然气日产量为69.04亿标准立方英尺。马来西亚的石油和天然气行业的管理及开采权都掌握在马来西亚国家石油公司(PETRONAS)手中。

马来西亚耕地面积约4.85万平方千米,农产品长期集中于热带经济作物,以橡胶为主导,主要有油棕、橡胶、热带水果等,还盛产热带林木,粮食自给率约为70%。20世纪60年代,马来西亚政府提出农业多样化的方针,其主要内容是发展油棕、椰子、可可、胡椒等经济作物和稻米的生产。渔业以近海捕捞为主,近年来深海捕捞和养殖业有所发展。2018年,马来西亚农业产值为955亿林吉特。

服务业是马来西亚发展最快的行业,也是政府经济转型计划中扶持的重点。马来西亚服务业范围广泛,包括水、电、交通、通信、批发、零售、饭店、餐馆、金融、保险、不动产及政府部门提供的服务等。20世纪70年代以来,政府不断调整产业结构,使服务业得到迅速发展,成为国民经济发展的支柱行业之一。服务行业的就业人数约为535.36万,占全国就业人口的50.76%,是就业人数最多的产业。

旅游业是马来西亚第三大经济支柱、第二大外汇收入来源。马来西亚拥有酒店约4072家,主要旅游点有吉隆坡、云顶、槟城、马六甲、兰卡威、刁曼岛、热浪岛、邦咯岛等。据马来西亚旅游部统计，2018年赴当地游客数量为2583万人次。

四、宏观经济管理

（一）宏观经济状况

马来西亚独立前受英国殖民统治，经济以农业为主。独立后实施的《新兴工业法》，是马来西亚工业化进程的开始。马来西亚自然资源丰富，20世纪70年代以前经济依赖初级产品出口，之后大力推进出口导向型经济，电子业、制造业、建筑业和服务业发展迅速。20世纪80年代中期，马来西亚受世界经济衰退影响，经济出现下滑，1987年后经济持续高速发展，年均国民经济增长率一直保持在8%以上。

1997年，亚洲金融危机爆发，马来西亚经济遭受严重打击。2000年，马来西亚各项经济指数基本恢复到金融危机前水平。2010年6月，马来西亚政府宣布实施第十个"五年计划"，把私营经济和以创新为主导的行业作为国家经济腾飞的主要推动力。尽管2010—2015年马来西亚未能实现年均6%的增长率，但受投资扩张和内需的拉动，其经济发展总体符合预期，其中私人投资的快速增长表现比较抢眼。

近年来，马来西亚政府积极推动"工业革命4.0"，数字经济产值预计2020年将达到马来西亚经济总产值的20%。为此，马来西亚政府划定五大领域，即大数据分析、云计算、电子商务、物联网和人工智能作为重点发展方向。此外，马来西亚政府正在建立吉隆坡互联网城市与数码自由贸易区（DFTZ）。DFTZ计划是2016年马来西亚"国家电子商务战略路线图"的一部分，其目标是到2020年将马来西亚国家的电子商务增长率从10%提高到20.8%。DFTZ将提供物资和虚拟区域来促进企业特别是中小企业利用数字经济的融合与共享，以及跨境经济活动。

（二）财政收支与对外贸易

据马来西亚财政部数据显示，联邦政府2015年财政收入为2191亿林吉特，支出为 2578 亿林吉特，赤字为 387 亿林吉特；2016 年财政收入为 2124 亿林吉特，支出为 2508 亿林吉特，赤字为 384 亿林吉特；2017 年财政收入为 2204 亿林吉特，支出为 2607 亿林吉特，赤字为 403 亿林吉特；2018 年财政收入为 2328 亿林吉特，支出为 2870 亿林吉特，赤字为 542 亿林吉特。

马来西亚统计局公布的数据显示，2015 年马来西亚对外贸易总额约为 13910 亿林吉特，其中出口约为 7399 亿林吉特，进口约为 6511 亿林吉特。2018 年，贸易总额达到 18760 亿林吉特，其中出口为 9983 亿林吉特，进口约为 8777 亿林吉特。出口产品主要包括电子电器、石油产品、液化天然气、机械设备、棕榈油等；进口产品主要包括电子电器、石油产品、有色金属、钢铁产品、机械设备等。2018 年，马来西亚主要出口市场为中国、新加坡、美国，主要进口来源国为中国、新加坡、美国。

（三）外汇管理与金融机构

马来西亚的外汇体系相对开放。在马来西亚注册的外国企业可以在当地商业银行开设外汇账户，用于国际商业往来支付。外汇进出马来西亚需要核准。外汇汇出马来西亚不需缴纳特别税金，但原则上规定外国公民在入境或离境时携带超过 1 万美元或等值的其他货币需向海关申报。在马来西亚工作的外国人，其合法的税后收入可全部转往国外。2018 年，马来西亚进一步加强了外汇管理，以促进企业和金融机构的运营效率和风险管理。

马来西亚中央银行是国家银行，主要负责维持国家货币稳定，管制和监督银行、金融及保险机构，发行国家货币。当地主要商业银行包括马来亚银行、联昌银行、大众银行、丰隆银行、兴业银行等。外资银行主要包括花旗银行、汇丰银行、标准渣打银行、美国银行、德意志银行、华侨银行等。在马来西亚的中资银行主要有中国银行、中国工商银行和中国建设银行。与中国国内银行合作较多的主要银行是马来亚银行、丰隆银行、联昌银行。

据统计，马来西亚保险市场共有保险公司 44 家，包括 19 家财产险公司、10 家寿险公司、4 家综合保险公司和 11 家伊斯兰保险公司，另有 7 家再保险公司、5 家伊斯兰再保险公司、30 家保险经纪公司和 36 家保险公估公司。此外，还有财产险协会、寿险协会、伊斯兰保险协会、本地保险公司协会、经纪人协会和公估人协会等 6 家行业组织。2016 年，马来西亚财险保费收入为 160 亿林吉特，寿险保费收入为 316 亿林吉特，伊斯兰财险保费收入 18 亿林吉特，伊斯兰寿险保费收入 57 亿林吉特。

马来西亚股票交易所是马来西亚唯一的股票交易市场，经营股票、债券、衍生品等，分为主板市场和创业板市场两部分。截至 2019 年 8 月初，马来西亚股票交易所主板市场共有 794 家上市企业，创业板市场共有 126 家上市公司。

第二节　马来西亚发展政策体系

一、法律政策

马来西亚独立前为英国殖民地，因此其法律体系深受英国法律制度影响，成文法与判例法在商业活动中都发挥着重要作用。马来西亚投资法律体系较为完备，与国际通行标准接轨，各行业操作流程较为规范。马来西亚与外资相关的法律主要有《合同法》《公司法》《工业协调法》《投资促进法》和《劳资关系法》等。

马来西亚工业发展局负责制造业的招商引资，总理府经济计划署及国内贸易与消费者事务部负责其他行业投资的管理。总理府经济计划署负责审批涉及外资与土著持股比例变化的投资申请。涉及金融、保险行业的外资，由财政部和国家银行主管。一般而言，外商投资下述行业会在股权方面受到严格限制，如金融、保险、法律服务、电信、直销及分销等，这些行业一般外资持股比例不能超过 50% 或 30%。

马来西亚鼓励外国投资进入其出口导向型生产企业和高科技领域，可享受优惠政策的行业主要包括：农业产品、农产品加工、橡胶制品、石油化工、医药、木材、纸浆制品、纺织、钢铁、有色金属、机械设备及零部件、电子电器、医疗器械、科学测量仪器制造、塑料制品、防护设备仪器、可再生能源、科技研发、食品加工、冷链设备、酒店旅游及其他与制造业相关的服务业等。

2012年以来，马来西亚政府逐步放松了17个服务业分支行业的外资股权限制，包括：电讯领域、快递服务、私立大学、国际学校、技工及职业学校、特殊技术与职业教育、技能培训、私立医院、独立医疗门诊、独立牙医门诊、百货商场与专卖店、焚化服务、会计与税务服务、建筑业、工程服务与法律服务等。

外商可直接在马来西亚投资设立各类企业，直接投资包括现金投入、设备入股、技术合作及特许权等。允许外资收购本地注册企业股份，并购当地企业。马来西亚股票市场向外国投资者开放，允许外国企业或投资者收购本地企业并上市。外资公司在马来西亚上市规定的25%公众认购的股份中，要求有50%分配给土著（Bamiputera），即强制分配给土著的股份实际只有12.5%。此外，拥有多媒体超级走廊地位、生物科技公司地位以及主要在海外运营的公司可不受土著股权需占公众股份50%的限制。

二、贸易政策

马来西亚与对外贸易相关的法律法规主要有《海关法》《外汇管理法令》《反补贴和反倾销法》《反补贴和反倾销实施条例》《2006年保障措施法》《海关进口管制条例》和《植物检疫法》等。国际贸易和工业部是对外贸易的主管部门，主要负责制定投资、工业发展及外贸等方面的有关政策，拟定工业发展战略，促进多双边贸易合作，规划和协调中小企业发展，促进和提升私人企业界和土著的管理和经营能力。

马来西亚实行自由开放的对外贸易政策，部分商品的进出口会受到许可证或其他方面的限制。

（一）进口管理

1998年马来西亚海关的禁止进口令规定了四类不同级别的限制进口商

品。第一类是 14 种禁止进口品，包括含有冰片、附子成分的中成药，45 种植物药以及 13 种动物及矿物质药。第二类是需要许可证的进口产品，主要涉及卫生、检验检疫、安全、环境保护等领域，包括禽类和牛肉（必须符合清真认证）、蛋、大米、糖、水泥熟料、烟花、录音录像带、爆炸物、木材、安全头盔、钻石、碾米机、彩色复印机、部分电信设备、武器、军火以及糖精。目前，大约有 27% 的税目产品需要进口许可证。第三类是临时进口限制品，包括牛奶、咖啡、谷类粉、部分电线电缆以及部分钢铁产品。第四类是符合一定特别条件后方可进口的产品，包括动物及动物产品、植物及植物产品、香烟、土壤、动物肥料、防弹背心、电子设备、安全带及仿制武器。

为了保护敏感产业或战略产业，马来西亚对部分商品实施非自动进口许可管理，主要涉及建筑设备、农业、矿业和机动车辆部门。从 2012 年 6 月 15 日起，8 个税务项目的进口合金钢产品（HS7225）必须申请进口许可证。从 2015 年起，马来西亚所有的农贸市场以及国家粮食中心批发网点应该在马来西亚当地采购蔬菜。

（二）出口管理

马来西亚规定，除以色列外，大部分商品可以自由出口至任何国家。部分商品需获得政府部门的出口许可，其中包括短缺物品、敏感或战略性或危险性产品，以及受国家公约控制或禁止进出口的野生保护物种。此外，马来西亚 1988 年的海关禁止出口令规定了对三类商品的出口管制措施：第一类为绝对禁止出口的商品，包括海龟蛋和藤条，禁止向海地出口石油、石油产品和武器及相关产品；第二类为需要出口许可证方可出口的商品；第三类为需要视情况出口的商品，包括武器、军火及古董等。国际贸易与工业部和国内贸易与消费者事务部负责大部分商品出口许可证的管理。

三、税收政策

马来西亚鼓励投资的政策和优惠措施主要表现为税收减免，可分为直接税激励和间接税激励两种。直接税激励是指对一定时期内的所得税进行部分和全部减免；间接税激励则以免除进口税、销售税和国内税的形式实行。

（一）主要税种及税率

马来西亚实行联邦政府一级征税制度，税收立法权和征收权均集中在联邦政府。马来西亚现行主要税种包括：公司所得税、个人所得税、不动产利得税、石油所得税、销售税、合同税、暴利税、服务税和关税等。外国公司和外国人与马来西亚企业和公民同等纳税。

1. 公司税

无论是否为马来西亚公司，在当地取得的收益均应课税。如果公司事务的实际控制与管理在马来西亚，则该公司被视为马来西亚公司。马来西亚的公司税为24%，但对实收资本低于250万林吉特的公司，第一个50万林吉特收入的税率为17%，之后收入按标准纳税。从事石油业上游作业的公司则征收38%的石油业所得税。

2. 个人所得税

目前采用0%—28%的7级累进税率，起征点为5000林吉特。据马来西亚所得税法规定，一年内在马来西亚居住不少于182天的个人在税务上被视为居民，就其在该国收入征税，并可获得减免。非居民个人所得税为28%，除短期逗留和工作不满60天的非居民取得的收入予以免税外，非居民的其他收入不享有减免税收优惠。

3. 预扣税

非马来西亚公司或个人应缴纳预扣税，特殊所得（动产的使用、技术服务、提供厂房及机械安装服务等）为10%，专利所得为10%，利息为15%，大众演出所得为15%。依照合同获得承包费用：承包商缴纳15%、雇员缴纳3%，佣金、保证金、中介费等为10%。

4. 不动产盈利税

在马来西亚出售不动产、土地权益以及不动产公司的股份所得收益需缴纳不动产盈利税。马来西亚公民以及公司相应税率如下：持有3年内出售，税率为30%；持有第4年及第5年出售，税率分别为20%和15%；持有超过5年出售，税率为5%。外国人持有5年内出售，税率为30%；持有超过5年出售，税率为5%。

5. 销售税

对所有在马来西亚制造的产品和进口商品征税，平均税率为10%，税率范围为5%—25%。通常，用来制造产品的原料和机械设备可获免税，而且年销售额在10万林吉特以下也可免税。

6. 服务税

据《1975年服务税法》规定，服务税的征收对象包括律师、工程师、建筑师、问卷调查人员以及顾问等专业人员，广告公司、私人医院及宾馆酒店等公司所提供的服务，税率为6%。

7. 进口税

大多数进口货物需要缴纳进口税，税率分为从价税和特定税。马来西亚与东盟国家之间实行特惠关税，工业产品的进口税为0%—5%；征收马来西亚与日本实行双边自由贸易协定框架下的进口税；与中国和韩国实行中国—东盟自贸区以及韩国—东盟自贸区的区域自由贸易协定框架下的进口税；与澳大利亚签订自由贸易协定，根据协定，马来西亚将减免自澳大利亚进口商品97%以上的关税。

8. 出口税

马来西亚对包括原油、原木、锯材和棕榈油等在内的资源性产品出口征收出口税。从价征收的出口税的税率范围为0%—20%。

9. 国内税

据《1976年国内税法》规定，马来西亚本地制造的一些特定产品，包括香烟、酒类、纸牌、机动车辆等，须缴纳国产税。

(二) 税收鼓励政策

1. 新兴工业地位

"新兴工业地位"由从事马来西亚政府鼓励的商业活动或产品生产的公司获得。获得新兴工业地位的公司的合法所得（除抵扣费用和投资减免外）可享有为期5年最高70%的税收减免。以目前马来西亚公司的普通所得税24%为基准，新兴工业公司仅需承担7.5%的实际所得税率。此外，部分特殊的新兴工业公司还可享有为期5—10年所得税100%减免。同时，如果新兴工业公司在运行初期发生亏损，其未使用的资本减免可以在享受"新兴工业地位"期间之后一段不确定的时间内使用，以充抵该公司未来的所得。上述10年税收减免期，在执行了初期5年减免期后，根据相关条件可以展期5年。

2. 投资税赋减免

投资税赋减免是新兴工业地位的替代税收鼓励措施，两者不能共享，一家公司只能享有其中一项鼓励措施。与新兴工业地位比较而言，投资税赋减免更加适合资本密集型且在短期内难以取得较大收益的项目公司。确切地说，投资税赋减免是赋予合格公司在税收减免期内对其厂房和设备的税收补贴（除资本补贴外），可以冲抵公司合法所得最高至70%，任何当年未使用的补贴可以在未来税收补贴期使用。按普通公司的24%所得税率，投资税赋减免公司的实际所得税率为7.5%。如同新兴工业地位公司一样，上述10年税收减免期，在执行了初期5年减免期后，根据相关条件可以展期5年。

3. 再投资税赋减免

再投资税赋减免是在《1967年所得税法》第七章列明的一项税收鼓励措施。该措施适用于运营12个月以上的制造类企业因扩充产能需要，进行生产设备现代化或产品多样化升级改造而将资本再投资的情形。同时，该措施也适用于从事农业项目的公司，如稻米、玉米、水果、根茎类植物种植，以及家畜饲养和水产品养殖等。再投资税赋减免除了提供公司资本补贴外，还对合格的资本支出提供 60% 的减免税赋，包括工厂和机器设备等。同样，该措施提供最高至 70% 的合法所得税减免，任何未使用的再投资减免可以当然顺延。如果合格公司能证明其生产能力超过了当年的社会平均工业水平，还可以申请对其一个财年的法定所得获得最高至 100% 的再投资税赋减免。再投资税赋减免的时间为 15 年，从公司主张该权益时开始计算。与前述税收优惠不同的是，再投资税赋减免生效不需要获得官方机构的事先许可，而且再投资税赋减免也不能在公司已享有前述两种优惠的期间内同时主张。再投资税赋减免不适用于一公司从集团内部的关联公司购得的资产。

四、劳动政策

（一）劳工法令核心内容

马来西亚劳工法令包括《1955 年雇佣法》《1967 年劳资关系法》《1969 年雇员社会保险法》和《1991 年雇员公积金法》。

《1955 年雇佣法》适用于所有月薪不超过 2000 林吉特的雇员及所有体力劳动者，内容包括：每个雇员必须有书面合约；工资须在受薪期结束后的 7 天内支付；正常工作时数每天不得超过 8 小时，或每周 48 小时；超时加班工作的补贴为平时工作的 1.5 倍，假日及假期为 2 倍；女性工人不得在晚上 10 点至早上 5 点之间从事农业或工业类工作。

《1991 年雇员公积金法》规定，雇主必须为雇员缴纳公积金，比例不少于雇员月薪的 11%。自 2011 年起，雇主为雇员缴纳的公积金比例不得少于雇员月薪的 12%，雇员缴纳的公积金比例上调至 11%。

《1969 年雇员社会保险法》包括职业伤害保险计划与养老金计划，职业伤害保险缴纳比例为雇员月薪的 1.25%，养老金缴纳比例为雇员月薪的 1%。

《1967 年劳资关系法》调整资方、劳方与工会之间的关系，包括预防和解决劳资争端、规定工会的权利、集体谈判的范围及程序、通过仲裁公平迅速解决争端等。

(二) 外国人在马来西亚工作的规定

政府鼓励各类公司培训和使用本地员工，但因国内劳动力短缺，马来西亚政府允许部分行业雇用外国劳工。这些行业包括建筑业、种植业、服务业（家庭佣人，餐馆工人，清洁工人，货物搬运工人，收容所、洗衣店及岛屿度假胜地工人，以及高尔夫球俱乐部的球童）、制造业。

外国人在马来西亚工作必须获得工作许可，相关规定如下：外国公司缴足资本在200万美元以上者，可自动获得最多10个外籍员工职位，包括5个关键性职位；经理职位的外籍员工雇佣期最长可达10年，非经理人员可达5年。外国公司缴足资本超过20万美元但少于200万美元者，可自动获得最多5个外籍员工职位，包括至少1个关键性职位；经理职位的外籍员工雇佣期最长可达10年，非经理职位可达5年。外国公司缴足资本少于20万美元者，外籍职位核定将依据以下原则考虑：缴足资本达到14万美元，可考虑给予关键性职位；具备专业资格及实际经验的经理职位可考虑获得10年雇佣期，具备专业资格及实际经验的非经理人员可达5年。但是，公司必须培训马来西亚国民而使其最终能接任该职位，关键性职位及时限的数目依据个案而定。马来西亚公民拥有的制造业公司可依要求自动获得所需的技术性外籍职员位置，包括研发职位。马来西亚投资发展局负责制造业公司外籍职位的审批工作。

2011年初，马来西亚总理府成立了马来西亚人才机构，专门负责协助外国人才来马来西亚长期工作居留，同时吸引本国在海外的人才回流。马来西亚政府特别推出居住准证这一机制，以便外籍人才可以在马来西亚更自由地长期工作。居住准证有效期长达10年，且直接登记在个人名下，不受雇主单位限制，配偶及未成年子女享受同等待遇，配偶持居住准证也可参加工作，成年子女及父母/岳父母均可获得为期5年的访问/探亲签证。

自2011年起，马来西亚建筑业外籍劳工可无条件申请准证延期5年，不必缴费370林吉特接受马来西亚建筑发展局重新评估及考取熟练技术文凭。

五、金融政策

（一）银行体系

马来西亚的金融体制呈现出明显的政府主导色彩。1958 年，马来西亚颁布《马来西亚中央银行法》（1994 年修订）。1959 年 1 月 26 日，马来西亚根据中央银行法正式设立"马来西亚中央银行"。在此之后，马来西亚的银行体系得以逐步建立。

马来西亚银行体系主要由中央银行、纳闽金融服务局、商业银行、伊斯兰银行、投资银行、开发金融机构、国家政策性银行和在纳闽国际商业与金融中心注册的离岸银行组成。截至 2015 年，马来西亚共有各类银行机构 127 家，其中商业银行 43 家、伊斯兰银行 4 家、投资银行 12 家、开发金融机构 11 家、国家政策性银行 2 家以及在纳闽国际商业与金融中心注册的离岸银行 55 家。

（二）监管体系

马来西亚有两套相互平行、互为独立的监管体系，即传统监管体系（中央银行）和纳闽金融服务局监管体系。马来西亚中央银行对商业银行的管理模式为集中单一式的监管模式，即马来西亚央行一家负责全国商业银行（除离岸银行）的统一监管，其他监管机构不履行监管职能。马来西亚央行通过每年一次的现场检查和多次专项的非现场检查保证商业银行的稳健运行。纳闽金融服务管理局根据《1996 年纳闽金融服务管理局法》成立，是一个国家法定机构，负责开发与管理纳闽国际商业和金融中心。

（三）融资条件

在融资条件方面，马来西亚商业银行普遍根据企业的经营业绩、信用状况、发展潜力以及具体融资项目对内资、外资企业的融资要求，来决定是否给予融资或信贷支持。据马来西亚中央银行资料显示，马来西亚 2018

年的隔夜政策利率为3.25%，基本贷款利率为6.91%，一年定期存款利率为3.33%。2019年5月，马来西亚央行将隔夜政策利率下调25个基点至3%水平，是2019年东盟区域内首个降息的国家。

六、科技政策

（一）主体架构

马来西亚科技体系主体为政府机构、高等教育研究机构和私人机构三方。最高科学技术政策的决策机构为"内阁科学技术委员会"，主席由总理兼任，成员为相关各部部长。此外，各大学中均设有科研机构。国家科学研究与开发理事会是政府科学技术方面的顾问机构。

（二）相关政策

1. 高度重视科技发展

2006年，马来西亚宣布的"第九大马"计划中提出到2020年成为发达国家的宏伟目标，并把发展科技信息、生物科技及服务作为科技发展的重点。

2. 调整科技产业结构

马来西亚将科技发展的重点放在加强基础科学和技术领域的开发力度，加大科技开发与辅助设施建设支持力度，加快工业发展所需各类人才培养，加大科普等工作上。马来西亚政府于2010年10月推出经济转型计划，即用服务业逐步取代制造业，内需逐步取代外需。计划还大力推进石油、航天和生物技术及生物科学产业发展。

3. "多媒体超级走廊"计划

马来西亚政府早在20世纪90年代中期，就着手制定高科技产业集群发展战略"多媒体超级走廊"（MSC），打造"马来西亚硅谷"，并提供了十大优惠政策，包括自由招募海外计算机专业及相关信息技术的人才回国服务、公司所有权结构多样性、税收优惠甚至减免等。

七、知识产权政策

马来西亚是东盟国家中知识产权保护制度较完善的国家，在知识产权保护力度方面仅次于新加坡。马来西亚的知识产权保护涵盖专利、商标、工业设计、版权、地理标志与集成电路的布局设计。马来西亚是世界知识产权组织的成员，也是管辖知识产权的《保护工业产权巴黎公约》（简称《巴黎公约》）和《保护文学和艺术作品伯尔尼公约》（简称《伯尔尼公约》）的缔约国之一。

（一）《专利法》

《专利法》规定，马来西亚居民个人可直接提出申请，外国申请者需通过一名已注册的专利代表提出申请。马来西亚专利保护分为三种类型：发明专利、实用新型专利和外观设计专利。发明专利进行实质审查，保护期限自申请日起20年，实用新型专利的初始保护期限为10年，可申请两次为期5年的续展，但总保护期限不得超过20年。外观设计专利保护期限自申请日起5年，可以申请4次续展，每次续展5年，最长保护期限25年。

马来西亚于2006年加入了《专利合作条约》，自2006年8月16日起也接受国际专利申请。此外，马来西亚允许专利或专利申请的司法转让，即其专利申请或专利所要求保护的必要技术特征是通过从他人发明中非法取得，那么原发明人可以在专利授权之日起的5年内，申请法院将专利或专利申请进行转让。

他人未经许可、为了生产或经营目的而实施专利构成专利侵权行为，包括制造、进口、许诺销售、销售或使用专利产品，为进行许诺销售、销售或使用而储存专利产品，使用方法专利及使用、许诺销售、销售、进口依照该专利方法直接获得的产品的行为，均构成马来西亚《专利法》所规定的侵权行为。

（二）《商标法》

2019年7月2日，马来西亚新的商标法——《2019年商标法》在议会二读通过，新的商标法对马来西亚沿用43年之久的《1976年商标法》进行了大量修订和扩充，并于2019年12月27日正式生效。

《2019年商标法》最大的亮点在于，增加了符合马德里国际商标注册体系规范要求的商标申请注册规定。马来西亚于2019年12月27日正式加入《商标国际注册马德里议定书》（简称《马德里议定书》），成为其第106个成员。这意味着境外商标申请人可通过《马德里议定书》递交国际申请将其商标保护范围延伸至马来西亚，而无须再单独在马来西亚递交商标申请。此外，如果马来西亚商标申请人希望在多个国家为自己的商标寻求保护，那么该国加入《马德里议定书》也会为其提供更多便利。

《2019年商标法》还取消了旧商标法关于一件商标只能涵盖一个商品或服务类别的过时规定，允许申请人申请一件商标同时指定多个商品或服务类别，并且只需缴纳一件商标的费用。此外，新商标法还对商标申请日期的确定和优先权的适用、非传统商标和集体商标的保护、商标申请及注册的合并、商标侵权范围的界定、商标侵权诉讼中的救济措施等都做了与时俱进的更新。

（三）《版权法》

马来西亚作为《伯尔尼公约》的成员国，对于具有独创性的文学作品、音乐作品、美术作品、电影作品、录音制品、广播和演绎作品等给予版权保护。符合独创性的作品将自动产生版权，作品的登记适用自愿登记制度。关于作品的保护期限，马来西亚《版权法》规定文学、音乐或美术作品的保护期是作者生前加死后50年，电影和录音制品的保护期是自作品发表之日起50年，通过有线或无线传播的广播的保护期为自播发之日起50年。

关于侵犯版权问题，马来西亚《版权法》规定：未经许可，以任何形式复制、表演、展示、播放、向公众传播作品，为交易或经济利益而进口任何作品，为销售或出租而制作侵权复制件，销售、出租、许诺销售、发行侵权复制件，为私人或家用以外的目的而获取侵权复制件，以交易方式展示侵权复制件等行为都归入版权的保护范围。但是，马来西亚的盗版问题仍然十分严重。为此，政府制定了《光盘法》，对光盘制造企业采取许可证制度，并在生产的光盘上附加全息图标识，只有获得许可证的企业所生产的光盘才能在市场上销售。

2012年马来西亚版权法修正法案规定了适用于网络接入服务、数据传输服务、在线服务等提供者的避风港规则，引入"通知—删除"程序。

（四）《工业设计法》

涉及工业设计的立法文件包括1996年的《工业设计法》与1999年的《工业设计细则》。2013年6月1日，工业设计修正案对《工业设计法》进行了一些关键内容的修订。马来西亚保护的工业设计是在成品中肉眼可见的，适于工业应用的产品的形状、构造、图案、装饰或其结合。可注册的工业品外观设计应当符合世界新颖性原则，即马来西亚以外存在的工业品形状、构造、图案、装饰或其结合也构成现有设计。经注册的工业设计将成为注册人的个人财产，有权对抗他人的侵权行为。马来西亚《工业设计法》规定，工业产品外观设计的初始保护期为自注册申请之日起的5年，期满可申请4次为期5年的续展期，但是总保护期限不得超过25年。

（五）《集成电路设计布局法》

《集成电路设计布局法》规定，商业开发的保护期限是自开发之日起10年，未进行商业开发的保护期是创作完成之日起15年。这项权利也可全部或局部通过转让、许可证、遗嘱或法律的执行而转手他人。

（六）《地理标记法》

《地理标记法》保护以产地命名的货物，这些货物的某些质量、声誉或其他特征都可归因于其地理生产地。适用的产品有农产品与手工艺品。与公共秩序或道德有抵触的地理标志不受此法保护。该法规定保护期是10

年，之后可延长 10 年。

八、环境保护政策

（一）环保法律体系

马来西亚基础环保法律法规包括《1974 年环境质量法》和《1987 年环境质量法令》（指定活动的环境影响评估）；涉及投资环境影响评估的法规包括《1990 年环境影响评估程序》和《1994 年环境影响评估准则》。

根据《1974 年环境质量法》，马来西亚政府建立了环境局。环境局负责监督环境质量，评估新工程可能带来的环境影响，制定环境法规，实施政府批准的规章制度。环境局在全国各州都有实施环境保护的分支机构，主要监测大气、河流、海洋的环境污染状况。投资者必须在提交投资方案时考虑到环境因素，进行投资环境评估，在生产过程中控制污染，尽量减少废物的排放，把预防污染作为生产的一部分。

马来西亚政府在有关棕榈油生产业的环境质量法颁布后不久，又制定并实施了控制汽车污染的相关法规，以控制汽车尾气排放，于 1977 年 12 月开始生效。按照这个法规，环境局以及公路运输部门、交通警察有权随意抽查汽车，对汽车是否违反规定标准进行检查，对违反标准者给予罚款。

后来，马来西亚政府又制定实施了有关清洁空气的环境质量法，于 1978 年 10 月生效。这项法律主要是针对随着工业发展而日益增长的工业污染，特别是那些污染非常明显的企业，如沥青厂、水泥厂等。这项有关清洁空气的法律也包括对城市废弃物和农村废弃物燃烧排放造成的污染进行处理的内容。

（二）环境评估程序

马来西亚的环境评估程序分为两种：(1) 初步环境评估。要求初步环境评估的项目主要包括农业、机场、水库及灌溉、土地开垦、渔业、林业、住宅开发、石化、钢铁、纸浆、基础设施、港口、矿产、油气行业、电站、铁路、交通、垃圾废物处理、供水等。(2) 详细环境评估。要求详细环境评估的项目主要包括钢铁厂、纸浆厂、水泥厂、煤电钻、水坝、土地开垦、垃圾废物处理、伐木、化工产业、炼油、辐射危害行业。

据《1987年环境质量法令》规定，必须进行环评的项目包括将土地面积5平方千米以上的森林地改为农业生产地、水面面积2平方千米以上的水库、人工湖的建造、0.5平方千米以上住宅地开发、石化与钢铁项目以及电站项目等。

据《1974年环境质量法》规定，马来西亚污染事故处理或赔偿的标准主要依据污染事故的性质、影响及造成的后果来加以判定。空气污染、噪音污染、土壤污染、内陆水污染视情况处以10万林吉特以下罚款或5年以下监禁，或两者并施；污水排放、油污排放、公开焚烧、使用有毒物质或特定设备进行生产，处以50万林吉特以下罚款或5年以下监禁，或两者并施。

第三节　马来西亚发展政策成效

一、成效分析

(一) 经济发展成就

20世纪70年代以后，马来西亚不断调整产业结构，大力推行出口导向型经济，电子业、制造业、建筑业和服务业发展迅速，成功地由以农业和初级产品出口为主，转变成以工业制成品和半成品出口为主的新兴经济体，发展成效显著。

马来西亚经济发展规划清晰，1991年政府提出"2020宏愿"的跨世纪发展战略，2016年提出"2050国家转型计划"，2019年又提出"2030年宏愿"。经济发展规划的连续性，保证了马来西亚经济发展的可持续性。

为保证马来西亚经济的持续转型和较快增长，政府还推出很多具体举措。2009年纳吉布总理执政后，采取了多项刺激经济和内需增长的措施。2010年，公布了以"经济繁荣与社会公平"为主题的第十个"五年计划"，并出台"新经济模式"，继续推进经济转型。同时，还推出经济转型计划，涉及十二大国家关键经济领域，提出总值1380亿美元的131项"切入点计划"。

2018年，马来西亚政府专门安排2.45亿林吉特财政预算用于智能制造设施升级，并划定大数据分析、云计算、电子商务、物联网、人工智能等5个领域为重点发展方向。在智能制造领域，颇具竞争优势的中国企业将迎来机会。随着中国企业在信息通信技术、人工智能、大数据、云计算和机器人技术上发力，马来西亚参与"一带一路"建设将有助于其在合作中承接技术转移。

（二）发展前景

1. 面临的挑战

由于逆全球化风潮涌起、美国单边主义倾向加强等因素，全球经济2008年以后进入低速增长期。2017年全球经济平均增速为3.1%，2018年小幅提升至3.6%。新兴市场方面，尽管中国经济增长表现不错，但受制于美国加息、中美贸易战等因素，国际经济环境挑战加大。

2014年以来，马来西亚国内物价上升，消费者信心指数不断走低，私人消费减缓，企业破产数量增多，导致失业率上升。另外，由于缺乏创新能力和高素质教育，马来西亚在科技研发领域成效不足，削弱了其经济在地区和全球市场中的竞争力。

2. 利好因素

马来西亚经济的基本面仍然保持向好，包括经常账户盈余、高储蓄率和相对较低的外债等都显示未来马来西亚经济仍会保持成长态势。最为重要的是，马来西亚政府不断推出经济刺激政策，已有较好成效。比如，通过财政改革创造财政空间并灵活实施反周期措施扶持经济；继续推动新发展领域，加强马来西亚的经济基础，加强全国的物资和虚拟连通性，以期在 2020 年达至先进和高收入国家地位；为了鼓励企业搭上"工业革命 4.0"，政府努力通过提高企业的意识和提供培训来改变经营方式，从而加倍提高生产力和效率；启动了"2050 国家转型计划"，在经济发展、人民福祉和创新方面，将马来西亚打造为全球前 20 强的国家等。

二、合作建议

（一）投资方面

1. 客观评估投资环境

中国投资者赴马来西亚开展投资合作首先应该客观评估其投资环境，主要需注意以下问题：经济规模及产业优势；政府及各界对待外国投资的态度；投资经商的便利化措施；人文、语言及宗教环境；政府部门的执行力及工作效率；经商习惯及民商法律制度；社会治安状况。

2. 适应法律环境的复杂性

马来西亚法律体系受英国影响很深，成文法与判例法在商业活动中都发挥作用。中国企业到马来西亚投资首先要注意法律环境问题，严格遵守各项法律规定，密切关注当地法律变动情况；聘请当地有经验、易于交流的律师作为法律顾问；处理所有与法律有关的事务，涉及投资经营重大问题和合约谈判及签署时，事先一定要听取专业律师的意见。

3. 做好企业注册及申办各类执照的充分准备

在马来西亚投资合作的起步阶段，最大的困难是公司注册和申办各类执照。这些执照的申请程序复杂，文件繁多，审批时间较长，需要交涉的事务头绪纷繁。中国企业要对马来西亚关于外国投资注册的相关法律法规有一定了解；聘请专门的公司秘书和专业律师协助处理有关申请事宜；按照要求提前备齐所需文件，及时履行相关手续。马来西亚各类申请文件及公司文书均须企业法定代表人亲自签名，加盖公司的正式印章。

4. 适当调整优惠政策的期望值

马来西亚政府制定了多项投资优惠政策和鼓励措施，企业必须向政府主管部门提出申请，政府根据企业情况酌情给予一定优惠政策。中国企业要详细了解这些优惠政策的内容、申请条件及程序，适当调整期望值，并在专业人士的指导下向政府申请有关优惠政策。个别优惠政策的批准可能涉及多个政府部门，如州政府和联邦政府，企业可享受的优惠政策取决于政府部门的最终协调结果，因此可能存在审批时间较长、政策内容会有所调整等情况。

5. 充分核算税负成本

马来西亚的税收体系比较复杂，缴纳税务专业要求较高。中国投资者要认真了解当地税收政策，仔细听取专业会计和税务人员的意见，充分核算税负成本，尽量选择在能够获得所得税减免的领域或地区投资。自2015年4月起，马来西亚政府取消销售及服务税，推行消费税，绝大多数产品及服务开始征收6%的消费税。消费税对不同行业、不同商品的纳税额有不同的影响，投资者应充分咨询专业人士，了解政策变化后相关行业或商品纳税额的调整情况，准确核算投资成本。

6. 有效控制工资成本

企业工薪支出除工资外，还包括雇员公积金、社保基金及保险和年度花红等。中国企业需要了解当地劳动法令关于正常工资和加班工资的具体规定，精心核算工资成本，提高劳动生产率。此外，投资者也应充分考虑马来西亚就业市场每年雇员工资实际增幅平均在5%—7%，投资者对此须有充分认识。

（二）贸易方面

1. 谨慎选择贸易伙伴

应采用信用证交易，适应当地支付条件。对于贸易伙伴的选择，企业要尽可能通过多渠道查证企业背景情况，核实项目真伪。必要时，可同马来西亚本地商业协会联系，获取相关信息。签订合同的内容要全面、详尽，并尽可能约定采用信用证方式付款。马来西亚进口商通常向出口商开立信用证，但曾有部分中国出口商基于彼此信任或急于成交，未坚持要求进口商开具信用证，可能最终因付款问题酿成贸易纠纷，需要注意和警惕。

2. 采用本币结算，规避汇兑风险

2009 年，中马两国即签署人民币和马币互换协议。2018 年 8 月，两国再次续签中马双边本币互换协议，规模保持为 1800 亿元人民币/1100 亿马来西亚林吉特，协议有效期 3 年，经双方同意可以展期。考虑到美元汇率波动风险和货币汇兑产生的成本，中国企业应争取利用人民币作为贸易结算货币，最大限度规避或消除汇率风险，降低经商成本。

3. 注重提升产品质量

马来西亚人非常注重商品的质量，认为质量代表企业的信誉。中国的轻工产品在马来西亚市场份额较高，企业应本着"诚信经营、以质取胜"的理念，着眼长远，在产品质量和售后服务上下功夫，切忌只顾眼前利益，靠过度宣传获取订单，损害中国产品的声誉。

（三）承包工程方面

1. 抓住机遇

近年来，马来西亚经济一直保持稳定增长。当前，政府正在实施第十一个"五年计划"（2016—2020 年），努力使马来西亚在 2020 年迈入发达国家行列，该国正迎来新一轮的基础设施建设高潮。中国企业应抓住机遇，积极开拓马来西亚市场，借助其天然的地理区位优势和与中东国家的宗教联系，谋划进入东盟国家和中东国家市场的长远战略。

2. 注重合作

马来西亚正在推行一些大型政府私营化工程，这类项目往往需要马来西亚政府提供担保，向银行、金融公司或外国机构借款，因此中国企业如果想参与，必须选择有实力、讲信誉的当地公司作为项目合作伙伴，利用其关系和背景，共同实施项目。中国工程企业进入马来西亚承包工程项目，为了便于跟踪项目和实施现场管理，建议在当地注册公司。

3. 因地制宜

马来西亚外籍劳工数量庞大，截至 2015 年底，共有合法外劳 214 万人，主要集中在建筑业、服务业、制造业、种植业、农业以及家政服务业。尽管外劳技术水平不如中国工人，但因外劳用工成本较低，且马来西亚政府未对华开放普通劳务市场，故外劳成为中国企业实施承包工程项目的必然选择。中方人员应主要负责工程项目的统筹管理，在商务谈判、对外协调、现场管理等岗位聘用马来西亚本地人员，利用其熟悉本地政策、法律和工程实践的优势，服务于项目的实施。

4. 量力而行

在马来西亚开展工程承包，业主会根据项目情况要求承包商具备一定资质，项目执行需要一定的管理能力、融资能力和人力资源，跟踪谈判项目需要较强的交涉和谈判能力，洽谈项目合约需要客观评估自身实力，否则会遭遇很多困难。中国企业刚进入马来西亚时，要客观评估自身实力，重视困难，总结以往中国企业的经验教训，量力而行，找好市场切入点，不要盲目行动，贪大求全，一味追求大型或施工难度高的项目，以免为企业带来不必要的经济损失。

（四）劳务合作方面

马来西亚尚未对中国开放普通劳务市场。根据中马两国政府达成的谅解备忘录，马来西亚自 2004 年开始向中国开放陶瓷、古建筑维护、木器加工及家具制造四个领域，但是由于马方雇主提供的薪水较低，上述领域劳务合作尚未实际开展。此外，对于中资企业承建的部分大型项目，马来西亚政府允许承包商以个案审批的方式从中国引进紧缺的技术工人和工程师，但需与雇主事先签订用工合同，约定工资及工作时间，并提前办好工作准证后方能入境。

（五）防范投资合作风险

在马来西亚开展投资、贸易、承包工程和劳务合作的过程中，要特别注意事前调查、分析、评估相关风险，事中做好风险规避和管理工作，切实保障自身利益，包括对项目或贸易客户及相关方的资信调查和评估，对投资或承包工程国家的政治风险与商业风险的分析和规避，对项目本身实施的可行性分析等。企业应积极利用保险、担保、银行等保险金融机构和其他专业风险管理机构的相关业务保障自身利益，包括贸易、投资、承包工程和劳务类信用风险、财产保险、人身安全保险等，银行的保理业务和福费廷业务，各类担保业务（政府担保、商业担保、保函）等。

（六）妥善处理与政府以及非政府组织间的关系

马来西亚是三权分立的联邦制国家，其政府、议会和法院三者之间存在相互作用、相互协调和相互制约的关系。中国企业要在马来西亚建立良好和谐的公共关系：首先，要与马来西亚联邦政府主管部门和各州政府建立良好关系；其次，要注意通过适当方式建立与当地国会议员和州议员的联系，反映和表达中国企业的愿望和诉求。

中国企业要关注马来西亚政府的换届和国会及各州议会选举情况，关注联邦和各州政府的最新经济政策走向，了解联邦政府部门和各州政府的相关职责，了解政府内阁各委员会的职责和关注的焦点、热点问题，密切关注可能影响中国企业经营的重要议题，并及时向中国大使馆报告情况。

（七）妥善处理与工会间的关系

在马来西亚的中国企业若想合理控制工薪成本，减少劳资摩擦，维护企业的正常经营，应认真了解当地的劳工法律，学会妥善处理与雇员和职工组织的关系。要全面了解马来西亚《雇佣法》《职工安全与卫生法》《工会法》和《职工会条例》，适当接触和了解当地的工会组织。

中国企业管理层要熟悉企业雇员的组成结构，了解当地雇员管理的成熟模式，严格遵守马来西亚关于雇佣、解聘和社会保障方面的规定，依法签订雇佣合同，按时足额发放工资，缴纳各类社保基金，依法对员工进行必要的技能培训。员工加班工资必须按照法律规定及时发放，主动解聘员工前按合同规定提前通知，并支付约定的补偿金。

根据法律规定，积极参加与工会代表的集体谈判，解决与雇员之间的分歧和争端，维护企业正常经营。在日常生产经营中，要与雇员和工会保持必要的沟通，了解雇员的思想动态，发现问题苗头及时采取有效措施解决。要建立和谐的企业文化，邀请工会成员参与企业管理，增强雇员的主人翁意识，激发并保护雇员的积极性，凝聚雇员的智慧和创造力。

（八）尊重当地的风土民情

中国人在马来西亚工作和生活要尊重当地文化，要了解马来西亚当地的宗教及文化情况，并了解与之相伴随的宗教习俗、文化禁忌和敏感话题，这是中国企业与当地居民建立融洽和谐关系的重要因素。要避免触犯禁忌，尊重宗教习俗。伊斯兰教是马来西亚的国教，因此要时时处处尊重伊斯兰教的礼节。

（九）遇到问题的解决之道

1. 寻求法律保护

在马来西亚，企业不仅要依法注册、合法经营，而且必要时还应通过法律手段解决纠纷，捍卫自身的利益。在马来西亚，与经济活动有关的案件由法院指定专业法官进行审理，出现纠纷时也可通过仲裁方式解决。马来西亚法院是独立的司法机构，实行两审终审制。

由于马来西亚民商事法律比较复杂，加上语言差异，中国企业应该聘请当地律师处理企业的法律事务，一旦涉及经济纠纷，可以借助律师的专业知识寻求法律途径解决，维护自身利益。在马来西亚，中国企业最好向英文和中文均比较流利的律师咨询，并请他们提供法律服务。

2. 寻求当地政府的帮助

马来西亚联邦和各州政府均重视外国投资。中国企业在马来西亚开展投资合作期间，要与当地有关政府部门建立密切联系，及时通报企业的发展情况，反映面临的困难和问题，寻求政府部门更多的理解和支持。遇到突发事件时，除向中国驻马来西亚使馆、商务参赞处、国内公司总部报告外，还应及时与马来西亚所在地政府部门主管取得联系，争取支持。

3. 取得中国驻马来西亚使领馆的保护

中国公民在他国境内的行为主要受国际法及驻在国当地法律约束。当中国公民（包括触犯当地法律的中国公民）在当地所享有的合法权益受到侵害时，中国驻外使领馆有责任在国际法及当地法律允许的范围内实施保护。中国企业在进入马来西亚市场前，应征求中国驻马来西亚大使馆的意见。投资注册或项目启动后，应按规定到使馆报到备案，汇报企业有关情况。遇到重大问题和事件时，应及时向使馆报告，并服从使馆的领导和协调。

第四章　新加坡发展政策

第一节　新加坡的基本情况

新加坡共和国（英文名：Republic of Singapore，简称"新加坡"）旧称新嘉坡，别称"狮城"，位于马来半岛南端、马六甲海峡出入口，面积约724平方千米，总人口564万，公民和永久居民399万。华人占74%左右，其余为马来人、印度人和其他种族。马来语为国语，英语、华语、马来语、泰米尔语为官方语言，英语为行政用语。主要宗教为佛教、道教、伊斯兰教、基督教和印度教。现任总统为哈莉玛·雅各布（Halimah Yacob），2017年9月14日就任，任期6年。

虽然自然资源匮乏，土地面积有限，但得益于优越的地理位置条件，新加坡成为亚洲重要的金融、服务和航运中心之一（根据2018年的全球金融中心指数排名报告，新加坡是继纽约、伦敦、中国香港之后的第四大国际金融中心），同时也是世界上人均收入最高的国家之一（2018年人均GDP为86383新加坡元）。

一、政治发展简况

新加坡古称淡马锡，8世纪属室利佛逝王朝，18—19世纪是马来柔佛王国的一部分。1819 年，英国人史丹福·莱佛士（Stamford Raffles）抵达新加坡，与柔佛苏丹订约，开始在新加坡设立贸易站。1824 年，新加坡沦为英国殖民地，成为英国在远东的转口贸易商埠和在东南亚的主要军事基地，1942 年被日本占领。1945 年日本投降后，英国恢复殖民统治，次年将新加坡划为直属殖民地。1959 年，新加坡实现自治，成为自治邦，英国保留国防、外交、修改宪法、宣布紧急状态等权力。1963 年 9 月，新加坡与马来亚、沙巴、沙捞越共同组成马来西亚联邦。

1965 年 8 月 9 日脱离马来西亚，成立新加坡共和国；同年 9 月成为联合国成员国，10 月加入英联邦。根据《新加坡共和国宪法》，国家政体为议会共和制。独立以来，人民行动党长期执政，政绩突出，地位稳固，历届大选均取得压倒性优势。李光耀自新加坡 1965 年独立后长期担任总理，1990 年交棒给吴作栋。1993 年新加坡举行独立后首次总统全民选举，原副总理、新加坡职工总会秘书长王鼎昌当选为首位民选总统。2004 年 8 月，李显龙接替吴作栋出任总理，并于 2006 年 5 月、2011 年 5 月和 2015 年 9 月、2020 年 7 月四度连任。

二、经济发展简况

新加坡属外贸驱动型经济，以电子、石油化工、金融、航运、服务业为主，高度依赖中、美、日、欧和周边市场，外贸总额是国内生产总值的 4 倍。新加坡经济曾长期高速增长，1960—1984 年间国内生产总值年均增长 9%，1997 年受到亚洲金融危机冲击，但并不严重。2001 年受全球经济放缓影响，新加坡经济出现 2% 的负增长，陷入独立之后最严重衰退。为刺激经济发展，政府提出"打造新的新加坡"，努力向知识经济转型，并成立经济重组委员会，全面检讨经济发展政策，积极与世界主要经济体商签自由贸易协定。

2008 年受国际金融危机影响，新加坡金融、贸易、制造、旅游等多个产业遭到冲击。政府采取积极应对措施，加强金融市场监管，努力维护金融市场稳定，提升投资者信心并降低通胀率，并推出新一轮刺激经济政策。2010 年，新加坡经济增长 14.5%；2011 年受欧债危机负面影响，经济增长再度放缓；2012—2016年经济增长率介于1%—2%之间。2017年2月，新加坡"未来经济委员会"发布未来10年经济发展战略，提出经济年均增长2%—3%、实现包容发展、建设充满机遇的国家等目标，并制定深入拓展国际联系、推动并落实产业转型蓝图、打造互联互通城市等七大发展战略。

三、主要经济部门

新加坡多为较为高端的资本和技术密集型行业，主要包括制造业和建筑业。制造业产品主要包括电子、化学与化工、生物医药、精密机械、交通设备、石油产品、炼油等。电子工业作为新加坡传统工业之一，经过数十年的发展，2017年产值已达1248.51亿新元，占制造业总产值的40.89%。新加坡作为唯一一个具备金融中心与炼油中心双中心资格的亚洲城市，已经成为世界第三大炼油中心。

新加坡用于农业生产的土地占国土总面积的1%左右，产值占国民经济的不到0.1%，绝大部分粮食、蔬菜从马来西亚、中国、印尼和澳大利亚进口。

新加坡服务业发达，包括金融服务、零售与批发贸易、饭店旅游、交通与电讯、商业服务等，系经济增长的龙头。这主要得益于新加坡稳定的政治环境、完善的金融基础设施以及健全平衡的金融监管制度，其金融服务业的经济附加值高，是国家税收来源的主要支柱。据英国伦敦的《财富观察报告》显示，新加坡目前是全球第四大离岸财富管理中心，预计2020年将取代瑞士成为全球最大的离岸财富管理中心。

旅游业为新加坡外汇的主要来源之一。游客主要来自中国、东盟国家、澳大利亚、印度和日本，主要景点有圣淘沙岛、植物园、夜间动物园等。

新加坡交通发达，设施便利，是世界重要的转口港及联系亚洲、欧洲、非洲、大洋洲的航空中心，为世界最繁忙的港口和亚洲主要转口枢纽之一，也是世界最大的燃油供应港口。新加坡有200多条航线连接世界600多个港口。2018年港口处理货运总量6.3亿吨，集装箱总吞吐量3660

万标准箱。樟宜机场连续多年被评为世界最佳机场，2018年航班起降38.6万架次，客运量6563万人次，货运量215.5万吨。

对外贸易为新加坡国民经济的重要支柱。2018年，新加坡对外货物贸易总额约7736亿美元，同比增长9.2%。其中，进口3665亿美元，增长10.6%；出口4071亿美元，增长7.9%。主要进口商品为：电子真空管、原油、加工石油产品、办公及数据处理机零件等。主要出口商品为：成品油、电子元器件、化工品和工业机械等。主要贸易伙伴为：中国、马来西亚、欧盟、印尼、美国。

四、宏观经济管理

（一）贸易工业部

新加坡贸易工业部主要负责新加坡贸易和工业政策的制定与实施。新加坡贸工部除14个业务司外（包括经济与战略司、工业司、企业司、资源司、贸易司、国际业务开发司、能力开发组等），还下设一个国家事业局，即新加坡统计局及9个法定部门，包括科技研究局、经济发展局、企业发展局、裕廊集团、旅游局、竞争和消费者委员会、能源市场管理局、旅店牌照局和圣淘沙发展局。

1. 科技研究局

新加坡科技研究局的前身为新加坡科学技术局，成立于1991年，旨在促进新加坡科研和人才的整合，以协助国家向知识型经济体转型和迈进。研究局下设5个机构，分别为生物医药研究理事会、科学工程研究理事会、科技拓展私人有限公司、研究生学院以及企业公共事务部门。

2. 经济发展局

经济发展局负责规划和执行新加坡经济发展策略，致力于加强新加坡作为全球商业中心的地位，业务范围包括吸引投资、不断增长产业群、改善营商环境等。经济发展局成立于1961年，旨在应对不同时期的发展难题，有针对性地制定国家发展计划和战略扶持措施。进入21世纪，新加坡在研发方面不惜投入重金，于 2006 年成立国立研究基金会，负责制定、统筹并执行国家的研究和创新战略。经济发展局旗下设有独立投资机构——经济发展局投资私人有限公司，它是一家领先的战略投资公司，旨在推动知识和创新密集型产业的发展。

3. 企业发展局

企业发展局由新加坡国际企业发展局和新加坡标新局合并而成，于 2018 年 4 月开始运作。企业发展局是引领新加坡企业发展的政府机构，也致力于把新加坡发展为全球贸易中心与创业中心。作为国家标准的制定和认证机构，企业发展局负责对品质和标准的把控，以持续提升新加坡产品和服务的声誉。

4. 旅游局

旅游局前身为新加坡旅游促进局，于 1964 年成立，原本的目标在于统筹酒店、航空公司和旅行社的工作，以促进旅游业在新加坡的发展，鱼尾狮一直是它的官方标志，1997 年改用现在的名称。新加坡旅游局是专责推动新加坡旅游业全方位发展的经济机构，目标是为游客提供振奋人心的全新旅游体验，打造新加坡在游客心中独特而富有吸引力的目的地形象。

5. 能源市场管理局

能源市场管理局成立于 2001 年 4 月，是新加坡电力与天然气市场的监管机构，其职能是负责推动新加坡能源市场的有效竞争，保障能源供应的可靠性、安全性和可持续发展。自 2009 年开始，能源市场管理局的工作范围扩大，不单管理能源市场的法规及运作，还肩负起行业发展及推广的工作。能源市场管理局的目标是通过多项计划，包括鼓励及促进电力及管道燃气工业的更大竞争，助推新加坡成为燃气及液化天然气的贸易枢纽等。

（二）财政部

财政部负责规范新加坡经济的结构及管理新加坡金融机构。在制定监管政策时，财政部考虑到各方观点，重点在于保证新加坡的长期发展利益。为将新加坡打造成国际商业及金融中心，财政部致力于在公司法、会计准则、公司管理原则方面维持国际顶级标准。财政部下设 15 个司、4 个法定机构以及 3 个处。15 个司包括：经济活动司、社会活动司、财政政策司、经济与财政分析司、税收政策司、储备投资司、公司通讯司、国际司、安全与稳定司、土地及基础设施规划司、业绩评估司、资源管理司、公共项目管理中心、公司发展司以及金融、系统及项目司。4 个法定机构包括：会计与企业管制局、国内税务局、赛马博彩管理局、会计发展局。3 个处包括：会计师处、VITAL 服务共享处和新加坡海关。

（三）智慧国及数码政府工作团

2017 年 5 月 1 日，新加坡成立了智慧国及数码政府工作团，其隶属于总理公署，致力于推动该国的智慧国建设。智慧国及数码政府工作团由一个部长级委员会领导，副总理兼国家安全统筹部长张志贤担任委员会主席，下设智慧国及数码政府署和政府科技局两个二级机构。

智慧国及数码政府署将整合财政部负责数码政府事务、通讯及新闻部负责政府科技政策的部门以及原隶属于总理公署的智慧国事务署。此前隶属通讯及新闻部的政府科技局将成为总理公署下属机构，执行智慧国及数码政府署的各项计划。

智慧国及数码政府工作团的职责包括：运用数字和智能技术改善公众生活，密切与相关机构、企业和公众的合作；发展孵化智能技术平台，推动企业和公众创新；加强政府信息通信技术基础设施建设，推动公共服务数字化转型。

（四）财政收支状况

新加坡国家财政结构层次单一，不存在复杂的财政关系，具有城市财政特征。财政收入主要来自于税收，占整体的八成以上。企业税、个人所得税和消费税长期以来是新加坡税收的"三巨头"。其他税收还包括博彩税、印花税、房产税、预扣税等。例如，在 2016—2017 年度的财政收入中，企业税占比最高（29%），为 136 亿新加坡元；消费税占比 24%，为 111 亿新加坡元；个人所得税占比 22%，为 105 亿新加坡元。2018 年后，储备金投资回报贡献成为政府的最大收入来源。国家储备投资回报贡献主要来自于新加坡政府投资公司（GIC）、新加坡金融管理局（MAS）和淡马锡控股（Temasek）的投资回报。

政府的财政支出主要有两个目的：常规性支出与发展性支出，主要用于国家安全维护及城市公共基础设施建设，以及积极促进社会发展等方面。过去10年，政府整体开销从2011年的550亿新加坡元上升到2018年的891亿新加坡元。政府总体开支上涨，医疗开支增加是主要因素之一，医疗方面的支出从2011年的39亿新加坡元上升至2018年的102亿新加坡元。下一步，新加坡政府将在教育体系、基础设施、安保措施、医疗保险等四个领域继续加强投入。此外，为打造欣欣向荣的创新经济，建设宜居的绿色智慧城市和温馨团结的社会，维持可持续的财政和保障该国的未来，新加坡政府计划采取加薪补贴和企业发展计划，以及提供生产力解决方案津贴等措施与企业合作；通过工作试用计划、培训专才计划以及亚细安商务人才培育计划，为新加坡公民创造更好的工作机会。

第二节　新加坡发展政策体系

新加坡是全球公认的世界上极具竞争力的经济体，也是公认最开放、最有利于贸易发展的经济体之一。据花旗集团进行的"全球城市2025竞争力调查"显示，新加坡2025年将稳坐亚洲最具竞争力城市的宝座，在全球排名可望名列三甲。世界经济论坛发布的"全球促进贸易报告"和世界银行发布的"经营环境报告—跨境贸易指数"中，新加坡均名列第一。

新加坡的经济发展从最初的加工出口和转口贸易，到中期的大力培育先进制造业和服务业，再到当前总体经济的蓬勃发展，新加坡政府实施的系列经济发展计划、推动产业结构升级的产业政策以及为经济发展创造的良好环境是其经济发展成功的关键主导因素。例如，为吸引企业在新加坡投资，政府提供极具吸引力的税率和税收优惠，并针对主要经济支柱落实全面、战略性产业发展方针。凭借政策优势，新加坡也被评为世界上营商最简单的地方。

一、贸易政策

新加坡主管贸易的部门是贸易工业部下属的企业发展局。贸工部负责制定整体贸易政策。企业发展局（2018年4月由之前的国际企业发展局和标新局合并而成）是隶属于新加坡贸工部的法定机构，也是新加坡对外贸易主管部门。企业发展局一般通过为企业提供咨询、组织展会和培训等对出口活动提供支持。新加坡与贸易相关的主要法律有《商品对外贸易法》《进出口管理法》《商品服务税法》《竞争法》《海关法》《商务争端法》《自由贸易区法》《商船运输法》和《战略物资管制法》等。

贸易管理相关规定主要包括对进口商品、出口商品、货物转运方面的管理。一般情况下，所有进口货物都要缴纳消费税。出口商品应按相关规定提交准证申请。转运货物则需按照相关规定取得转运准证。新加坡《海关法》规定，进口商品分为应税货物和非应税货物，除需缴纳7%消费税外，还需要征收国内货物税和关税。但据中新签署的自由贸易协议规定，自2009年1月1日起，新加坡取消从中国进口货物的关税（主要为酒类），因此新加坡进口中国商品只需缴纳国内货物税和消费税。

二、企业发展政策

新加坡主管企业发展的部门同样是贸工部所属的企业发展局。企业发展局根据不同规模企业的需求和发展阶段提供不同的扶持，协助它们提高生产力、实现数码化或到海外发展。企业发展局为企业提供的各种援助计划包括企业发展资助金、生产力提升资助金、市场进入资助金等。

此外，企业发展局也推出奖励措施，包括新技能资助计划、企业研究奖励计划、本地企业融资计划、创新与能力赠券计划、赋税双重扣减计划等。

根据不同的企业结构，在新加坡经营企业必须遵守特定的法律。例如，企业必须向会计与企业管理局申报年收入，而独资业主不需要申报；

只有有限责任合资企业需要向会计与企业管理局提交"年度申报";只有合资和独资企业需要每年到期日之前更新其商业登记。在新加坡经营企业,需要了解并遵守相关法律,包括:《商业登记法令》(规定有意在新加坡经营企业的个人所需遵守的规则)、《公司法令》(有关组建公司及董事和职员的权利与责任的规则)、《有限责任合资企业法令》(有关有限责任合资企业的性质、注册和管理)、《有限合资企业法令》(阐明组建有限合资企业的相关规则及其义务和违法等内容)、《合资企业法令》(阐明合资企业的性质、合伙人关系及合资企业的解散等内容)。

三、投资政策

新加坡并无成套的投资法规,而是采取企业自由与门户开放政策,以鼓励外国人投资,投资主管机关为经济发展局。外国人在新加坡境内设立公司,雇用外籍员工须先经批准,但审批政策非常宽松。目前有许多来自美国、欧洲、日本的跨国公司在新加坡设立分支机构甚至公司总部,从事商品制造、销售或提供技术服务。

新加坡采取的奖励投资政策加快了工业发展。目前的奖励投资措施侧重于对创新工业、自动化、产业升级等方面的奖励,主要采取税赋奖励和投资优惠计划并行的方式。

企业如果想利用新加坡作为跳板来实行有效管理及全球运营,可以递交发展计划书来申请相关的优惠计划,阐释将如何在新加坡拓展高价值的经营活动。获批的企业成功开展该项申请的各项投资发展活动后,将享受相关计划的支持。主要的优惠计划及赋税奖励如下:

(一)先锋企业奖励

在新加坡,享有"先锋企业"(包括制造业和服务业)称号的公司自生产之日起,其从事先锋活动取得的所得可享受免征不超过15年所得税的优惠待遇。先锋企业由新加坡政府部门界定。通常情况下,从事新加坡目前还未大规模开展而且经济发展需要的生产或服务的企业,或从事良好发展前景的生产或服务的企业可以申请"先锋企业"资格。

(二) 发展和扩展奖励

从政府规定之日起,一定基数以上的公司所得可享受5%—15%的公司所得税率,为期10年,最长可延长到20年。此项政策主要是为鼓励企业不断增加在高新技术和高附加值领域的投资并提升设备和营运水平。曾享受过先锋企业奖励的企业以及其他符合条件的企业均可申请享受此项优惠。

(三) 服务出口企业奖励

从政府规定之日起,向非新加坡居民或在新加坡没有常设机构的公司或个人提供与海外项目有关的符合条件的服务的公司,其符合条件的服务收入的90%可享受10年的免征所得税待遇,最长可延长到20年。

(四) 区域/国际总部计划

将区域总部（RHQ）或国际总部（IHQ）设在新加坡的跨国公司,可适用较低的企业所得税税率。区域总部为15%,期限为3—5年;国际总部为10%或更低,期限为5—20年。此项政策主要是为鼓励跨国公司将区域或国际总部设立在新加坡。具体优惠政策内容可与新加坡企业发展局进行商谈,企业发展局可根据公司规模和对新加坡贡献为企业量身定做优惠配套。

(五) 国际船运企业优惠

拥有或运营新加坡船只或外国船只的国际航运公司,可以申请10年免征企业所得税的优惠,最长期限可延长到30年。申请企业应具备以下条件:是新加坡居民公司;拥有并运营一定规模的船队;在新加坡的运营成本每年超过400万新加坡元;至少10%的船队（或最少一只船）在新加坡注册。此类优惠项目由新加坡海运管理局负责评估。

（六）金融和财务中心奖励

该项奖励由新加坡经济发展局审批，此计划是为鼓励企业在新加坡设立金融与资金管理中心（FTC）并鼓励企业提高资金管理能力，立足新加坡开展战略金融和资金管理业务。符合条件企业的资金管理所产生的收费、利息、股息等收益享受5—10年减至8%的优惠税率。偿还给银行及受承认网络公司（供FTC活动用途）贷款的利息付款可豁免预扣税。

（七）研发业务优惠

为鼓励企业加大研发力度，新加坡政府规定自2009估税年度起，企业在新加坡发生的研发费用可享受最多150%的扣除，并对从事研发业务的企业每年给予一定金额的研发资金补助。

（八）国际贸易商优惠

为鼓励全球贸易商在新加坡开展国际贸易业务，新加坡对已批准的"全球贸易商"给予3—5年的企业所得税优惠，税率减低为5%—10%。此项优惠项目由新加坡国际企业发展局负责评估。

（九）金融部门激励计划

该计划由新加坡金融管理局审批，旨在鼓励新加坡境内高增长和高附加值的金融业务的发展。来自债券市场、衍生品市场、股票市场和信贷联合企业等服务和交易等高增长高附加值业务的收入可以按5%征税。税收激励期可能持续5年、7年或10年，但须符合某些条件。

（十）起步公司税收优惠

新加坡企业发展局推出了起步公司税收优惠计划。新成立的公司享有减免税，在成立后的最初3个纳税年度，新公司最先赚取的应纳税的30万新加坡元可免税。

四、税收政策

新加坡税收征收体系较为完备,其中隶属于财政部的独立法定机构国内税务局是该国最大的税收机构,负责评估、收取和实施税收法令下的各种课税。新加坡的税收制度源于英国,具有税制简单、税率较低、处罚严厉等特点。国内税务局负责征收管理的税种主要包括所得税(公司所得税及个人所得税)、消费税、财产税、印花税和博彩税。

新加坡的所得税来自企业所得税和个人所得税。新加坡在企业税收相关制度方面的特点包括:全国实行统一的税收制度,自由贸易园区除关税和消费税实施特殊制度外,无其他税收优惠政策;缴税比例在东盟国家中较低,据世界银行发布的2013—2015年间的中国与东盟总税率来看,新加坡总税率在东盟国家中仅高于文莱;积极与其他国家及地区签订协定,使得在新加坡开展跨国业务的总部公司享有低赋税。新加坡的消费税针对进口货物,以及对几乎所有在新加坡供应的货物和服务征税,出口货物和国际服务实行零消费税。新加坡的印花税是对与不动产和股份有关的书面文件征收的一种税。

五、仲裁服务政策

新加坡通过成熟的商业纠纷解决体系为商业的发展提供了良好的环境和氛围。新加坡堪称世界水平的多元商业纠纷解决基地,已有以下机构落户:联合国常设仲裁院(PCA)在亚洲的第一家办事机构、新加坡国际仲裁中心(SIAC)、国际争议解决中心新加坡办事处、国际商会(ICC)争议解决服务联络处、新加坡调解中心(SMC)、麦士威国际争议解决中心。

新加坡仲裁法律与国际通行的最佳实践保持一致。新加坡《国际仲裁法》采纳联合国《国际商事仲裁示范法》和《承认及执行外国仲裁裁决公约》("纽约公约"),易于各国当事人和仲裁从业人员把握操作。作为"纽约公约"成员国,新加坡仲裁裁决理论上可以在140余个法域得到执行。当事人可以自主提名任何国籍的仲裁员审理整个仲裁程序,也可以自主指定任何法域的律师代理其仲裁。对于在新加坡完成的仲裁工作,外国仲裁员免缴这部分的新加坡收入所得税。对在新加坡进行的调解和仲裁工作,非在新加坡居住的调解员和仲裁员也可免持工作准证,进行60天以内的服务活动。

六、金融政策

现今新加坡是全球1200家银行、保险等金融机构的总部所在地,金融业就产值而言是该国第四大产业。据戴德梁行2016年发布的数据显示,新加坡是跨国公司在亚太地区设立区域总部最多的城市,目前共有4200家亚太区域总部。新加坡作为世界金融中心之一的地位,得益于其历史上进行的金融改革以及完备的金融监管机制。

(一) 金融改革

新加坡的金融改革涉及信息基础设施建设方面的改革、金融市场的建立以及金融制度方面的调整。1997年亚洲金融危机后,新加坡在原有的较好基础上加强了城市基础设施的建设,尤其是交通和信息两个方面。1999年,新加坡国家电脑局和新加坡电信局合并为新加坡资讯通信发展管理局,以提高整个社会的信息化程度。在金融监管方面,参照美联储的信息管理系统,设计开发自己的信息管理系统生成各类评估报表。此外,金融管理局还注重人才队伍的引进和培养,以壮大金融行业的软实力。

(二) 优惠政策

新加坡通过一系列便利优越的金融政策,吸引外资金融机构进入本国金融市场,实现其金融市场繁荣。1965年,新加坡把握住美国准备在亚洲设立离岸金融市场的时机,宣布取消外币利息税,积极出台政策吸引外资金融机构进入国内市场。新加坡对于公司和金融企业的设立都实行较为宽松的准入政策。公司注册的手续过程较为简单便捷,境外资本在新加坡设立公司,其外汇管制面临的风险也比较低。通过种种有效政策的施行,新加坡的金融市场已经是世界重要的国际金融市场之一，以及亚洲美元业务的主要经营交易中心。它由五大市场构成：短期资本市场、长期资本市场、黄金市场、外汇市场和亚洲美元市场。

（三）金融监管

新加坡金融体制自1997年来根据国情进行了调整，从一个强调管制和注重风险防范的市场，演变为以信息披露为本和鼓励金融创新的区域金融中心。具体而言，金融监管作为一种宏观调控，其任务是严格监督，而不仅仅是通过设计严密的规则来防止坏机构出现，金融监管防范的应该是系统性风险，而非单个机构或产品的风险。

新加坡作为全球最早实施综合金融监管的国家，在1971年就成立了金融监管局，一直推崇高度法制及严格的管理。新加坡的金融监管局有双重身份，既承担金融调控的央行功能，也担负金融业的监管职能。作为央行，新加坡金融监管局主要通过利率政策调节市场，创造稳定的金融环境。

新加坡的银行可以分为三类。第一类是完全执照银行，向国内外的客户提供各类存贷款业务、外汇交易等，可以在新加坡开设一家以上的分行。第二类是限制性执照银行，此类银行不能开展定期和储蓄存款，不能接受新加坡货币。第三类是离岸性执照银行，只从事外汇交易，特别是亚洲货币单位交易。作为监管部门，新加坡金融监管局则负责对所有金融行业，例如银行、资本市场中介机构进行监督和管理。

其中，监管的重点是提高金融中介机构在经营过程中的透明度和公平度，实现信息对称。新加坡的监管理念及监管体制经历了重大改变，亚洲金融危机是其重大改变的一个转折点。新加坡虽然躲过了金融危机，但是政府及时意识到其金融监管的局限，特别是当下的金融监管开始影响其金融中心的国际化发展，因而在金融危机后进行了重大调整。

具体而言，新加坡金融监管的一个最大改变就是由合规性监管向风险监管转变。金融危机前，新加坡通过设立较高的从业标准和严格的法律制度避免金融机构承担过高风险。金融危机后，新加坡则注重风险的早发现、早处理,以保证整个金融系统的稳定。就管制程度而言,金融监管当局逐步放松了管制。就金融体制而言,1998年新加坡在金融危机后对之前多元化的分业监管模式进行了调整和改革,加强了金融管理局的权力,建立了统一的金融管理体制。金融管理局新增了之前分属于财政部、保险监督委员会及货币局等机构的各类金融监管职能。

金融监管离不开金融法律体系的建设,根据金融业发展的需要,新加坡不断制定新的金融法律,如《证券与期货法》《支付体系监督法》和《证券与期货法》,并对原有的金融法律法规不断进行修订,如《保险经纪法案》和《保险(修正)法案》。

七、劳动政策

新加坡人力部(原劳工部)是负责该国劳动力管理的政府部门,按职能划分,下设劳工关系、劳工福利、劳工政策和行政服务四个处与中央公积金局、全国工资理事会。据新加坡人力部2018年公布的数据显示,其就业人口总数达368万,其中新加坡居民就业人口占总劳动力的60%,新加坡居民适龄人口(25—64岁)就业率维持在80.3%左右,位居世界前列。

新加坡劳动法领域的法律法规主要包括《职业安全与健康法案》《雇佣法案》《雇佣代理法案》《工伤赔偿法案》《移民法案》《外国人力雇佣法案》和《劳资关系法令》。总体而言,新加坡劳动法律体系比较健全成熟,整体环境比较宽松,对雇员雇主比较友好。根据劳动者所处职位和收入多少而给予相应保护是新加坡劳动法律最为显著的特点。

(一)《雇佣法令》

《雇佣法令》是管理新加坡就业事务最重要的法律,为劳动者提供了诸如解雇、工作时长、加班等方面的保护。但是,《雇佣法令》的保护对象仅为每月底薪低于4500新币的低收入人员,而对高工资群体不予以劳动法保护,这与中国劳动法对劳动者没有区分的保护大不相同。

近年来,随着新加坡劳动力市场结构的变化以及工资的自然增长,

4500 新币这个门槛已经不再能够起到相应的保护作用，因此新加坡在 2019 年通过了《雇佣法令》修正案，取消每月 4500 新币的上限，将覆盖范围扩大。《雇佣法令》修正案的另一个实质性变革是对解雇条件提出改变。以往新加坡采取的是自由解雇模式，即雇主不需要法定理由就可以解雇雇员，但据新加坡《雇佣法令》修正案规定，未来新加坡企业必须以真实合理的理由解雇雇员，这无疑提高了对员工的保护，同时也是对企业的一项挑战。

《雇佣法令》同时包括福利（病假、年假、产假）方面的规定。《雇佣法令》第四部分规定，已为雇主服务不少于 3 个月的"就业法第四部分雇员"，在为同一雇主连续服务的第一年内，有权享有 7 天带薪年假，随后休假时间可以逐年增长，但最多不超过 14 天。对于非"就业法第四部分雇员"，年假取决于其雇用合同中的相关条款。《雇用法令》规定"就业法雇员"病假时长与雇主的服务期限相关。

一般来说，为同一雇主服务的期限不少于 3 个月的员工有权享受带薪病假；在不需要住院的情况下每年不得超过 14 天，而如果需要住院治疗，则每年最多 60 天。对于非"就业法雇员"，病假将取决于其雇用合同中的条款。

《雇用法令》和《儿童发展共同储蓄法》对产假和收养假做出规定。受《雇用法令》保护而不受《儿童发展共同储蓄法》保障的雇员，有权享受 12 周的产假。如果雇员的孩子不超过 2 个（不包括新生儿），且她在孩子出生前已经为雇主服务了至少 90 天，则其产期前 8 周将享受带薪休假。最后 4 个星期的产假可以在孩子出生后 12 个月内灵活使用。

（二）《外国人力雇佣法案》

《外国人力雇佣法案》是由 2012 年修订后的《外国工人雇佣法案》更名而来，对雇佣外国人的条件做了详细规定，对不同行业执行差异化配额限制，规定了对违规行为的处罚力度，有利于维护新加坡对外籍工人的管理以及对其福利的保护。

《外国人力雇佣法案》针对不法雇佣、不法就业等行为都提高了处罚标准。例如，将雇主逃避劳工税、剥削工人福利等行为的处罚标准，由原来的处以相当于24—48个月的劳工税罚款或1年监禁，提高到处以最高1.5万新加坡元罚款或1年监禁，或二者并罚；将外籍人员通过制造假凭证文件以获得工作准证，非法买卖、转换工作准证，或者伪造工作准证等违法行为的处罚标准，由原来的最高4000新加坡元罚款或1年监禁，提高到最高1.5万新加坡元罚款或1年监禁，或二者并罚。

外籍人员赴新加坡工作必须办理相应的工作许可。新加坡的工作许可主要有三类：(1) 就业准证（Employment Pass），适用于受过良好教育、拥有较高文凭的专业人才和管理人员，可以在企业中担任较高职位。(2) S准证（S Pass），适用于拥有大专学历或被认可的技能证书的中等技术水平外籍工人。(3) 工作准证（Work Permit），适用于从事体力劳动或低技术工作的工人。

劳务人员在启程赴新加坡前，应持有新加坡人力部颁发的工作许可"原则批准信"，并且在到达新加坡后的14天以内办理正式的准证卡，否则批准信将被撤销，劳务人员面临被遣返。此外，虽然新加坡整体务工环境不错，但是当局和雇主有权取消外籍工人工作准证，且一旦取消，自取消日起7天内外籍工人必须离开新加坡，以免受到新加坡《移民法令》惩罚。

（三）劳动合同管理

新加坡法律规定，以明示、暗示、书面、口头任意一种方式达成的协议都被视为工作合同。合同必须包括开始聘用的日期、工作范围和职位、工作时间、试用期、工资、福利（如年假、病假、产假）、合同终止（包括通知期）、行为守则等内容。合同在工作事项完成或达到合同规定期限时自动解除；而没有规定明确期限的合同，双方都有权终止，但必须提前以书面形式告知。工作少于26周应提前一天告知，工作时长26周至2年的需提前1周通知，工作时长2—5年的应提前2周通知，工作时长超过5年则需提前4周通知。

(四) 劳资关系管理

新加坡拥有稳定和谐的劳资关系，这也成功地吸引了外资，促进了新加坡的持续发展。新加坡的《雇佣法令》《劳资关系法令》和《职工会法令》等一系列法律法规，将雇员的基本劳工标准、劳资关系的处理原则乃至工会的权利和活动都纳入法制轨道。新加坡和谐的劳资关系得益于劳资政三方基于协商达成协议的紧密合作。其中，劳方的代表是新加坡全国职工总会，资方的代表是新加坡全国雇主联合组织，政府代表是新加坡劳工部。

新加坡曾经也发生过频繁、激烈和不可调和的劳工运动，对吸引外资造成极为不利的影响，在这种背景下，全国职工总会于20世纪60年代末建立，使劳工运动逐渐走向合作。全国职工总会的活动包括开办有益于工人和公众的商业企业、平价合作社等。全国职工总会包括全国90%的工会，而工会的主要工作是与管理方就年工资增长幅度进行谈判。

新加坡雇主联合会最早出现于1948年，最初名为"新加坡工业家与商家联合会"，宗旨是促进与保护一般雇主的利益。雇主联合会提供的服务主要有：咨询服务，帮助处理劳资关系问题，代表会员就薪金、集体合同进行谈判，帮助制定雇员薪酬与福利制度、人力资源政策及程序以及个人表现评估制度。

新加坡的集体谈判对于维持和谐稳定的劳资关系有着重要的意义。集体谈判一般在企业中进行，谈判内容涉及劳动条件、工时、加薪、年休假等。新加坡工资理事会每年都会发布工资指导原则，因此关于加薪的谈判每年都会举行一次。全国职工总会和全国雇主联合会协助谈判，谈判双方均可获得政策咨询。失败的谈判交由劳工部调解，调解若不成功，则交由工业仲裁庭裁决。新加坡的《劳资关系法令》也规定了禁止集体谈判的内容，包括升职、岗位调动、解雇等。

(五) 社会保障政策

新加坡的社会保障比较特殊，通过中央公积金的方式为劳工提供社会福利保障。中央公积金制度自1955年建立以来，一直由人力部下属的中央公积金局负责管理，其覆盖范围逐渐扩大，经过40多年的发展，已经由最初的单一养老保障项目阶段逐渐扩充到保障项目扩展和完善阶段。

新加坡的雇主和员工都有义务缴纳中央公积金，雇主和员工缴纳的比例分别为17%和20%，总缴交率为37%。新加坡中央公积金局将雇主和员工缴纳的款项存入为每位参与者设立的"个人账户"中。个人公积金账户分为三部分：一是公积金参与者用于购房、人寿保险、投资及子女教育支出的普通账户；二是用于为公积金参与者积累退休金，以及投资退休关联的金融产品，是提供养老保障的专用账户；三是为公积金参与者及其直系亲属支付住院、门诊医疗服务以及缴纳疾病保险费等事务的医疗储蓄账户。当公积金参与者年满55周岁时，中央公积金局就会为参加者建立退休账户，年满62岁时开始支付养老金。

作为一个覆盖内容广泛的综合性保障制度，中央公积金激发了国民的工作热情，赋予了公积金参与者工作的价值，并给予他们及其家属实质性的社会保障，让他们有社会归属感和对国家的信赖感。公积金参与者由于意识到工作的意义，会更加积极地投身工作，自然而然就能改善自己及家人的生活条件，提升幸福感。同时，中央公积金制度筹集的大量存款主要被用于投资国债、住宅以及基础设施建设，通过为经济注入资金实现了新加坡持续快速的发展，而且公积金缴纳比例也根据国情适时调整，以实现对经济的宏观调控，例如改变个人的消费习惯、抑制通货膨胀、缓解通货紧缩等。

第三节　新加坡发展政策成效

一、成效分析

（一）贸易与企业发展政策成效

得益于开放的贸易政策，新加坡成为世界上最为开放的贸易国家之一。目前，新加坡和32个贸易合作伙伴签订了21项自由贸易协议。同时，新加坡也是东盟的核心成员国之一，在协调各国经济发展和加深成员国之间的合作方面发挥了不可替代的作用。据新加坡企业发展局统计，2019年新加坡货物进出口总额为7494.8亿美元，其中出口3904.2亿美元，进口3590.6亿美元，贸易顺差313.6亿美元。尽管进出口各项数据有小幅下降，但无论是外贸总额还是贸易货物，新加坡的进出口成绩都可以算得上全球"优秀等级"。

（二）投资及奖励政策成效

据经济发展局发布的2017—2018年度报告显示，固定资产投入中承诺投入最多的产业是电子产业，投资额为21亿新加坡元，可带动GDP增长12亿新加坡元；固定资产投入排名第二的产业为总部及专业服务/研究发展，投资额为16.8亿新加坡元，可带动GDP增长50亿新加坡元。由此可见，固定资产投入对创新工业以及研究方面的政策扶持起到良好的效果。

通过比较2017年和2016年的固定资产投入产业数据可以看到，总部及专业服务/研究发展产业的投入增长了3.7个百分点，教育及健康服务行业作为新兴产业，其投入从零增长了2.2个百分点。通过比较2017年和2016年的固定资产投入地区来源数据可以看到，来自新加坡本国的投资有了明显降低，从23.4%降至9.6%。与此同时，来自其他国家和地区，包括美国、欧洲、日本、中国的投资有较快增长，其中欧洲增长最多，从12.8%增至28.7%，涨幅高达15.9%；中国次之，从1.1%增长到9.6%。

外资增长较快，与新加坡近几年的政策扶持以及政府间合作密切相关。比如，新加坡与中国在2015年签署了多份合作协议和谅解备忘录，为双方在重庆开展第三个政府间合作项目和启动新中自由贸易协定升级版谈判奠定了基础；2019年，依托中新南向通道建立的中国西部陆海新通道上升为中国国家战略，新加坡作为主要外国合作方受益匪浅。此外，新加坡还分别与四川省、辽宁省签署了多项合作协议，内容涵盖高科技制造、现代服务业、基础设施等。

(三) 税收政策成效

新加坡税收政策的出发点是以低税率促进经济发展，因此政府会适时根据发展需要对税收政策进行调整。新加坡的税收政策对促进 GDP 增长、吸引外资起到积极的促进作用，同时低税率也没有影响到国家收入的增加。

从新加坡税务局发布的个人所得税税率的数据来看，新加坡从 2005 年开始就一直在调整各个收入区间的个人所得税税率。可以看出，其个人所得税收调整，首先是根据需要进行调整，其次是中低收入区间税率持续降低，有助于减轻这类人群的收入负担，高收入的税率维持相对较高水平，有助于在一定程度上缩小不同群体间的差距，缓解社会矛盾。

根据新加坡税务局公布的企业税率来看，企业税率一直在稳步降低，从 2003 年的 22% 降至 2005 年的 20%，到 2008 年的 18%，并在 2010 年降至 17% 后一直保持至今。除税率降低外，不同年份还有不同额度的税收返还。例如，2012 年的税收返是不超过 5000 新加坡元的企业收入的 5% 现金退还；2017 年的税收返是不超过 2.5 万新加坡元的企业应缴税（除去预扣税和税源减免的部分）的 50% 退还；2018 年的税收返是不超过 1.5 万新加坡元的企业应缴税（除去预扣税和税源减免的部分）的 40% 退还。

新加坡政府的税率调整对企业的实质性扶持，尤其是对中小企业的孵化和发展起到重要的助推作用。一方面，税收扶持促进了企业发展；另一方面，企业发展也反哺税收，低税率不但没有影响税收，反而使所得税收入逐年增加，且 2016—2017 年度和 2017—2018 年度的所得税都占税收总收入的一半以上（2017—2018 年度占比 54%）。同时，新加坡的低税率在吸引外国直接投资方面表现突出，外国直接投资由 2013 年的 9057.6 亿新加坡元逐年增加至 2017 年的 15679.7 亿新加坡元，其中投资形式以直接股本投资占主导，来自外国投资者的净贷款为辅。

(四) 金融政策成效

1998 年，新加坡正式出台了世界级金融中心建设的蓝图，由七大支柱支撑：资产管理/私人银行（成为亚洲最大的国际性资产管理中心）、债券资产市场（成为亚洲主要的国际性债券中心）、证券及衍生交易（成为亚洲最大的证券及衍生品交易中心）、外汇交易市场（成为全球三大外汇市场之一）、银行业（成为亚洲商业银行中心）、保险业（成为亚洲最大的保险业中心）、个人服务金融业（成为亚洲远距离金融服务中心）。为此，新加坡进行了金融改革，推动金融基础设施建设、建立金融市场、调整金融制度并加强金融监管。2018年，新加坡成为亚洲最大、世界第三大外汇交易中心，同时超越日本成为亚洲最大的金融中心。据国际清算银行的数据显示，英国占据全球外汇市场份额的41%，紧随其后的美国则是19%，新加坡的市场份额为5.7%。

（五）劳动政策成效

受惠于相对健全的劳工制度、流程简单的就业程序和就业的较大保障（诸如安全的工作场所、合同及工会制度的有力保障），新加坡既吸引了全球英才，也留住了本地人才。新加坡的失业率长期处于全球较低水平。从新加坡人力部官网公布的数据来看，新加坡在2008—2018年间的失业率除2009年高达3.0%外，其他年份的失业率都保持在2.0%左右。

福利上有较大保障，主要是中央公积金制度的实施有利于新加坡进行宏观经济调控。一方面，新加坡的公积金缴费率不是固定不变的，根据国情会有适当调整，其目的主要是用于应对经济方面的困难。例如，20世纪70年代初，当新加坡经济的高速增长带来很大的通货膨胀压力时，政府通过逐年提高公积金的缴费率，最终使得新加坡的通货膨胀率从70年代的平均5.1%下降到80年代前期的平均3.8%；当80年代中期新加坡经济出现衰退迹象后，政府又通过降低公积金缴费率推动经济复苏。另一方面，新加坡的中央公积金由于依赖强制储蓄，非常稳定，从而为各种投资提供有保障的资金投入，有助于实现经济的持续迅速增长。新加坡中央公积金的管理机构为中央公积金局，该机构独立于政府，管理费用及工作人员的工资都不由政府提供，这从很大程度上避免了腐败。

二、合作建议

(一) 新加坡未来发展重点

2018年新加坡财政预算报告指出，现今全球经济呈现三大发展趋势：全球经济中心转向亚洲、新科技的出现以及人口老龄化。为此，新加坡的应对方案包括：打造欣欣向荣的创新经济，建设宜居的绿色智慧城市，建设温馨团结的社会以及维持可持续的财政和保障国家的未来。在这四点中，打造创新经济和建设宜居绿色智慧城市都特别强调创新，特别是科技创新的重要性。由此观之，新加坡未来的发展依赖于在基础设施、产业提升、宜居城市等各个领域的科技投入和创新。

(二) 合作领域

1. 中新政府间合作框架

中国与新加坡之间经贸关系紧密，合作项目众多，新加坡已成为共建"一带一路"的重要平台和支点。特别是中新间的第三个合作项目，即中新（重庆）战略性互联互通示范项目，以"现代互联互通和现代服务经济"为主题，契合"一带一路"、西部大开发和长江经济带发展战略，将成为又一个高起点、高水平、创新型的示范性重点项目。双方同意选择重庆直辖市作为项目运营中心，将金融服务、航空、交通物流和信息通信技术作为重点合作领域。

2. 西部陆海新通道框架

2019年，我国正式制定出台了"西部陆海新通道"战略规划，标志着该项目正式上升为国家战略。"西部陆海新通道"位于我国西部地区腹地，北接"丝绸之路经济带"，南连"21世纪海上丝绸之路"，协同衔接长江经济带，在区域协调发展格局中具有重要战略地位。未来，中国和新加坡企业可以在通道能力建设、通道物流服务效能、通道与区域经济融合发展以及通道对外开放水平方面精诚合作，共同将"西部陆海新通道"打造成西部地区经济繁荣走廊。

3. 新加坡金融服务领域

作为国际金融中心、航运中心、贸易中心，高效透明的经商环境、便利的金融服务和世界连通性等诸多优势，让新加坡成为中国企业"走出去"的国际化经营平台。越来越多的中国企业选择在新加坡注册，成立区域公司总部、区域投资中心等，通过新加坡的良好经商环境来拓展与周边国家的经贸、投资等业务。

新加坡的金融服务世界领先，与中国之间存在很强的互补性。近年来，中新金融合作发展迅速，成为两国互利合作新亮点。2012年6月，中国人民银行批准新加坡金管局在华设立代表处。2012年7月，两国签署中新自贸协定框架下有关银行业事项的换文。10月，新方授予中国银行和中国工商银行新加坡分行特许全面牌照。2013年2月，中国人民银行授权中国工商银行新加坡分行担任新加坡人民币业务清算行。4月，中国工商银行新加坡分行在新人民币清算业务正式启动。5月，新加坡金管局北京代表处正式揭牌。此后，双方金融合作进入快车道，金融合作创新不断涌现，成果丰硕。

4. 中新自由贸易合作

作为外向型经济体，新加坡将进一步加强对外贸易和对外投资的发展，通过加强国际经济合作提供保障。新加坡是首个同中国签署全面自贸协定的东盟国家。双方在中国—东盟自由贸易区的基础上，不断加快贸易自由化进程，深化拓展双边自由贸易关系和经贸合作的深度与广度。2018年11月，中新双方在新加坡签署了《自由贸易协定升级议定书》。

本次《议定书》对原中新自由贸易协定的原产地规则、海关程序与贸易便利化、贸易救济、服务贸易、投资、经济合作等6个领域进行升级，还新增电子商务、竞争政策和环境等3个领域。《议定书》实现了全面、高水平、互利共赢的谈判目标，有助于促进双方深化有关领域的务实合作，不断增进两国企业合作和人民福祉。

双方在自由贸易协定中首次纳入"一带一路"合作，强调"一带一路"倡议对于深化双方全方位合作、实现共同发展目标、建立和强化互联互通以及促进地区和平发展的重要意义。在海关程序与原产地规则领域，双方将呈现更高水平的贸易便利化，降低企业的贸易成本，同时简化了部分化工产品的特定原产地规则标准。在服务贸易领域，双方升级了包括速递、环境、空运、法律、建筑、海运等原有自贸协定服务贸易承诺，相互提升了服务贸易自由化水平。在投资领域，双方同意给予对方投资者高水平的投资保护，相互给予准入后阶段国民待遇和最惠国待遇，纳入全面的投资者与东道国间争端解决机制。在自然人移动领域，双方签署了《中华人民共和国政府和新加坡共和国政府关于就业准证申请透明度和便利化的谅解备忘录》。

第五章　菲律宾发展政策

第一节　菲律宾的基本情况

菲律宾共和国（英文名：Republic of the Philippines，简称"菲律宾"）面积约30万平方千米，人口约1.02亿。马来族占全国人口的85%以上，分为他加禄人、伊洛人、维萨亚人和比科尔人四大族群。此外，还有少数民族及外来者——华人、阿拉伯人、印度人、西班牙人和美国人的后裔，以及为数不多的原住民。民族语言共有70多种，国语是他加禄语为基础的菲律宾语，英语为官方语言。国民约85%信奉天主教，4.9%信奉伊斯兰教，少数人信奉独立教和基督教新教，华人多信奉佛教，原住民多信奉原始宗教。菲律宾首都为大马尼拉市（Metro Manila），人口约1300万。现任总统为罗德里戈·罗亚·杜特尔特（Rodrigo Roa Duterte），2016年6月就任。

一、政治发展简况

14世纪前后，菲律宾出现由土著部落和马来族移民构成的一些割据王国，其中最著名的是14世纪70年代兴起的苏禄王国。1521年，麦哲伦（Ferdinand Magellan）率领西班牙远征队到达菲律宾群岛。此后，西班牙逐步侵占菲律宾，并实行殖民统治长达300多年。1898年6月12日，菲律宾宣告独立，成立菲律宾共和国。同年，美国依据对西班牙战争后签订的《巴黎条约》占领菲律宾。1942 年，菲律宾被日本占领。第二次世界大战结束后，菲律宾再次沦为美国的殖民地。

1946 年 7 月 4 日，美国同意菲律宾独立。菲律宾独立后，自由党和国民党轮流执政。1965 年，国民党候选人马科斯（Ferdinand Marcos）当选二战后菲律宾第六任总统，并三次连任。1983 年 8 月，反对党领导人贝尼尼奥·阿基诺（Benigo Aquino Jr.）被谋杀，导致政局动荡。1986 年 2 月 7 日，菲律宾提前举行总统选举，贝尼尼奥·阿基诺的夫人科拉松·阿基诺（Corazon Aquino）在民众、天主教会和军队的支持下出任总统。

此后，拉莫斯（Fidel Romos）和埃斯特拉达（Joseph Estrada）先后按宪制当选总统。2001 年 1 月，埃斯特拉达因受贿丑闻被迫下台，副总统阿罗约（Gloria Macapagal Arroyo）继任总统。2004 年 6 月，阿罗约当选总统。2010 年 6 月，自由党候选人阿基诺三世（Benigno Aquino Ⅲ）就任菲律宾第 15 届总统。2016 年 6 月，民主人民力量党候选人杜特尔特就任菲律宾第 16 届总统。

二、经济发展简况

菲律宾经济类型为出口导向型，对外部市场依赖较大。第三产业在国民经济中地位突出，农业和制造业也占相当比重。20 世纪 60 年代后期，菲律宾开始采取开放政策，积极吸引外资，经济发展取得显著成效。80 年代后，受西方经济衰退和自身政局动荡影响，经济发展明显放缓。90 年代初，拉莫斯政府采取一系列振兴经济措施，经济开始全面复苏，并保持较高增长速度。1997 年爆发的亚洲金融危机对菲律宾冲击不大，但其经济增速明显放缓。

进入 21 世纪，菲律宾将发展经济、消除贫困作为施政核心，加大对农业和基础设施建设的投入，扩大内需和出口，国际收支得到较大改善，经济保持平稳增长。2004 年，依据购买力平价标准，菲律宾被世界银行评为世界第 37 大经济体。杜特尔特总统执政后，加大对基础设施建设和农业的投入，推进税制改革，经济保持高速增长，但也面临通货膨胀高企、政府财力不足、腐败严重影响经济等问题。2018年，菲律宾国内生产总值为3349亿美元，人均国内生产总值为3198美元。

三、主要经济部门

菲律宾矿藏资源较为丰富，主要有铜、金、银、铁、铬、镍等20余种。铜蕴藏量约48亿吨、镍10.9亿吨、金1.36亿吨。地热资源预计有20.9亿桶原油标准能源。巴拉望岛西北部海域有石油储量约3.5亿桶。菲律宾森林资源丰富，有红木、樟木等珍贵木材，占地面积12.5万平方千米，覆盖率约40%，但由于长期无计划伐木，森林面积逐年缩小。

菲律宾的工业主要是基于农、林产品而进行的加工业，还有纺织、水泥、汽车装配等其他行业。工业和矿业的总产值占国民生产总值的35%，从业人口占总劳动人口的15.6%。

菲律宾是农业大国，农业人口占总人口的2/3以上，有40%的劳动力靠农业为生。农业产值占国内生产总值的20%，是菲律宾经济的重要组成部分。其主要出产大米、椰子、玉米、甘蔗、香蕉、菠萝、芒果、猪肉、鸡蛋和牛肉等农产品。椰子、甘蔗、马尼拉麻和烟草是菲律宾的四大经济作物，其中椰子产量和出口量均占全世界总产量和出口量的60%以上。

服务业在菲律宾国民经济中占据重要地位。近几年来，服务业产值逐年增长，占国民生产总值的比重已超过50%。菲律宾是全球主要劳务输出国之一，在海外工作的劳工有1000多万。旅游业是菲律宾外汇收入重要来源之一，主要风景名胜包括百胜滩、蓝色港湾、碧瑶市、马荣火山、伊富高省原始梯田等。

近年来，菲律宾政府积极发展对外贸易，促进出口商品多样化和外贸市场多元化，进出口商品结构发生重大变化，与150个国家有贸易往来。非传统出口商品，如成衣、电子产品、化肥等的出口额，已赶超矿产和原材料等传统商品的出口价值。主要出口产品有电子产品、服装及相关产品、电解铜等；主要进口产品为电子产品、矿产、运输和工业设备；主要贸易伙伴有美国、日本和中国等。

四、宏观经济管理

(一) 管理体制

菲律宾主管贸易和投资的职能部门是贸易工业部（DTI）。其主要职责是：制定综合的工业发展战略和进出口政策；创造有利于产业发展和投资的环境；促进竞争和公平贸易；负责双边和多边投资贸易合作的谈判；支持中小企业的发展，保护消费者权益；加强投资政策的协调，促进投资便利化等。

具体来说，贸工部下设的产品标准化局（BPS）负责产品技术标准和法规的管理和实施；进口服务署（BIS）负责特定产品进口法规的实施以及发起和指导反倾销、反补贴及保障措施的初步调查；投资署（BOI）和经济特区管理委员会（PEZA）负责投资政策包括外资政策的实施和管理。此外，菲律宾在苏比克、克拉克等地设立了自由港区或经济特区，并成立了相应的政府机构进行管理。

其他的经济管理部门还有：海关总署、国家经济发展署、中央银行、环境管理署、卫生部、技术转让署、食品和医药品局、危险药品局、渔业和水产资源局、国家肉类检疫委员会、计划工业局、能源管理署和服装纺织品出口局等。菲律宾国家经济发展署（NADA）下设的关税委员会负责关税政策的制定，包括关税的减让、变更、退还，反倾销和反补贴的公众听证会和磋商，以及保障措施的调查工作等。菲律宾财政部下设的关税局负责关税法律的具体实施和进出口关税、进口产品增值税和其他附加税的征收。

(二) 银行体系

菲律宾中央银行是菲律宾的中央银行，是根据菲律宾共和国7653法案或1993年的新中央银行法于1993年7月3日成立的。菲律宾国家银行成立于1949年，是菲律宾最大的银行之一，其主要任务是为菲律宾工业和农业的发展提供金融服务和支持。菲律宾发展银行是国有开发银行，总部位于菲律宾马卡迪（Makati），是菲律宾第七大资产银行。菲律宾发展银行是其政府全资拥有的第二大银行，仅次于菲律宾土地银行，也是菲律宾政府拥有或控制的最大的公司之一。

（三）投资环境

菲律宾与贸易和投资相关的法律法规主要包括：《交易法》《海关法》《综合投资法典》《外国投资法》《经济特区法》和《投资租赁法》等。

菲律宾基础设施较为落后，对制造业、物流业、旅游业的发展以及吸引外资产生了负面影响，并成为制约经济发展的瓶颈。菲律宾在高速公路、机场、港口、铁路、电站等交通和电力系统方面具有巨大发展潜力，近年来政府增加了对基础设施的建设和投资。

菲律宾政府的政策缺乏连续性，中央政府权威不足，地方政府无视国家法律，随意干涉和否决已经谈成的重大项目。各级法院普遍被政治势力控制，很难保证公平判决。在经济方面，政府虽然在积极采取措施改善投资环境，但从长远来看，菲律宾的经济基础仍然较为薄弱，抵抗外部冲击的能力有限。

从实际层面来看，虽然政府的发展意愿越来越强，未来相关项目的推出和审批有望迎来高峰，但政府投入不足和投资赤字等问题依然是阻碍菲律宾经济发展和投资环境改善的重大障碍。同时，菲律宾法律对外资承包该国工程项目设有诸多限制，仍存在诸多贸易壁垒和投资壁垒。

第二节　菲律宾发展政策体系

一、法律政策

（一）法律渊源

由于长期受西班牙殖民统治，西班牙的刑法、商法、民法等法律体系在菲律宾几乎全部适用。到了美国统治时期，美国废除了西班牙法律中与美国宪法相抵触的部分，保留了民法、刑法、地方制度等。菲律宾曾颁布《马洛斯宪法》（1899年）和《宪法》（1935年），采用分权原则和司法独立的原则，按照美国法的模式制定了银行法、公司法、破产法等，基本上照搬了美国的法律制度。

总的来说，菲律宾的政治、法律框架都是其殖民历史的产物，既受西班牙法的深远影响，又遵循美国的总统制和三权分立的原则，在西班牙和美国的影响下形成独特的法律制度，整合了东西方文化因素。菲律宾的法律制度同时受到大陆法系和英美法系的影响。一般认为，在婚姻法、家庭法、继承法、合同法、刑法这些部门法中，大陆法系的传统起主导作用；在宪法、诉讼法、公司法、票据法、税法、保险法、劳动法、金融法方面，英美法系的原则具有明显的影响。

（二）涉外法律

1. 对外贸易法律制度

菲律宾是世界贸易组织和亚太经合组织成员，也是东盟成员国，实行多边、自由和外向型的贸易政策，同时对国内弱小产业进行适当保护。菲律宾政府不断调整其贸易政策，并出台了一系列出口激励措施。菲律宾进出口贸易法律主要包括《海关法》《出口发展法》《反倾销法》《反补贴法》和《保障措施法》，以及与许多伙伴国家签署的自由贸易协定。

2. 关税和海关法律制度

菲律宾关税和海关领域的法律制度主要包括《关税和海关法》《现代化海关和关税法》和《战略贸易管理法》。

菲律宾进出口关税的确定依据主要是《关税与海关法》，进口关税税率由关税委员会确定，出口关税税率由海关总署确定，由海关通过菲律宾中央银行征收。菲律宾对大部分进口产品征收从价关税，但对酒精饮料、烟花、烟草制品、手表、矿物燃料、卡通、糖精、扑克等产品征收从量关税。海关对汽车、烟草、汽油、酒精以及其他非必需品征收进口消费税。菲律宾还对进口货物征收印花税，该税一般用于提货单、接货单、汇票、其他交易单、保险单、抵押契据、委托书及其他文件。

3. 反倾销与反补贴法律制度

菲律宾法律规定，如果销售至菲律宾的进口产品、物品或制品的出口价格低于日常贸易过程中的正常价值，对菲律宾国内产品造成实质性损害或实质性损害威胁的，征收反倾销税。涉及反倾销税执行的政府机构包括贸易工业部、农业部、财政部、关税委员会、海关总署。

菲律宾法律规定，如果销售至菲律宾的进口产品、物品或制品受到原产国或出口国的直接或间接补贴，并对已经建立的菲律宾国内产业造成实质性损害或者产生实质性损害威胁的，应当采取反补贴措施。涉及执行反补贴税的当地政府机构包括工商部、农业部、财政部、关税委员会、海关总署，这些机构在执行和征收反补贴税方面发挥各自的作用。

二、产业政策

（一）第一产业政策

菲律宾的农业相关政策措施主要包括价格支持、投入补贴、信贷等方面的政策，以及农业保险制度和对基础设施发展支持的政策。

菲律宾已经出台的价格支持政策主要涵盖保护农民免受严重的价格波动，特别是在收获高峰期；保证公平的投资回报的价格，为农民提供健康的市场；鼓励生产和提高后期生产效率等方面内容。这一政策主要影响大米，但如果有必要，可能提高玉米、糖和其他基本食品的价格。价格支持政策通过支持价格、释放价格、政府采购和进口限制机制来实施。

现阶段的农业信贷政策基于供应特定商品，是菲律宾农业发展的主要手段，主要包含农业现代化信贷和融资方案、农业竞争力和资金增值、债务重组以及信用保证体系。菲律宾农业保险主要有两个目标，一是作为农民的安全网，二是用于信用风险管理。农业保险是其信贷计划的常规组成部分，菲律宾农作物保险公司（PCIC）是负责实施政府保险计划的国有公司，农业保险计划分为定期保险计划和特殊保险计划，特殊保险项目则由政府全额补贴。

(二) 第二产业政策

制造业占菲律宾生产总值的近 1/4，其中比较重要的制造业部门包括半导体、电子元器件、成品油、计算机及其外围设备和配件以及食品加工。与其他行业相比，制造业为菲律宾吸引了大量外国直接投资，近一半的外商直接投资流向制造业，而制造业也是菲律宾进出口收入的主要来源。

为进一步促进菲律宾加工制造产业的发展，菲律宾工业贸易署与相关的投资促进机构合作，制定了吸引制造业投资的政策。政策重点确定为优先发展出口制造业和低污染工业，比如半导体和消费电子产品行业，这些工业项目不仅可以创造当地就业机会，而且能够大规模出口创汇。在所有制造业产品中，电子产品是菲律宾最重要的出口部门，比重占出口总额的 50% 左右。

(三) 第三产业政策

菲律宾旅游资源丰富，拥有众多自然景观和人文景观，如美丽的沙滩、高尔夫球场、潜水胜地等，且消费价格十分低廉，游客的主要来源地是韩国、美国、日本、中国（含香港地区、台湾地区）。近年来，随着菲律宾经济的稳步增长、外包服务行业的迅速发展以及海外菲律宾劳工对国内房地产需求的不断增长，国内房地产行业获得难得的发展机遇。2010 年以来，菲律宾的房地产、租赁和商业活动的增加值总额大幅上升。

三、贸易政策

(一) 贸易关系

据菲律宾统计署统计，2017 年菲律宾进出口贸易总额 1555.3 亿美元，同比增长 9.9%。其中，进口额 926.6 亿美元，同比增长 10.2%；出口额 928.7 亿美元，同比增长 9.5%。主要贸易伙伴为中国、日本、美国、中国香港、韩国。中国是菲律宾最大的贸易伙伴、最大的进口来源地和第四大出口目的地。主要出口商品为服装和配饰、电子产品、木制工艺品和家具、椰子油及精炼铜；主要进口商品为电子、工业机械和设备、化石燃料、润滑油及相关产品、运输设备以及有机和无机化学品。

（二）贸易政策

1. 出口贸易政策

菲律宾对出口贸易采取鼓励政策，对出口导向型企业在投资法和相关法律法规上给予优惠政策，并于1994年颁布了《出口发展法》。具体政策包括：出口商享有各种出口奖励，包括简化出口程序和出口附加税免税；出口商可以保留100%的出口外汇所得，可自由用于任何目的；出口商享受增值税退税待遇用于进口商品的再出口、外汇辅助和使用出口加工区的低成本设施；建立了出口加工区、保税仓库和各种类型的工业园区，并在关税、原材料等方面给予优惠。

2. 进口贸易政策

菲律宾原则上允许进口所有商品。进口商品分为三类：自由进口商品；限制进口商品（需经主管当局事先批准）；禁止进口商品（损害公共健康、国家安全、国际承诺和当地工业发展的商品）。

在配额和许可证方面，目前大约有137种商品受配额数量限制，60种商品受绝对数量限制；进口许可证规范的主要是农产品，大约有130种需要进口许可证，约占进口商品总量的4%。

在强制性技术标准方面，生产者或向菲律宾出口的商人应遵循对菲进口商的要求，在合同中要写明进口货物的规格，并且必须遵守当地环境要求、食品健康要求等法律法规和安全规定。

在商品标签和标志方面，一般来说，进口商品必须具备以下内容：注册商标、注册公司名称、生产者或进口商的地址、商品的主要成分、净数量等。有些商品主管部门可能有特别规定，例如要求标明产品的其他特性等。

四、税收政策

（一）税制

菲律宾是以间接税为主的国家，税收体制涵盖国税和地方税。国税是指由中央政府通过国内税务机关施行并征收的税种，包括所得税、增值税、消费税、比例税、印花税、遗产税及赠与税；地方税是指地方政府根据宪法规定征收的税种，例如与不动产相关的某些收入的课税。地方政府部门对于特定的税种无权课征。

菲律宾税法的基本法律渊源是《国家税务法典（1997）》。这部法律此后又经历了数次修订和改革，2005年11月1日起实施的共和法令9337号修正案对《国家税务法典（1997）》的所得税和增值税进行了实质性改革。为有效实施《国家税务法典（1997）》，财政部长通常会参考国家税务局局长的意见而颁布所需的税务条例。

表5—1 《国家税务法典（1997）》各编标题

第一编	国内税收总局的组织及职能	第八编	救济措施
第二编	所得税	第九编	合规要求
第三编	遗产税及赠与税	第十编	违法行为及处罚
第四编	增值税	第十一编	国内税收的分配
第五编	其他比率税	第十二编	监督委员会
第六编	特定商品的消费税	第十三编	废除条款
第七编	单据印花税	第十四编	最终条款

资料来源：国家税务总局国际税务司国别投资税收指南课题组：《中国居民赴菲律宾投资税收指南》，第34页，http://www.chinatax.gov.cn/n810219/n810744/n1671176/n1671167/c2352695/content.html。

用于解释《国家税务法典》条文的行政性文件包括以下几种不同的类型：（1）税收条例，由财政部长参考国家税务局局长意见签发；（2）税收备忘录命令,是规定指令或指引的文件;(3)税收备忘录裁定,是国家税务局局长发布的有关《国家税务法典》及其他税收法律的可适用于特定事实的裁令、意见和解释;(4)国家税务局裁令,是国家税务局对于纳税人及其他利益相关人提出咨询的官方立场;(5)税收备忘录通告,由国家税务局或其他机构/办公室发布的适用有关法律、法规、条例及先例的相关细节;(6)税收行政命令,是涵盖有关国家税务局的行政设置事项的文件;(7)税收委任权命令,是规定国家税务局局长根据法律授权给各税务官员职能的文件。

为创造一个更为简化、公平和效率的税收体系,菲律宾政府2017年1月提交了对于《国家税务法典（1997）》的修正案（众议院第5636号法案）,即《加速成长与扩大包容》税收改革法案,意图通过降低税率、拓宽税基的方式,促进投资、增加就业,消除贫困。2017年12月,菲律宾总统杜特尔特签署了该法案。作为菲律宾综合税制改革的第一部法案,该法案弥补了原有税制的不足之处,旨在降低个人所得税税负,提高燃料、汽车、烟草和含糖饮料的消费税税率,建立更加简单、公平、高效的税收制度。

为了建立起透明、有针对性和有时限的税收优惠制度以促进投资,菲律宾参议院又于2018年8月通过了第1906号法案,即《企业所得税激励改革法案》。该法案将企业所得税税率从30%降至25%,废除了123项关于投资税收优惠的特殊法律规定,但并未取消相关投资税收优惠,而是将其合理化后整合成一个单一的税收优惠综合激励机制。该法案于2019年1月1日生效。

（二）主要税种

1. 企业所得税

第9337号共和国法案关于企业所得税的修订如下:自2005年11月1日起,企业所得税税率从32%提高到35%,但是自2009年1月1日起,企业所得税税率又重新降至30%。

(1)征收范围。国内企业应从国内和国外收入来源征税;外国企业,无论其是否在菲律宾境内从事交易或商业活动，只对从菲律宾获得的收入征税。国内企业与居民外国企业征收的企业所得税，系正常企业所得税与最低企业所得税之间的较高者，非居民外国企业则不受此限制。

表5—2 菲律宾国内企业和外国企业的征税范围

主体类型	构成要件	税收义务范围
国内企业	在菲律宾境内成立或组建，或者依据菲律宾的法律成立或组建的企业	对其来源于境内和境外的所得负有纳税义务
居民外国企业	在菲律宾境内从事交易或经营活动的外国企业	就其来源于菲律宾境内的所得负有纳税义务
非居民外国企业	并未在菲律宾境内从事交易或经营活动的外国企业	

资料来源：国家税务总局国际税务司国别投资税收指南课题组：《中国居民赴菲律宾投资税收指南》，第41页，http://www.chinatax.gov.cn/n810219/n810744/n1671176/n1671167/c2352695/content.html。

（2）税率。企业所得税的税率由《国家税务法典（1997）》第二编第四章规定。该章第27节和第28节分别规定了针对国内企业和外国企业适用的税率。

对于国内企业，所有来源的净收入都适用35%（2019年1月1日起调整为25%）的企业所得税。自其开始经营的第四个应税年度起，对总收入征收2%的最低企业所得税。对实际用于教育目的的所有收入，予以免税。

对于外国居民企业，其来源于菲律宾的所得一般与其国内企业适用相同的税率。对于外国非居民企业，来源于菲律宾境内的毛收入按照35%（2019年1月1日起调整为25%）的税率征税。国际运输企业就其在菲律宾境内产生的总营业额征收2.5%的所得税。

通常，对于非居民外国企业在菲律宾取得的收入适用35%（2019年1月1日起调整为25%）的税率，其中再保险的保险费收入免税；对于其从外国贷款取得的利息，税率为20%；如果收款人是与菲律宾签有税收协定国家的居民，则适用协定更低的税率，否则，适用正常的企业所得税税率。

2. 个人所得税

依据菲律宾《国家税务法典（1997）》第22节第（A）条、第（B）条之规定，菲律宾税法上承担个人所得税纳税义务的主体包括：个人、信托基金以及遗产。同时，进一步划分后可以看出，个人所得税的纳税主体可以分为"菲律宾公民"、"外国个人"（包括居民和非居民）、遗产和信托基金。

（1）居民纳税人。依据《国家税务法典（1997）》第23节第（A）条至第（D）条之规定，菲律宾个人所得税的征管中，划分居民与非居民的标准为"国籍"，所有的菲律宾公民均被视为居民。具体分类时，自然人可以分为四种类型，具体的税收待遇如下所示：（a）居住在菲律宾的菲律宾公民，就其来源于菲律宾境内和境外的所得纳税；（b）非居民的菲律宾公民，仅就其来源于菲律宾境内的所得纳税；（c）菲律宾公民在海外从事工作并取得收入，仅就其来源于菲律宾境内的所得纳税，例如作为菲律宾公民并身为专门从事国际贸易的船只编制内的成员，在境外提供劳务取得报酬的船员，应当视为境外劳务人员；（d）外国个人，无论是否为菲律宾居民，仅就其来源于菲律宾境内的所得纳税。

公民取得的雇佣报酬所得以及商业和专业所得采用的是累进税率，税率跨度为5%—32%。

表5—3 个人应纳税所得额的税率（有效期2018年1月1日—2022年12月31日）

应纳所得税		上档累进税额	超过部分适用税率
超过（比索）	至（比索）	（比索）	%
0	25000	0	0
25000	40000	0	20
40000	80000	30000	25
80000	200000	130000	30
200000	800000	490000	32
800000		2410000	35

资料来源：国家税务总局国际税务司国别投资税收指南课题组：《中国居民赴菲律宾投资税收指南》，第71—72页，http://www.chinatax.gov.cn/n810219/n810744/n1671176/n1671167/c2352695/content.html。

当取得所得的人为《国家税务法典（1997）》第 22 节第（HH）项所界定的"最低工资劳动者"，即在私营部门工作且接受法定最低工资的员工，或者在公共部门受雇且取得的报酬收入不超过其所分配的非农业部门的法定最低工资的雇员，其应纳税所得及其假日工资可免征收个人所得税。

（2）非居民纳税人。"非居民公民"是指满足下列条件的菲律宾公民：（a）能够向国家税务局局长证明其居住于海外的事实，以及有确定的意图长期居住海外；（b）在纳税年度作为移民或永久受雇者，离开菲律宾居住海外的菲律宾公民；（c）在海外工作并取得收入的菲律宾公民，其工作性质要求该公民在纳税年度的大部分时间都在海外。

"外国个人"包括"居民外国人"以及"非居民外国人"。根据第 23 节第（F）条及第（G）条的规定，"居民外国人"是指居住地位于菲律宾境内且并非公民的个人，而"非居民外国人"是指居住地位于菲律宾境外且并非公民的个人。非居民外国人还可以进一步分为"从事贸易或商业的外国人"和"不从事贸易或商业的外国人"。不同类型的外国人在适用的税率上有所差异。

居民外国人与公民取得的雇佣报酬所得以及商业和专业所得采用的是相同的税率表，均为累进税率，税率跨度为 5%—32%。

3. 增值税

菲律宾 1987 年引入增值税。增值税所征收的对象是销售、易货交易、交换或者租赁商品、财产以及提供服务、进口商品。对采购征收的进项税允许与销售时的销项税相抵，两项之间的差额则为应缴纳增值税的税额。

销售商品或财产的增值税，对于销售、易物或交换的财产或商品，应当在商品或财产的总售价或总价值基础上，按照 12% 的增值税率，由卖方或转让方缴纳增值税。但是，若商品销售或服务的对象是政府或行政分区，或政府所有或控制的机构或企业，最终预提税税率为 5%。增值税的纳税人是指在菲律宾提供服务、进口产品、销售、易货贸易、调换、租赁货物或者资产（有形资产或者无形资产）的人。

4. 消费税

消费税的内容规定在《国家税务法典（1997）》第六编中。根据第

129 节，消费税适用于在菲律宾生产或出产的用于本国消费、销售或以其他方式处置的商品以及进口的货物，这是在增值税、关税之外另行征收的税。消费税的征收形式分为两类：从量征收和从价征收。前者是指根据商品的重量、体积或任何其他物理计量单位来征收消费税；后者是指根据商品的售价或其他特定的价格来征收。进口货物与本地生产物品适用相同的消费税税率和税基。

制造商、进口商、所有者和产品占有者是消费税的纳税人。应税商品或物品包括酒精、烟草、石油产品、汽车和非必需品（例如珠宝、香水、用于娱乐或运动的船只）、矿产品（例如煤炭、焦炭等）。针对每一种不同的商品和物品，消费税的税率也各不相同。

免税的个人、实体或机构进口免税产品，之后销售给非免税主体，则受让人被认定为进口商，应承担该产品进口的国内税。

5. 其他主要税种

（1）比例税。有关比例税的规定在《国家税务法典（1997）》第五编中。比例税的征收对象根据《国家税务法典（1997）》第 109 节第（w）条之规定，在交易和经营过程中出售或出租商品、财产或提供服务免征增值税的主体。这些主体的年度总销售额或收入不超过 191.95 万比索，且未进行增值税登记。对这些主体所征收的比例税，相当于其季度总销售或取得的 3%。

（2）单据印花税。单据印花税的内容规定在《国家税务法典（1997）》第七编中。根据第 173 节，单据印花税的适用对象包括单据、文书、贷款协议，以及证明接受、分配、销售、转移某一责任、权利或资产的文件。无论这些单据的制作、签署、发行、接受或转让的地点何在，当权利或义务是从菲律宾产生，或者财产位于菲律宾，并且该行为在菲律宾发生，就会在菲律宾产生缴纳单据印花税的义务。征收对象为上述文件或文书的制作者、签字人、接收者或转移者。如果应税文件的其中一方享有免税待遇，则由不享受免税待遇的另一方直接承担纳税义务。

（3）关税。进口货物需缴纳关税，特别附加税包括反倾销税、反补贴税、保障税和反歧视税，以保护本国产业免受不公平竞争或不当竞争。关税的纳税时间是指从海关或保税仓库放行或取回商品时。进口货物的价格根据交易价格确定并相应调整。菲律宾关税法规定了商品具体的分类及税率（通常在0%—30%之间），具体可见菲律宾关税委员会制定的税率表。

（4）转让税。菲律宾地方政府对销售、捐赠、易货交易或者其他类型的转让不动产产权的行为征税，最高税率为总对价金额或市场公允价格的1%—50%，如果总对价不能反映经济实质，则适用市场公允价格。马尼拉市在对不动产转让征税时可能会超过最高税率，但是不超过总价款的50%。

通过销售、交易本地上市的股票份额按照总销售金额或者总价值的1%的1/2计算。通过首次公开发行股票适用税率为1%—4%（取决于总价款金额），同样对销售、交易以及换股或者其他转让征税。菲律宾对转让债券不征收转让税。

（6）赠与税。任何人士，无论是否为菲律宾居民，都应在转让作为赠与物的财产时征收、估税、征缴并缴付赠与税。无论是通过信托或其他方式转让，也无论该赠与为直接转让或间接转让，以及该财产为不动产或私人财产、是有形资产或无形资产，都适用该税种。

（三）主要税收优惠

对于先进企业或者是位于不发达地区的企业，在企业所得税方面，可以享受定期免税或者按照减低税率纳税。对于符合规定的出口企业，如其为先进企业或者是位于不发达地区的企业，自开始经营或者计划经营之日（以其两者中的较早者为准）起，6年内全额免除企业所得税；对于非先进企业，免税期为4年；对于扩大出口型企业，免税期为3年。出口生产商70%的产品出口的、拥有海关保税仓库的，进口零备件免予征税。种畜和遗传物质的进口，给予10年的免税期。

《国家税务法典（1997）》第六编第二章中，规定了特定商品享有免征消费税或满足特定条件的情况下享受免税待遇的情况，例如满足特定条件的销售给国际运输者、免税实体或机构的石油产品（第135条），以及符合一定条件的本地工业酒精（第134条）等。

五、金融政策

（一）财政金融现状

2016年，菲律宾财政收入为462.3亿美元，同比增长4.12%；财政支出为536.7亿美元，同比增长14.3%。财政赤字为74.4亿美元，占国内生产总值的2.4%。截至2017年底，外汇储备为814.7亿美元。2016年，外债总额为453.89亿美元，占国内生产总值的14.74%。

2018年以来，由于比索疲软、国际原材料市场价格上涨、国内实施税改措施以及中美贸易紧张局势升级，通货膨胀率持续上升，菲律宾通货膨胀率再创新高。菲律宾政府公布了抑制通货膨胀（特别是抑制关键食品项目价格上涨）的政策建议，包括：签发必要的证书，允许进口商品在马尼拉以及全国市场销售；农业部和贸工部组织家禽生产商建立公共市场，使生产商可直接销售给消费者，缩小鸡肉批发与零售价格的差距；开放进口食糖，降低消费者成本等。

（二）货币政策

菲律宾货币政策的实施方式主要包括：变动存款准备金；限制银行最高存款和贷款利率；执行选择性的信贷管理。1976年，菲律宾开始允许外资银行在马尼拉开设分行；政府允许有条件的国内商业银行开设外币存款机构。此外，菲律宾是较早利用外资的国家。1992年，菲律宾取消了外汇管制，多次制定法律，并采取了一系列鼓励外国投资的优惠政策。这些政策对其经济的发展起到积极的作用。

（三）利率政策

菲律宾1980年进行了利率市场化改革，并在1981—1985年间逐渐放开利率市场。此后，由于宏观经济环境不稳定，菲律宾改革后曾一度出现严重经济动荡，也出现大规模的金融危机。菲律宾长期利率数据每月更新一次，2007年3月1日至2018年1月6日平均年利率为5.28%。该数据的历史最高值出现于2018年1月7日，年利率达9.40%；历史最低值出现于2013年4月1日，年利率为2.83%。

（四）汇率政策

1973年以来，菲律宾开始实行外向型经济政策，取消外汇管制，并对浮动汇率制实施了更加灵活的管理。虽然菲律宾实施浮动汇率制度，但实际上是将比索与美元挂钩，形成一种盯住美元的汇率制度。这种事实上与美元挂钩的汇率制度在20世纪八九十年代以后受到国际资本大规模流入的冲击，1981—1996年由于菲律宾实际汇率上升，其部分出口产品失去竞争力。

在菲律宾比索与美元挂钩的制度下，外国资本的过度流入产生了通货膨胀效应，对国内的宏观经济产生了不利影响。而且，在这种汇率制度下，为了保持比索兑美元汇率的稳定，比索币值长期被高估。1997年亚洲金融危机爆发之前，比索被高估49.9%，这表明比索存在着严重的汇率泡沫。1997年亚洲金融危机发生后，菲律宾经济也受到冲击，比索大幅贬值。1997年7月初，比索与美元汇率为26∶1，到12月底变为45∶1，引起一系列不良后果。

亚洲金融危机之后，菲律宾的汇率政策没有出现较大变化，仍然实行自由浮动汇率制度。当汇率出现剧烈波动时，菲律宾中央银行将适当干预以保持双边汇率稳定。为了稳定汇率，菲律宾政府可以采取的措施有直接干预、提高利率、进一步的经济自由化以及寻求多方融资等。

六、科技政策

菲律宾是东南亚第二大人口国家，人口超过1亿，2017年互联网用户约6000万。近年来，菲律宾金融科技生态系统发展迅速，具有相当大的发展潜力。但是，菲律宾金融科技解决方案的采用率仍然很低，目前菲律宾的金融科技初创企业尚不足百家。其中，移动支付以及替代性金融是金融科技企业最为集中的领域，占比分别达 40% 和 30%。

1. 金融科技领域

菲律宾中央银行十分关注在加密数字货币、P2P 借贷和众筹领域运营的数字平台。2017 年 2 月，菲律宾当局发布了数字货币交易准则，并表示一旦数字金融领域企业的业务达到一定规模，将会进一步制定相关法规。2017 年，菲律宾金融科技市场的交易量仅为 549 万美元，年增长率约为 19%。这表明，在未来几年，菲律宾的金融科技可能会进一步发展。

2. 菲律宾路线图

为了促进菲律宾科技创新事业的发展，信息和通信技术部推出"菲律宾数字初创企业路线图"（即菲律宾路线图），是菲律宾在该国开展数字创新的中长期战略计划。该计划的目标是创建创新型企业，以刺激经济增长，并找到社会中最紧迫和最普遍问题的解决办法。

菲律宾路线图明确界定了推动数字创新的总体方向。该路线图分为三个部分：(1) 与互联网相关的（数字）创业生态系统，内容为当前与互联网相关的技术生态系统的摘要，以及对当前菲律宾创业生态系统的总结；(2) 技术创业生态系统模式，提供来自世界各地不同创业生态系统的介绍，突出每个生态系统的关键特征；(3) 行动计划，列出所有利益相关方的短期和长期建议，以改善菲律宾的数字创业生态系统以及基于国际生态系统现有计划的本地化计划。

3. 科创企业孵化政策

2017 年，菲律宾推出一系列企业孵化器和加速器，包括 IdeaSpace 和 QBO 创新中心。与此同时，《创新创业法案》和《菲律宾创新法案》等针对初创企业和动态科技生态系统的政策也纷纷落地，其中包括免税、设立 PHPP10B 基金和其他支持创业的措施，这些措施都可以有效帮助企业减少入场障碍，推动当地经济持续稳定发展。

在技术方面，菲律宾是 IT 人才的故乡。全球科技行业对菲律宾人才并不陌生。事实上，澳大利亚、美国和中国香港的许多企业都将技术外包业务转包给菲律宾开发商。这主要是因为菲律宾政府和企业非常重视技术，多年来一直与跨国科技企业进行合作。近年来，菲律宾政府也在很多方面大力推进基础设施互联互通进程，这使菲律宾成为创业的理想地点，因为良好的科学技术环境是中小企业生存和繁荣的重要因素之一。

第三节　菲律宾发展政策成效

一、成效分析

（一）发展现状

2019 年，菲律宾经济实际增速为 5.9%，国内生产总值按平均汇率计算达 3593.54 亿美元，在东盟国家中排名第五，但与马来西亚、新加坡相比差距不大。纵观菲律宾经济发展状况，主要呈现出以下特点：

1. 服务业发挥主导作用，工业和农业正在加速发展

菲律宾服务业长期保持强劲发展势头，其在国民经济中的比重进一步增加，但最近几年，工业增速超过服务业，农业发展也有所加快。2016 年，菲律宾服务业产值约为 7.85 万亿比索，比上年增长 8.1%，占国内生产总值的 59.1%。工业产值为 939.88 亿美元，同比增长 8.5%。农林渔业产值为 294.23 亿美元，占国内生产总值的 8.0%；其中农林业产值 255.33 亿美元，占国内生产总值的 7%；渔业产值 38.9 亿美元，占国内生产总值的 1%。

2. 家庭消费驱动，外国劳务汇款和业务流程外包增长迅速

基于迅速增长的海外劳工汇款和服务外包业，家庭消费已成为菲律宾经济发展的主要动力。2014 年，菲律宾家庭消费占 GDP 的 70%，同比增长 5.4%；2016 年菲律宾 1000 多万海外劳工共向国内汇款 269 亿美元，同比增长 5%，占 GDP 的 7.3%；业务流程外包收入达 180 亿美元，是 2008 年的 2 倍。

3. 进出口持续增长，外资大量涌入

目前，菲律宾与 150 个国家有贸易关系。2016 年，菲对外贸易总额为

1373.9亿美元，比上年增长5.8%。其中出口562.3亿美元，同比下降4.4%；进口811.6亿美元，同比增长14.2%。根据菲律宾贸工部公布的数据，2016年菲律宾吸收外商直接投资46.1亿美元，主要来自荷兰、澳大利亚、美国、日本、新加坡，主要流向制造业、水电气供应、服务业等行业。

4. 政府债务减轻，财政赤字缩小

截至2014年底，菲律宾政府债务达1303亿美元，同比增长1%，占国内生产总值比重降至45.4%。其中，外债434亿美元，同比减少1.7%，是2012年的69%。2014年，菲财政收入达434亿美元，比2013年同期增长11%，比2012年增长23%；财政支出450亿美元，同比增长5%，比2012年增长10.5%。2019年，菲律宾财政赤字在国内生产总值中的占比为3.55%，尽管高于2018年的3.2%，但额外支出主要用于刺激经济发展，因此不会对菲信用评级造成影响。外汇储备2020年3月达792亿美元，比2019年3月增长7.6%。

（二）影响因素

菲经济发展形态以要素驱动为主，向效率驱动过渡，与创新驱动尚有差距。

1. 人力资源支撑

近年来，菲律宾经济的快速发展在很大程度上得益于"人口红利"。2014年，菲律宾成为世界上第12个人口超过1亿的国家，其中33.4%为15岁以下的少年儿童，60%为15—60周岁适龄劳动人口，自然增长率高达2%，人口结构较为年轻。较强的英语语言能力使得菲律宾外国劳务汇款和业务流程外包持续增长成为可能。反过来，随着内需扩大，这又促进了服务业的进步，驱动菲律宾经济继续发展。

2. 瓶颈制约缓解

长期以来，菲律宾的家族政治导致贪污腐败成风，行政效率低下，进而导致政府债务不断增加，基础设施落后，经济结构不协调，失业率居高不下，贫富差距进一步拉大。近年来，随着菲律宾政府尤其是杜特尔特政府改革措施的实施，社会环境混乱、分裂主义运动和极端组织活动猖獗、资源开发管理不善、管理环境恶劣的情况有所改观，但对菲律宾经济的成长仍应持谨慎乐观的态度。

3. 外部环境有利

东盟一体化是菲律宾经济发展最有利的外部因素，促使菲律宾改善政策法规，降低税率，加强内外互联互通。中国经济快速崛起、大国之间战略竞争加剧，提升了菲律宾的区位优势。全球金融危机对菲律宾经济发展有利有弊，受各主要经济体出台大规模刺激计划的影响，菲律宾股市屡创新高，一度成为全球表现耀眼的市场，同时也催生了大量经济泡沫。

（三）发展趋势

从短期看，菲律宾经济将保持增长势头。近年来，菲律宾经济发展保持了良好的势头。菲律宾政府认为，菲律宾宏观经济已摆脱"萧条周期"，并将使菲经济在数十年内呈现出最佳状态。

从中期看，菲律宾经济可能出现振荡。菲律宾的特权阶层和累积的家族政治传统难以改变，这决定着制约菲经济发展的主要障碍仍将长期存在。

从长期看，菲律宾有可能被越南超越。菲律宾与越南隔海相望，菲律宾人口是越南的1.1倍，而越南的国土面积是菲律宾的1.1倍，菲律宾的经济发展水平目前领先于越南，而且近年来经济增速稍快于越南。但越南政府具有更强的领导能力，政策更具连续性，政治和社会更加稳定。越南制造业强于菲律宾，基础设施建设也快于后者，吸引外资的能力更强，经营环境更佳。

二、合作建议

菲律宾是东南亚第一个走上工业化道路的发展中国家，近半个世纪以来经济发展呈现出"拉美式"特点，但由于出口缺乏竞争力，国内市场狭窄，工业尤其是制造业的发展面临制约。自20世纪90年代以来，菲律宾已变成该地区最大的农业国，但是这并不代表菲律宾国内就没有投资、贸易的合作机会。

（一）基础设施建设

基础设施是指为社会生产和居民生活提供公共服务的物质工程设施，是用于保证国家或地区社会经济活动正常进行的公共服务系统，是城市主体设施正常运行的保证，既是物质生产的重要条件，也是劳动力再生产的重要条件。菲律宾基础设施较为落后，国内以公路和海运为主，铁路不发达且集中在吕宋岛。中国沿海地区经济快速发展和某些区域开发成功，一条共同的经验就是通过率先启动大规模的基础设施建设，为经济高速增长奠定坚实的基础。对菲律宾经济未来的发展来说，基础设施的改善是题中应有之义。

（二）产业结构转型

由于出口竞争力不足，加之国内市场狭窄，菲律宾的工业尤其是制造业的发展受到制约。菲律宾目前已在产业结构调整和升级方面制定相关规划和采取相关措施。菲律宾在国家发展署制定的21世纪计划中，将发展高科技产品和信息工业作为国策，以此促进产业结构的调整和升级。同时，该计划希望通过先进技术的推广与应用，带动其他部门，如工业、农业、服务业、建筑业、环境与自然资源部门的发展。

菲律宾产业结构亟须转型升级，对资本和先进科学技术的需求量很大。为此，菲律宾对外国企业来菲投资予以税收支持，如对于外国居民企业，仅就其在菲律宾来源的所得缴纳企业所得税，其征税方法等同于国内企业。国际运输企业就其菲律宾的总营业额适用2.5%的所得税，有税收协定的，适用协定的优惠税率。总之，菲律宾对外国投资企业给予了大量的税收优惠。吸收和利用外资有利于弥补国内建设资金的短缺，同时可向外企学习先进科学技术和管理经验，从而加快菲律宾实现现代化的步伐。

（三）农业领域

农业对于一个国家经济发展的推动作用是不可忽视的。菲律宾现阶段是东南亚最大的农业国，在农业发展方面有着良好的基础。菲律宾有着丰富的自然条件、优越的地理位置、便利的海上交通、迷人的热带海洋风光，适合发展旅游业。菲律宾属于热带季风和热带雨林气候，适合发展农业。农业作为第一产业，可以为第二产业提供原材料，进一步推动第二产业以及第三产业的发展。菲律宾独特的地理和气候条件，以及相距中国较近的地缘条件，都使得双方在农业领域的合作具有广阔的前景。

（四）对外贸易领域

20 世纪 80 年代中期以后，菲律宾开始了经济结构的调整，政府把经济发展的重点转向实现工业化尤其是注重发展面向出口的工业。在发展高新技术产业、开拓对外贸易新领域的同时，菲律宾注重发挥自身资源优势。作为椰子生产大国，菲律宾每年收获上百亿个椰子，而椰子纤维、碎渣和硬壳的加工产品不仅在国际上需求潜力大，而且价格也较为可观，市场前景广阔，但由于椰子加工业没有得到进一步开发，该部分市场尚未被完全开发。

另外，菲律宾政府也在全方位开拓国际市场，促进贸易对象多元化。长期以来，美国、日本是菲律宾最大的贸易伙伴，这也导致菲律宾对美、日市场过分依赖。菲政府已认识到贸易对象单一对于国家经济的不利影响，因此越来越重视开拓东盟内部、欧盟、中国等非传统市场。在争取非传统市场的同时，菲律宾政府积极与其他国家及国际组织进行经贸合作。中国企业完全可以在菲外贸领域占有一席之地。

（五）菲律宾内需市场

菲律宾目前的经济增长主要依靠海外劳工的汇款带动国内消费，这样的经济增长模式是不健康，也不稳定的，只有依靠国内消费或投资拉动经济增长才是长久之计。因此，菲律宾面临着将经济增长从依赖海外劳工汇款带动的国内消费转变为由本国与外国投资带动的经济增长的艰巨任务。菲律宾可以借鉴中国发展经验，由消费需求、投资需求和外部需求"三驾马车"拉动经济持续健康增长。

从一些银行和投资机构做出的比较保守的预测可以看到，世界范围内对菲律宾未来的经济增长都是持乐观态度的。基础设施、农业、旅游业等事关菲律宾国内民众的行业将获得较为长久的发展机遇。因此，中国企业完全可以利用自身在扩大内需实践中总结出来的经验和积累起来的强大实力，投身到与菲律宾的"双赢"合作中去。

第六章 越南发展政策

第一节 越南的基本情况

越南社会主义共和国（英文名：The Socialist Republic of Viet Nam，简称"越南"）面积约33万平方千米，人口9781万，有54个民族，京族占总人口的86.2%，岱依族、傣族、芒族、华人、侬族人口均超过50万。主要语言为越南语（官方语言、通用语言、主要民族语言）。主要宗教为佛教、天主教、和好教与高台教。首都为河内（Ha Noi），面积3340平方千米，人口756万。现任国家元首为阮富仲（Nguyen Phu Trong），2018年10月当选。

一、政治发展简况

越南于公元968年成为独立的封建国家，1884年沦为法国保护国，1945年9月2日宣布独立，成立越南民主共和国。同年9月，法国再次入侵越南，越南进行了艰苦的抗法战争。1954年7月，关于恢复印度支那和平的《日内瓦协定》签署，越南北方获得解放，南方仍由法国（后成立由美国扶植的南越政权）统治。1961年起，越南开始进行抗美救国战争，1973年1月越、美在巴黎签订关于在越南结束战争、恢复和平的协定，美军陆续从南方撤走。1975年5月，越南南方全部解放，1976年4月选出统一的国会，7月宣布全国统一，定国名为越南社会主义共和国。

1986年，越南共产党第六次全国代表大会提出"革新"路线。大会确立了"按照市场机制运行的、由国家管理的、坚持社会主义方向的、多种成分的商品经济"的改革发展总路线。导入市场经济和对外开放政策，越南长期以来对外封闭的情况改变了，向世界开放，人民的生活水平大幅度提高，国际上的形象得以改善，越南进入经济高速发展时期。

2011年1月召开的越共十一大总结了革新25年、《社会主义过渡时期国家建设纲领》实施20年、《2001—2010年经济社会发展战略》落实10年来的理论和实践，讨论并通过了经补充和修改完善的《社会主义过渡时期国家建设纲领》，通过《2011—2020年经济社会发展战略》，补充和修改党章，并提出要继续提高党的领导能力和战斗力，发挥全民族的力量，全面推进革新事业，为到2020年把越南基本建设成迈向现代化的工业国奠定基础。

2016年1月召开的越共十二大总结了革新30周年、《社会主义过渡时期国家建设纲领》（2011年补充案）实施5年、《2011—2020年经济社会发展战略》落实5年来的理论和实践，通过《2016—2020年社会经济发展方向和任务》等纲领性文件，提出要加强建设廉洁、稳健的越南共产党，发挥全民族力量和发扬社会主义民主，全面、同步推进革新事业，牢牢捍卫国家权益，维护和平、稳定的环境，力争早日将越南基本建设成迈向现代化的工业国。

二、经济发展简况

越南系发展中国家，1986年开始实行革新开放。1996年越共八大提出要大力推进国家工业化、现代化。2001年越共九大确定建立社会主义定向的市场经济体制，并确定了三大经济战略重点，即以工业化和现代化为中心，发展多种经济成分，发挥国有经济主导地位，建立市场经济的配套管理体制。2006年越共十大提出发挥全民族力量，全面推进革新事业，使越南早日摆脱欠发达状况。2016年越共十二大通过了《2016—2020年经济社会发展战略》，提出2016—2020年经济年均增速达到6.5%—7%，至

2020年人均GDP增至3200—3500美元。

革新开放以来，越南经济保持较快增长，经济总量不断扩大，三产结构趋向协调，对外开放水平不断提高，基本形成以国有经济为主导、多种经济成分共同发展的格局。2018年越南财政收支基本完成计划，财政总收入1240万亿越盾，财政总支出1219.5万亿越盾。2019年国内生产总值为2449.5亿美元，人均国内生产总值为2587美元，年度增长率为7.08%。

三、主要经济部门

越南矿产资源丰富，种类多样，主要有煤、铁、钛、锰、铬、铝、锡、磷等，其中煤、铁、铝储量较大。越南有6845种海洋生物，其中鱼类2000种、蟹类300种、贝类300种、虾类75种。森林面积约为10万平方千米。

2018年，越南工业生产指数增长10.2%。主要工业产品有煤炭、原油、天然气、液化气、水产品等。

越南是传统农业国，农业人口约占总人口的75%。耕地及林地占总面积的60%。粮食作物包括稻米、玉米、马铃薯、番薯和木薯等，经济作物主要有咖啡、橡胶、胡椒、茶叶、花生、甘蔗等。2018年越南农林渔业总产值占国内生产总值的比重为14.57%，比2017年增长3.76%，其中农业、林业、渔业产值分别增长2.89%、6.01%、6.46%。

近年越南服务业保持较快增长，2018年商品零售和服务业消费额同比增长11.7%。

越南旅游资源丰富，下龙湾等多处风景名胜被联合国教科文组织列为世界自然和文化遗产。近年来旅游业增长迅速，经济效益显著。2018年接待国外游客约1550万人次，比上年增长19.9%。主要客源国（地区）为中国、韩国、日本、美国、台湾地区、马来西亚、澳大利亚、泰国、法国。主要旅游景点有河内市的还剑湖、胡志明陵墓、文庙、巴亭广场，胡志明市的统一宫、芽龙港口、莲潭公园、古芝地道以及广宁省的下龙湾等。

近年来，越南交通运输业经过重组，服务质量得以提高，取得较好的经济效益。2018年客运量约46.4亿人次，比上年增长10.7%，货运量16.3亿吨，比上年增长10%。

越南与世界上150多个国家和地区有贸易关系，近年来对外贸易保持高速增长，对拉动经济发展起到重要作用。2018年货物进出口贸易总额约为4822亿美元，其中出口额2447亿美元，增长13.8%；进口额2375亿美元，增长11.5%。2019年第一季度，出口额约585.1亿美元，同比增长4.7%；进口额579.8亿美元，同比增长8.9%。2019年前11个月，出口额约2414亿美元，同比增长7.8%；进口额2323亿美元，同比增长7.4%。

越南主要贸易对象为中国、美国、欧盟、东盟、日本、韩国。主要出口商品有原油、服装及纺织品、水产品、鞋类、大米、木材、电子产品、咖啡。主要出口市场为欧盟、美国、东盟、日本、中国。主要进口商品有汽车、机械设备及零件、成品油、钢材、纺织原料、电子产品和零件。主要进口市场为中国、东盟、韩国、日本、欧盟、美国。

四、宏观经济管理

建国之初，越南农业经济落后，工业基础薄弱，经济发展缓慢，为了改变贫穷、落后的局面，越南在经济、政治、外交方面出台了一系列革新政策。经过30多年的努力，越南在上述方面都得显著成就，进入快速发展的新时代。

（一）探索阶段（1986—1990年）

1986年召开的越共六大明确提出把工作重心转移到经济建设上来，主要经济管理政策包括：第一，继续完善农业生产中的包干制；第二，取消大部分计划指令指标，把生产经营自主权真正交给国有企业；第三，承认所有经营集体、个人的合法地位，不分所有权的来历，法律面前人人平等，具有平等参与市场竞争的权利；第四，取消关于干部、工作人员及其家庭的粮食、必需品供给制，对工资进行价格补贴；第五，取消国营企业有关生产资料的供给制；第六，将银行的职能转为经营活动，把短期信用贷款利率提高到接近通胀指数，把越南货币对其他货币的正式兑换比价提高到接近市场比价；第七，改革信用供给制，发展商业信用，放松对外汇及黄金的管制；第八，进一步重组进出口力量，以期进一步发展进出口贸易；第九，颁布外国投资法，展开对外活动以吸引外资。

越南实施革新政策之后，经济得到改善，人民生活水平得到提高，通货膨胀基本得到控制，商品出口增加，贸易逆差大幅缩小。但是，这些政策在实施的过程中遭遇各方面的压力，政策体系也未建立并完善，越南革新开放仍处于探索阶段，需要进一步巩固与完善。

（二）起步阶段（1991—1995年）

1991年，越共七大就越南政治、经济和外交方面的政策做了较大的调整和改变。经济改革方面提出要充分挖掘多种所有制经济共存条件下的巨大潜能，鼓励投资发展私营企业，增加私营经济在国家经济成分中的比重，同时将经济由国家统一监督管理向市场经济体制转变；在商业领域取消了国家的监管，尤其是废除检查站制，将国家统一定价转变为市场自主定价。

越共七大后，通过革新开放，越南取得显著的成就。1991—1996年越南国内生产总值年均增长8.2%，1995年粮食产量达到2750万公斤。1995年底，外国直接投资项目协议总额达190多亿美元，其中近1/3是实际完成投资。通货膨胀率从1991年的67.1%下降为1995年的12.7%。截至1995年底，越南已经与100多个国家和地区进行贸易往来，吸收了50个国家和地区的公司对其进行的直接投资。许多政府和国际组织向越南提供无偿援助和发展基金等。通过这个阶段的努力，越南成功摆脱了经济和社会危机，为实现工业化做好了准备。

（三）全面深化阶段（1996—2005年）

1996年，越共八大总结了越南革新开放10年来的经验教训，同时明确了继续全面、深入推进革新开放的路线，表明越南开始进入推进国家工业化、现代化的新时期。1997—2000年，受到亚洲金融危机影响，越南经济增速开始出现下滑。为了走出金融危机的阴霾，越南出台了一系列政策措施，旨在进一步推进革新开放，恢复经济增长态势。这一系列政策给越南经济带来起色。越南农业持续增长，维持了经济、社会的基本稳定；工业上虽然面临重重困难，但也取得一定的进展；国际贸易方面，越南进出口规模逐年扩大，进口额年均增长率约为13%。通过这几年的发展，越南经济结构得到优化。

2001年，越共九大提出"社会主义定向市场经济"的概念，并明确社会主义定向市场经济为越南新的经济发展模式。会议提出建设配套社会主义定方向市场经济体制的系统，拓展国内外市场，大力发展教育和培训、科学和技术。进行行政革新，建设高效的行政系统、强大的国家机构。这一时期的革新政策使得越南较好地完成2001—2005年的计划目标，农业、工业、服务业都在稳定增长，经济结构进一步优化。在这一时期，越南革新开放在各个领域逐步全面铺开，越南经济社会发生了巨大变化，这一阶段是越南社会主义革新的全面深化发展阶段。

（四）高速发展阶段（2006年至今）

2006年，越共十大进一步强调"必须发展社会主义定向的市场经济"，明确了四项基本内容：一是明确国民经济的社会主义方向；二是强化政府职能并提高管理水平；三是发展各种基本市场业务，且引导其按照健康竞争的机制运行；四是促进各经济成分和经营组织模式的发展。越共九大和十大就坚持和发展社会主义定向市场经济提出一些新的革新思想，出台了许多新的革新举措。

2011年，越共十一大总结了越南革新开放25年、《社会主义过渡时期国家建设纲领》实施20年、《2001—2010年经济社会发展战略》落实10年来的理论和实践，讨论并通过了经补充和修改完善的《社会主义过渡时期国家建设纲领》，通过了《2011—2020年经济社会发展战略》，并提出要继续提高党的领导能力和战斗力，发挥全民族的力量，全面推进革新事业，为到2020年把越南基本建设成迈向现代化的工业国奠定基础。

2016年，越共十二大总结了越南革新开放30周年、《社会主义过渡时期国家建设纲领》（2011年补充案）实施5年、《2011—2020年经济社会发展战略》落实5年来的理论和实践，通过了《2016—2020年社会经济发展方向和任务》等纲领性文件，提出要加强建设廉洁、稳健的越南共产党，发挥全民族力量和发扬社会主义民主，全面、同步推进革新事业，牢牢捍卫国家权益，维护和平、稳定环境，力争早日将越南基本建设成迈向现代化的工业国。

在这一阶段，越南的经济革新取得不俗的成绩。2006年11月7日，越南正式加入世界贸易组织，成为第150个成员国。受2008年全球金融危机影响，越南一度经济增长乏力，后政府出台了多项刺激措施，经济逐步恢复并保持了较好发展势头。最近两年，越南国内生产总值每年增长率都保持在7%左右，产业结构得到一定程度的优化，经济增长质量也得到较大改善，全要素生产率对国内生产总值的增长贡献率达40%以上。

第二节　越南发展政策体系

一、投资政策

（一）投资法律体系

越南与投资有关的法律制度主要包括《投资法》《民法》《海关法》《税法》《企业法》《银行法》《保险法》《劳动法》《统计法》和《会计法》，其中最重要的投资法律制度是《投资法》。

1987年，越南制定了《外国投资法》，用于规范在越南进行投资的外国资金，并分别于1990年、1992年、1996年及2000年对《外国投资法》进行了修订。2000年越南政府发布了《外国投资法实施细则》。2005年，为了适应加入世界贸易组织后的新情况，越南制定并实施了现行的越南《投资法》，取代之前实施的《外国投资法》，对外国投资行为和越南国内投资行为进行了统一规定，并于2006年制定了《投资法实施细则》。

《民法》规定了越南的自然人之间、法人之间以及自然人与法人之间的财产关系，为私有财产提供保护。《投资法》规定了外商在越南投资的项目审批、权利、义务、税收、政策优惠等。《海关法》规定了商品进出越南的原则和方式，以及海关机构和进行商品外贸活动的人的权利与义务等。《竞争法》《企业法》《证券法》和《企业所得税法》对企业并购及外国投资者股权比例、外国投资税收优惠做出明确规定。

（二）投资法律规定

1. 市场准入

越南对外资的准入有比较明确的行业限定，总的来说分为四类：特别鼓励投资的领域、鼓励投资的领域、限制投资的领域以及禁止投资的领域。对于特别鼓励投资的领域与鼓励投资的领域（见表6—1和表6—2），外资准入门槛较低，政府也会给予一定的政策优惠。对于限制投资的领域，则准入门槛较高，外资企业一般较难获得准入资格。而禁止投资的领域是严格禁止外资进入的。

表6—1 越南特别鼓励投资领域一览表

序号	领域	具体行业
1	新材料、新能源的生产；高科技产品的生产；生物技术；信息技术；机械制造；配套工业	复合材料、轻型建材、珍稀材料 高级钢材、合金、特种金属、钢坯 太阳能、风能、生物燃气、地热及海潮等新型能源应用 医疗分析设备生产、医学抽液技术应用、整形设备、残疾人专用车辆及设备生产 应用先进技术和生态技术生产药物达国际GMP标准、抗生素原材料生产 计算机、通信设备、电信、互联网及重点通信技术产品生产 半导体和高科技电子配件生产、软件及数码通信素材生产；软件服务、通信技术研究及通信技术人才培养 精密机械设备生产制造；工业生产安全监控及检测设备生产；工业机器人开发

续表

序号	领域	具体行业
2	种、养及加工农林水产；制盐；培育新的植物和畜禽种类	植护林 荒地、沼泽区域种养农林水产 远洋捕捞作业 物种、树种及家禽种苗培养且经济价值高 盐业生产、开发及精炼
3	应用高科技、现代技术；保护生态环境；高科技研发与培育	在越南未投入使用的新技术和高工艺；生态技术应用 污染处理及环境保护；环保处理、观测及分析设备生产 污水、废气及固体排放物处理及回收再利用 研究、发展和培育新工艺
4	使用5000人以上劳动密集型产业	
5	工业区、出口加工区、高新技术区、经济区及由政府总理批准重要项目的基础设施建设	
6	发展教育、培训、医疗、体育和民族文化事业的项目	投资建设戒毒、戒烟中心 投资成立疫病防御中心 投资建设老年中心、集中救助中心、残疾人看护中心及孤儿院 投资建设现代化教育培训中心和体育场所
7	其他需鼓励的生产和服务项目	25%以上的纯利润用于研究与发展

资料来源：根据商务部组织编写的《对外投资合作国别（地区）指南》（越南）（2019年版）相关资料整理而成。

表6—2　越南鼓励投资领域一览表

序号	领域	具体行业
1	新材料、新能源的生产；高科技产品的生产；生物技术；信息技术；机械制造；配套工业	隔音、隔热、隔电材料；木材替代材料；防火材料；建筑软体材料；特种水泥；玻璃纤维 有色金属、炼钢 金属类及非金属类模具生产 新建电及配送电项目 医疗设备生产；用于天灾人祸、危险疫病药品储备设施建设项目 用于食品卫生检验的设备生产 发展炼油工业 焦煤及活性炭生产 植物保护药物、农药、动物和水产治疗药品 药品及社会疾病防御药材原料生产；破伤风类药品；生物制品；中草药 药品检验检测及研制中心建设 中草药研究中心建设；新药物研制中心建设 电子产品生产 油气、矿产、能源、水泥开发；大型搬运；金属加工；冶金等行业设备及其零配件生产 中、高压电设备及大型发电设备生产 柴油机投资生产；轮船制造及保养；运输及渔船设备和零配件生产；动力、水力及其他抗压设备及零配件生产 设备、车辆、建筑机械设备生产；运输行业技术设备；火车发动机及车身生产 机床、机械设备、零配件、农林机械、食品加工设备、胡椒浇灌设备等 纺织、鞋帽箱包类生产设备
2	种、养及加工农林水产；制盐；培育新的植物和畜禽种类	药材种植 农产品、水产品及食品保鲜 灌装果汁生产 生产及深加工家禽、水产品 为经济作物、造林、饲养、水产品等提供技术服务行业 新树种和物种培植与生产

续表

序号	领域	具体行业
3	应用高科技、现代技术；保护生态环境；高科技研发与培育	石油泄漏处理设备生产 排污、排废处理设备生产 投资建设服务于生产的新技术研究中心、实验中心及研究院
4	使用500—5000人劳动密集型产业	
5	基础设施建设	合作社基础建设及农村生活基础建设 工业区、民间传统手工艺项目基础建设及生产经营 水厂及生活用水、工业用水配送系统建设；排水系统建设 投资建设公路、桥梁、航空港、海港、火车站、汽车站、停车场；新增火车线路 特别艰苦地区和艰苦地区基础建设
6	发展教育、培训、医疗、体育和民族文化事业的项目	教育和培训基础设施建设；投资校舍建设、基础教育、民办教育 成立民办及私人医院 体育场建设；体育场设备生产及维修服务等 成立民族文化中心、民族歌舞团；成立剧院、影视城；经营影视冲印、电影院；民族器乐生产和维修服务；博物馆、民族文化馆、民族艺术院校建设与维护服务等 投资建设国家旅游景点、生态旅游区及公园娱乐设施
7	发展民间传统手工业	
8	其他需鼓励的生产和服务项目	特别鼓励和鼓励投资领域的通信、网络连接服务项目 公共运输服务，包括海运、陆运、铁路运输等 城区生产转移服务 一类市场投资建设；展览中心建设 儿童玩具生产 私人信贷服务 法律咨询、知识产权、工业产权咨询服务 农药原料生产 基础化工原料和清洁化工原料生产、专用化工原料生产、染剂等干洗剂原料生产和化工添加剂生产

续表

序号	领域	具体行业
8	其他需鼓励的生产和服务项目	用国内农林原料生产的纸张、封面、板材；纸浆生产 织布、纺纱材料生产；各种纱线、纤维生产；熟皮料、初加工皮料生产 政府总理审批成立的工业区内所有投资项目

资料来源：根据商务部组织编写的《对外投资合作国别（地区）指南》（越南）（2019年版）相关资料整理而成。

越南限制投资的领域主要包括：对国防、国家安全、社会秩序有影响的项目；财政、金融项目；影响大众健康的项目；文化、通信、报纸、出版等项目；娱乐项目；房地产项目；自然资源的考察、寻找、勘探、开采及生态环境项目；教育和培训项目；法律规定的其他项目。

越南禁止投资的领域主要包括：危害国防、国家安全和公共利益的项目；危害越南文化历史遗迹、道德和风俗的项目；危害人民身体健康、破坏资源和环境的项目；处理从国外输入越南的有毒废弃物、生产有毒化学品或使用国际条约禁用毒素的项目。

2. 优惠政策

越南新的《投资法》对国内和外商投资实行统一管理，取消了之前《外国投资法》所设定的诸多限制，进一步开放市场。取消的限制包括：要求优先购买、使用国内商品和服务，或必须购买国内某一生产厂家的产品和服务；商品或服务出口必须达到一定比例；限制出口商品和服务的种类、数量与价值；商品进口数量和价值与商品出口数量和价值相当，或必须通过自身出口来平衡进口所需外汇；商品生产要达到一定的国产化比例；研发工作要达到一定水平或价值；应在国内外某一具体地点提供商品及服务；总部设在某一具体地点等。

（1）行业鼓励政策。越南鼓励外商直接投资发展高新技术产业，尤其是到高新技术开发区投资建厂。根据规定，入驻高新技术园区的企业应符合以下条件：高科技产品的销售额占营业收入的70%以上；生产技术需达到先进程度；产品可以出口或替代同类进口产品；产品质量达到ISO9000

标准；人均产值达 4 万美元以上等。

为加快人才培养，越南还规定：至少 40% 的企业员工拥有高等学历，并在国外研究机构或现代化生产一线受过业务培训；100% 的中层干部和工人应得到业务和技术培训，其中至少有 5% 的员工需经过国外现代生产线操作培训；科研经费的支出不得低于年营业收入的 2%；对于法定资金超过 1000 万美元的项目，科研和培训经费至少每年达到 20 万美元，人均营业收入需达到 7 万美元（法定资金超过 3000 万美元、员工超过 1000 人的企业除外）等。

具体优惠政策包括：A. 外商投资高新技术产业，可长期适用 10% 的企业所得税税率（园区外高科技项目为 15%，一般性生产项目为 20%—25%），并从盈利之时起，享受 4 年免税和随后 9 年减半征税的优惠政策。B. 在高新技术企业工作的越南籍员工与外籍员工在缴纳个人所得税方面适用同等纳税标准。C. 外国投资者和越南国内投资者适用统一租地价格；投资者可以土地使用权价值及与该土地使用面积相关联的财产做抵押，依法向在越南经营的金融机构贷款；对高新技术研发和高科技人才培训项目，可根据政府规定免缴土地使用租金。D. 在出入境和居留方面，外籍员工及其家属可申请签发与其工作期限相等的多次入境签证；越南政府依据有关法律规定，为外籍员工在居留、租房、购房等方面提供便利条件。E. 投资者可根据其他投资优惠政策法规文件的规定享受最高的优惠政策待遇。

（2）地区鼓励政策。越南政府鼓励投资的行政区域分为经济社会条件特别艰苦地区（A 区）和艰苦地区（B 区）两大类，分别享受特别鼓励优惠及鼓励优惠政策：A. 企业所得税方面，A 区享受 4 年免税优惠（从产生纯利润起计算，最迟不超过 3 年），免税期满后 9 年税率为 5%，接下来 6 年税率为 10%，之后按普通项目征税；B 区享受 2 年免税优惠（从产生纯利润起计算，最迟不超过 3 年），免税期满后 4 年税率为 7.5%，接下来 8 年税率为 15%，之后按普通项目征税。B. 进出口关税方面，A 区免收固定资产进口关税及从投产之日起免收前 5 年原料、物资或半成品进口关税；属出口产品生产加工可免征出口关税或退税。C. 土地酬费方面，租用 A 区土地最长可减免 15 年；B 区最长可减免 11 年。

（3）特殊经济区域的规定。越南实行革新开放以来，非常重视工业区和经济区建设。截至2019年10月，越南共有工业区327个，占地面积961平方千米；工业用地约达657平方千米，占68.4%。其中，已经投入使用的工业区共256个，71个工业区正在开展拆迁补偿工作，企业入住率达近75%。此外，越南全国共有17个沿海经济区，占地面积和水面面积达8450平方千米。越南全国工业区、经济区共吸引劳动者近370万人。2019年前9个月，各工业区和经济区已吸引外国直接投资项目397个，注册资金约101亿美元。

越南工业区、出口加工区对外资企业实行一定的优惠税收政策。但2009年越南新的《所得税法》实施以来，园区内企业所得税与园区外一致，优惠政策均以2005年颁布的鼓励与特别鼓励项目以及艰苦和特别艰苦地区为优惠依据，对工业区吸收外资产生很大影响。

越南鼓励在边境地区建设口岸经济区，中央和地方政府在口岸经济区建设过程中提供土地、税收和资金方面的支持，目的是促进地方经济社会发展，维护边疆稳定和安全。1996年，越南试点在广宁省芒街市建立口岸经济区，随后分别在谅山省同登市和老街省老街市建立口岸经济区。迄今为止，越南25个边境省份（分别与中国、老挝和柬埔寨接壤）中已有21个建立了口岸经济区。

口岸经济区享受以下优惠政策：政府优先考虑利用外国政府和国际组织提供的官方发展援助促进口岸经济区基础设施建设，同时鼓励外商以BOT、BT和BTO等方式参与基础设施建设；在口岸经济区投资的项目，可享受所得税4免9减半、之后连续10年减10%的优惠；在口岸经济区工作的外国人，可免50%的个人所得税；接壤国家公民持因私护照（按规定应办理签证）可免签进入口岸经济区并停留15天；接壤国家的货车可进入口岸经济区，在区内交接货物。

3. 投资方式

根据越南《投资法》，外国投资者可选择投资领域、投资形式、融资渠道、投资地点和规模、投资伙伴及投资项目活动期限。外国投资者可登记注册经营一个或多个行业；根据法律规定成立企业；自主决定已登记注册的投资经营活动。

直接投资方式包括：外商独资企业；成立与当地投资商合资的企业；按 BOO、BOT、BTO 和 BT 合同方式进行投资；通过购买股份或融资方式参与投资活动管理；通过合并、并购当地企业的方式投资；其他直接投资方式。

间接投资方式包括：购买股份、股票、债券和其他有价证券；通过证券投资基金进行投资；通过其他中介金融机构进行投资；通过对当地企业和个人的股份、股票、债券和其他有价证券进行买卖的方式投资。间接投资的手续根据《证券法》和其他相关法律的规定办理。

4. 投资主管部门

越南主管投资的政府部门是计划投资部，设有 31 个司局和研究院，主要负责对全国"计划和投资"的管理，为制定全国经济社会发展规划和经济管理政策提供综合参考，负责管理国内外投资、工业区和出口加工区建设，牵头管理对官方发展援助（ODA）的使用，负责管理部分项目的招投标，各个经济区、企业的成立和发展，集体经济和合作社及部分统计职责等。

二、贸易政策

（一）贸易主管部门

越南主管贸易的部门是工业贸易部，设有 36 个司局和研究院，负责全国的工业生产（包括机械、冶金、电力、能源、油气、矿产及食品、日用消费品等行业的生产）、国内贸易、对外贸易、WTO 事务、自由贸易区谈判等。

（二）贸易法规体系

越南的主要贸易法律法规包括：《贸易法》《民法》《投资法》《电子交易法》《海关法》《进出口税法》《知识产权法》《信息技术法》《反倾销法》《反补贴法》《企业法》《会计法》和《统计法》等。外商在越南投资建立独资、合资和合作经营企业，建立贸易公司和分销机构等都有明确法律规定。

(三) 贸易管理相关规定

根据加入世界贸易组织时的承诺，越南应逐步取消进口配额限制，基本按照市场原则管理。禁止进口的商品主要包括：武器、弹药、除工业用以外的易燃易爆物、毒品、有毒化学品、军事技术设备、麻醉剂、部分儿童玩具、规定禁止发行和散布的文化品、各类爆竹（交通运输部批准用于安全航海用途的除外）、烟草制品、二手消费品（纺织品、鞋类、衣物、电子产品、制冷设备、家用电器、医疗设备、室内装饰）、二手通信设备、右舵驾驶机动车、二手物资、低于30马力的二手内燃机、含有石棉的产品和材料、各类专用密码及各种密码软件等。

关于出口，越南主要采取出口禁令、出口关税、数量限制等措施管理。禁止出口的商品主要包括：武器、弹药、爆炸物和军事装备器材、毒品、有毒化学品、古玩、伐自国内天然林的圆木、锯材、来源为国内天然林的木材、木炭、野生动物和珍稀动物、用于保护国家秘密的专用密码和密码软件等。

越南科学技术部2012年9月颁布了关于进口中国机械设备的新规定。规定称，暂停进口中国2255家企业淘汰的18个领域的落后技术和设备，包括：钢铁、合金、炼煤、铜、铅、锌、电解铝、冶炼、化纤、水泥、平板玻璃、造纸、酒及酒精、味精、熟皮、柠檬酸印染等生产行业二手设备。从2012年9月15日起，越南海关总局只允许经由科学技术部确认不属于暂停进口范围的中国产二手设备通关。

(四) 进出口商品检验检疫

越南进出口商品检验检疫工作根据不同商品种类由不同部门负责，食品和药品检验由卫生部负责，动植物和其他农产品检验由农业与农村发展部负责。

（五）海关管理规章制度

越南现行关税制度包括4种税率：普通税率、最惠国税率、东盟自由贸易区税率及中国—东盟自由贸易区优惠税率。普通税率比最惠国税率高50%，适用于未与越南建立正常贸易关系国家的进口产品。原产于中国的商品享受中国—东盟自贸区优惠税率。根据中国—东盟自贸区货物贸易协议，从2011年始，越南将对从中国进口的商品每两年削减一次进口关税；到2015年，除少量敏感产品外，将对95%以上的商品征收零关税。

三、税收政策

（一）税收制度和体系

国家税务局和海关是财政部领导下的两个负责税款征收的直属机构，海关负责关税的征收，国家税务局负责国内税收的征收。越南没有中央税和地方税之分。外国投资企业和越南内资企业都采用统一的税收标准，对于不同领域的项目实施不同的税率和减免税期限。

越南现行的税收法律法规设有以下税费：增值税、特别消费税、企业所得税、高收入人群个人所得税、非农业用地使用税、土地使用权转让税、农业土地使用税、房屋土地税、资源税、印花税、进出口税、土地使用附加费等。

（二）主要赋税和税率

1. 企业所得税

企业所得税的纳税人分为居民企业和非居民企业。企业所得税法对常设机构做出规定。外商在越南投资必须得到有关当局批准且取得营业执照，而取得企业所得税纳税人身份是获得批准的手续之一。居民纳税人身份与外汇管制和税收协定相关。居民企业应当就其来源于全世界的经营所得纳税，非居民企业仅就来源于越南的经营所得纳税。

2014年1月1日起，越南企业所得税由25%下调至22%；2016年1月1日起，一般税率再次下调到20%，原优惠税率从20%下调至17%。2019年3月，越南财政部在提交国会审批的税务草案中提出一些企业所得税扶持政策，旨在支持国内各家中小型企业更好地发展，具体是建议将企业所得税从20%下调至15%—17%。

其中，对于年均收入低于30亿越南盾及参加社会保险的劳动者数量不超过10名的企业，将采取15%的税率；对于年均收入从30亿越南盾至500亿越南盾及参加社会保险的劳动者数量不超过100名的企业，将采取17%的税率。另外，从个体经营户转化成公司的企业，在开始纳税后的两年内将免征企业所得税。免税期间后，在享受优惠关税的行业中运营的各家企业将继续按照法律相关规定享受优惠的税率（包括优惠关税或免税、减税等）。在税务减免期间结束之后，这些企业将按照越南《企业所得税法》的规定缴纳企业所得税。

2. 个人所得税

越南个人所得税纳税人分为居民纳税人和非居民纳税人。一年中在越南居住和工作时间满183天的外国人，为居民纳税人，按累进税率纳税；一年中在越南居住和工作不满183天的外国人，则为非居民纳税人，按单一税率纳税。居民纳税人应当就来源于全世界的收入纳税。非居民外国人仅就来源于越南的收入纳税，第一年适用25%的税率，以后各年度适用外国居民应征税率。与越南签订避免双重征税协定的国家，其居民如果属于越南非居民纳税人并符合一定条件，可免缴个人所得税。

3. 增值税

越南对商品和服务的增值金额征税，在越南设立的内资和外资盈利性机构都应当缴纳增值税。自2004年1月1日起，根据商品和服务种类，增值税适用5%和10%（标准税率）两种税率。针对加工制造业产品出口和劳务出口，免征增值税。进口环节增值税优惠政策自2004年1月1日起取消。

4. 印花税

印花税是越南对各种性质企业每年必收的费用，以企业注册资金为依据。注册资金在 100 亿越南盾（约合 50 万美元）以上征收 300 万越南盾（约合 150 美元）；50 亿—100 亿越南盾（合 25 万—50 万美元）征收 200 万越南盾（约合 100 美元）；20 亿—50 亿越南盾（合 10 万—25 万美元）征 150 万越南盾（约合 75 美元）；20 亿越南盾（约合 10 万美元）以下征收 100 万越南盾（约合 50 美元）。新成立企业在上半年完成税务登记并获得税号将按全年征收印花税，下半年则按 50% 缴纳。

四、土地政策

（一）《土地法》主要内容

越南 1987 年出台首部《土地法》，1993 年出台第二部《土地法》，1998 年和 2001 年两次对第二部《土地法》进行修改和补充，2003 年颁布了第三部《土地法》。

越南现行《土地法》于 2013 年 11 月 29 日颁布施行。该法规定，土地所有权属于国家，不承认私人拥有土地所有权，但集体和个人可对国有的土地享有使用权。国家统一管理土地，制定土地使用规章制度，规定土地使用者的权利和义务。土地使用期限分为长期稳定使用和有期限使用两种情况。对于有期限使用的土地，其使用期限分为 5 年、20 年、50 年、70 年、90 年不等。

土地使用者的基本权利是：获得土地使用权证明；享有土地上的劳动成果、投资结果；享有国家对农用地采取保护、改造措施带来的利益；国家指导帮助改造农用地，增加地力；当自己合法的土地使用权受到侵犯时，国家予以保护；对于侵犯自己合法使用权的行为可起诉、控告；在土地出让、转让、出租、再出租、继承、赠送、抵押、担保、投资以及国家收回土地时，享有获得补偿的权利；享有土地分配、租用形式上的选择权。

公民、家庭户的土地使用权是一项重要财产权利，可以和其他财产权利一样进行交换、转让、抵押、租赁和继承等转移。土地使用权的转移必须在国家主管部门办理相关手续。土地使用权的转让主要通过交换、买卖、租赁或抵押等方式进行，按规定须交纳土地使用权转让税。

(二) 外资企业获得土地的规定

按照越南现行法律规定，外国投资者不能在越南购买土地，但可租赁土地并获得土地使用权，使用期限一般为50年，特殊情况可申请延期，但最长不超过70年。

外国投资者需要租赁土地进行投资时，可与项目所在地的土地管理部门联系，办理土地交接和租用手续，土地交接和租用手续根据《土地法》的相关规定办理。投资者租用土地，当地政府部门可协助进行征地拆迁，但补偿费用由投资者负责。投资者获得土地使用权后，如在规定期限内未实施项目，或土地使用情况与批准内容不符，国家有权收回土地，并撤销其投资许可证。

五、劳动政策

(一)《劳动法》主要内容

1995年1月1日，越南《劳动法》实施。2012年6月18日，越南颁布新《劳动法》。该法规定劳务合同应包括工种、工作时间、工作场所、休息时间、薪资、合同期限、劳动安全、劳动卫生、社会保险等内容。

技术性工作的试用期不超过60天，一般性工作的试用期不超过30天，临时性工作的试用期不超过6天。试用期薪资不少于正式录用薪资的85%，试用期内，双方可对合同进行修改和补充。

该法规定，工作时间超过3个月和无期限的合同，须办理强制性社会保险。劳工因工受伤，雇主须支付医疗费，如未投保，也按社会保险条件支付赔偿。

业主单方终止劳务合同时，应事先通报劳动者，通报时间要求如下：无期限合同提前45天；1年至3年合同提前30天；1年以下期限合同提前3天。辞退工人时，业主须按每年半个月工资及奖金支付标准补偿。

（二）外资企业雇佣当地劳动力相关规定

根据越南《投资法》和越南《外资企业劳动法》的有关规定，外资企业可以通过中介机构录用当地劳动力，并可根据生产需要及有关法律规定增减劳动力数量；劳资双方需签署劳动合同。

合同内容应包括工作内容、工作地点、工作时间、休息时间、薪金、合同期限、劳动卫生、社会保障、保险等；企业因变更生产经营而裁减已工作12个月以上的工人，应组织相关培训，以便被裁减工人寻求新的工作岗位。如无法安排培训，应支付不低于2个月薪水的遣散费；若企业被并购，则新的企业主应根据劳动合同继续履行相关义务；在劳动合同执行过程中，任何一方需修改合同内容，应提前3天告知另一方；企业要求员工加班，应根据规定支付加班费；企业应根据生产效益情况给员工发放奖金；员工社会基金来源包括企业交纳工资总额的15%、员工交纳工资额的5%、政府补贴、基金本身收入及其他来源；劳资双方出现纠纷时，由双方通过协商解决。如无法协商解决，则提交法院处理；企业应为工会的成立创造便利条件。

（三）外国人在当地工作的规定

在越南工作3个月以上外籍劳务人员须向所在省（直辖市）劳动部门申请劳动许可证。外籍人员在越南工作的条件包括：年满18岁；身体状况符合工作要求，提供健康证明；具高技术水平、在行业及管理方面具有丰富经验，此类人员的技术水平、管理经验等资质须有该人员所在国主管部门颁发的认证书；无犯罪记录由所在国当地公安部门开具证明；有越南职能部门颁发的3个月以上劳动许可证，申办劳动许可证时，申请人须向当地劳动伤兵社会厅提交经所在国公证机关公证、所在国外交部及越南驻所在国使馆认证的健康证明、专业技术证书及无犯罪记录证明等资料。

无须办理劳动证的人员应符合下列要求：工作期在3个月以下；公司董事会成员、总经理、副总经理、经理、副经理；驻越南代表处代表、分公司领导；已取得越南司法部颁发的行业许可的律师。

越南劳动荣军与社会部2014年2月颁发的《关于外国人在越南就业管理规定实施细则》规定：雇主（承包商除外）应按规定在拟雇佣外国人前至少30天向雇主公司所在地劳动荣军与社会厅提交外籍劳务雇佣需求书面报告，报告内容包括工作岗位、外国人聘用人数、专业水平、工作经验、工资水平、工作期限等。若有变化，雇主应在拟招聘或聘用新人替代前至少30天向雇主公司所在地劳动荣军与社会厅提交外籍劳务雇佣需求调整（书面）报告。劳动荣军与社会厅应在收到雇主的外籍劳务雇佣需求报告或其调整报告后，15天内将其决定向雇主反馈。

六、金融政策

（一）外汇管理规定

外汇管理方面，外国投资者可根据越南外汇管理规定，在越南金融机构开设越南盾或外汇账户。如需在国外银行开设账户，需经越南国家银行批准。外国投资者可向从事外汇经营的金融机构购买外汇，以满足项目往来交易、资金交易及其他交易的需求。如外汇金融机构不能满足投资者的需要，政府将根据项目情况解决其外汇平衡问题。越南海关规定，出入境时如携带5000美元或其他等值外币、1500万越南盾以上现金、300克以上黄金等必须申报，否则超出部分将按越南海关有关规定进行处罚。

（二）外资企业参与证券交易规定

越南共有两家证券交易中心，即2000年7月28日开业的胡志明市证券交易所和2005年3月8日开业的河内证券交易中心。2006年6月，越南政府出台《证券法》并于2007年1月1日起开始实施，旨在为证券交易提供较完善的法制环境，使证券市场得到进一步规范。目前，除金融、银行、电信等少数有限制的领域外，越南逐步取消外国个人和企业参与证券交易的限制，包括先前规定的外国个人和企业在越南上市公司中的股份不得超过30%的限制。此后，越南政府又先后于2015年6月、2016年7月、2017年5月三次颁布法令，进一步放宽了外资投资越南证券市场的限制。

七、知识产权政策

（一）知识产权制度体系

越南主管知识产权的行政部门为隶属于越南科学技术部的知识产权局。目前，越南知识产权立法主要是2005年11月颁布的《知识产权法》和同年颁布的《民法》中关于知识产权的条款。越南是多项知识产权条约和公约的成员国，目前正在完善其国内知识产权保护体系。

（二）专利保护相关规定

关于专利保护，越南共有3种专利保护类型，即发明专利、实用专利、外观设计专利。（1）《民法》第782条规定，发明技术如具有新颖性、创造性并可付诸工业应用，则可授予专利权，保护期限为自申请之日起20年。（2）《民法》第783条规定，实用技术如具有新颖性并可付诸工业应用，则可授予专利权，创造性不是实用专利授权的必要条件。实用专利的保护期限为自申请之日起10年。（3）外观设计可以包括产品的线条、三维形状和颜色，或上述任一组合。授予专利权的外观设计应具有新颖性，并可进行工业或手工生产。保护期限为自申请之日起5年，可续展2次，每次可续展5年。

（三）专利侵权相关规定

在专利侵权诉讼中，专利权人可申请执行初步禁令立即制止专利侵权行为。一旦侵权行为被认定成立,专利权人可获得下列任一救济措施:永久性禁令、损害赔偿、侵权所得利益。目前,越南尚未设立不侵权宣告诉讼和针对无理威胁诉讼的救济措施。

《知识产权法》还规定设立"专利侵权评估专家"。国家知识产权局负责对候选人进行专业考核和认证工作,考核范围涉及知识产权法、技术资格和职业技能。专利侵权诉讼中一旦产生纠纷,国家知识产权局或法院将召集这些专家为专利侵权评估提供援助。

八、环境保护政策

(一)环保管理制度体系

越南政府主管环境保护的部门是资源环境部,其主要职责是管理全国土地、环境保护、地质矿产、地图测绘、水资源、水文气象等。越南基础环保法规为《环境保护法》(1999年4月颁布,2005年12月修订,2014年6月第二次修订)、《土地法》等。

(二)环保法律法规基本要点

越南现行《环境保护法》规定,严禁破坏和非法开发自然资源;严禁采用毁灭性的工具和方式开发生物资源;严禁不按环保技术规程运输、掩埋有毒物质、放射性物质、垃圾和其他有害物质;严禁排放未处理达标的垃圾、有毒物质、放射性物质和其他有害物质;严禁将有毒的烟、尘、气体排放到空气中;严禁进口或过境运输垃圾;严禁进口未经检疫的动植物;严禁进口不符合环保标准的机械设备。

目前,越南政府对环境保护日益重视,其国内工程开工前,都必须经过严格的环保核查,环保部门定期对企业的环保情况进行检查,不达标的企业须马上停工整顿并接受处罚。所有生产企业须安装污染控制和处理设备,以确保符合相关的环境标准。此外,越南对部分行业征收环保费,如原油开采需缴纳环保费10万越南盾/吨;天然气开采需缴纳50万越南盾/

立方米，环保费上缴中央财政，用于环保工作支出。

（三）环保评估相关规定

越南国家环境标准体系主要包括周边环境质量和废弃物质排放环保标准。周边环境质量标准包括：各种用途的土地环保标准；各种用途的地表水和地下水环保标准；服务于水产养殖和娱乐项目的沿海水域环保标准；城市和农村居民区空气标准；居民区噪音环保标准。废弃物质排放环保标准包括：生产废水排放、工业气体和固定排放及有毒物质排放的环保标准。

对于国家级或跨省的投资和工程项目，环境评估委员会成员由项目审批部门、政府相关部委、有关省份人民委员会的代表以及相关行业的专家组成；对于省级投资和工程项目，环境评估委员会成员由所有省或直辖市人民委员会和环保部门代表及相关行业专家组成。环境评估结果将作为项目审批的依据之一。

越南资源环境部负责组织对国会、政府和政府总理审批的项目进行环境评估；政府相关部委负责对本部门审批的项目进行环境评估；省人民委员会负责对本省审批的项目进行环境评估。

需要提供环境报告的投资或工程项目包括：国家级重点建设项目；使用自然保护区、国家公园、历史文化遗迹和旅游胜地部分土地的项目；有可能对内河流域、沿海地区和生态保护区造成不良影响的项目；工业区、经济区、高新技术区和出口加工区建设项目；新都市和居民聚集区建设项目；地下水和自然资源大规模开发与利用项目；对环境有较大潜在不良影响的项目。

环境报告主要内容包括：项目具体建设细节；对项目所在地环境状况的总体评价；项目建成后可能对环境造成的影响及具体应对方案；承诺在项目建设和运营过程中采取的环保措施；当地乡一级人民委员会和居民代表的意见等。

九、商务政策

(一) 商务纠纷管理规定

越南解决争议的法律法规相对健全，包括民事诉讼法、行政诉讼法、仲裁法等。越南现行的合同法律制度以《民法》中关于合同的内容为基础。越南订立合同的形式和合同种类与中国相似。当事人签署合同时，须考虑选择适用的法律，包括中国法、越南法、国际条约和国际惯例等。在合同中须明确纠纷处理办法，一般选择第三国仲裁机构进行仲裁。

越南于 1995 年 7 月 28 日签署《承认及执行外国仲裁裁决公约》（简称《纽约公约》），成为该公约成员国。越南认可国际仲裁或外国法院裁决。越南《外国投资法》第 12 条规定：解决外国投资纠纷可选择外国仲裁、国际仲裁或者可由当事双方自行商量成立仲裁小组。与越南管理部门间的纠纷可选择越南仲裁机构或法院，除非与该管理部门另有约定或越南所参加的国际公约另有规定。

目前，与越方纠纷的解决大多通过以下仲裁机构：新加坡国际仲裁中心、美国仲裁协会、国际商会仲裁院、中国国际经济贸易仲裁委员会及香港国际仲裁中心。越南政府总理于 1993 年 4 月 28 日批准成立越南国际仲裁中心。

(二) 反商业贿赂相关规定

2005 年，越南国会批准出台《预防打击贪污腐败法》。2012 年 11 月，越南对该法部分条款进行修改并报国会审议通过。该法的约束对象包括公职人员、越南人民军的专业军人和军官及公安系统的警官和警务人员、国有企业负责人和管理人员、企业国有资金管理者或代表、正在履行公务和任务并具有一定权限的人员。

商业贿赂行为按情节和后果分为违纪违规和犯罪两类。违纪违规系指商业贿赂行为虽违法，但情节和后果尚未构成犯罪，不在刑法处罚范围内，按有关行政法规、部门规章予以惩处的行为。商业贿赂行为触犯了刑法的有关规定，被认定贿赂数额达到"数额较大"和"数额巨大"，后果达到严重程度时则构成犯罪，将按刑法相关规定惩处。构成商业贿赂犯罪的对象是财产性利益，对于财产性利益以外的其他利益，如提供色情服务和高规格接待等，一般不换算、折合为现金，提供或者接受上述利益，不属于给予或者收受财物，一般不认为构成商业贿赂犯罪，将按违纪行为处理。

第三节 越南发展政策成效

一、成效分析

越南革新开放政策效果显著，其已经从经济社会危机和最不发达状态走出来，成为一个中等收入的发展中国家，并且正在大力推进工业化和现代化，积极融入世界。

（一）经济实力显著增强

经过30多年的革新开放，越南的经济实力得到明显提升。过去30年来，越南经济基本保持快速增长。目前，越南国内生产总值增长摆脱了依赖矿产、石油和信贷业的阴影，工业生产总值成倍增加，农、林、渔业也得到长足发展。

农业方面，越南调整了农业经济结构，经济效益明显上升；工业方面，制造业在经济结构中的占比超过三成，尽管越南受到国内外多种不利因素的影响，但以加工制造业为龙头的工业还是保持着较高的增长速度；海洋经济方面，越南海岸线长3269千米，具有发展海洋经济的良好条件。由于国内政策的扶持，加之国际市场旺盛的需求，越南海产捕捞和沿海、近海养殖业发展迅猛，创造了大量的外汇。得益于国内比较稳定的政治和社会治安环境，越南海洋旅游业迎来重大发展机遇，为越南经济社会的发展和人民生活水平的提高做出重大贡献；财政金融方面，宏观经济运行良好，经济增长渐入佳境。

革新开放 30 年来，越南经济经历了漫长的调整与复苏。近几年，越南经济显现复苏迹象，2018 年和 2019 年的经济增速更是创 10 年来的新高。通货膨胀率连续 5 年控制在 5% 以内。在世界银行公布的最新的营商环境指数中，越南排在第 68 位，比上一年度上升 14 位。营商环境的改善使得越南成为重要的外资目的地国，在吸引外资方面进入另一个高增长期。

（二）政治局势保持稳定

政治方面，越共十大以来，党内民主和社会民主不断得到加强，在选举、信息公开、质询制度等方面有较为突出的表现。越南国会和越南祖国统一阵线（越南的统一战线和政治协商组织）发挥的作用越来越大，在处理好党政关系和发挥人民群众当家做主方面发挥了重要作用。越南国会、国家领导层更替平稳，工作成绩显现。越南共产党关于国会、国家领导层建议人选的战略意图得以实现，国会、国家领导层更替和国会及各级人民代表选举工作按计划和法律规定程序完成。越共和国家层面加强对社会主义方向市场经济的领导和管理，为经济的较高增长打下了良好的基础。

反腐方面，越共党纪执行和反腐工作取得令人瞩目的成果。2012 年 11 月越南国会通过的《防治贪污腐败法》（修正案）规定，越南国家公职人员必须填报个人财产申报表，并在一定范围内公示，使得国家公职人员财产和收入申报变得更加严肃和有法可依。越共整顿党纪和反腐败的决心大、动作大，追究党纪和法律责任速度明显加快，受到查处的领导干部明显比过去增多，查处的腐败分子级别也比过去更高。

（三）外交和外贸成绩斐然

革新以来，越南逐渐改变其"一边倒"的对外路线，按照多样化、全方位的原则不断调整其外交政策，积极主动融入全球化进程。越南从革新前一个封闭和被封锁的国家，到目前已经与 190 多个国家和地区建立了外交或经贸关系，在国际和地区的影响力不断提高。30 多年革新也是越南经济广泛深入融入国际的过程，形式更加多样化，符合全球市场的原则和标准。

越南积极参加东盟经济共同体，并按照加入世界贸易组织的承诺不断完善国内市场。至今，已有59个国家承认越南的市场经济地位，其中包括一些主要贸易伙伴。越南自2007年加入世界贸易组织后，进出口总额增长了3倍。世界贸易组织的数据显示，越南货物贸易出口总额世界排名由2007年的第50位提升至2016年的第26位，货物贸易进口总额世界排名由2007年的第41位提升至2016年的第25位。越南的企业尤其是外资企业已经日益深入地参与到全球价值链之中。

（四）文化和社会建设取得显著成果

历经30多年革新，越南的经济增长与社会进步平行发展，在科技、教育、文化、医疗卫生以及体育方面取得巨大进展。

科技方面，越南政府确定了科技发展的方略，先后出台相关法律和政策，为科技的稳步发展提供了坚实的法律保障，并鼓励和支持对高新技术的研究与应用，积极开展对外科技交流与合作，进一步推动越南的科技进步与创新，促进经济的快速发展。

教育方面，越南的基础教育稳步发展，大力开展大学生创新创业活动；重视教育培训、职业培训及人力资源开发；积极开展对外教育交流与合作，促进越南教育事业标准化、现代化与社会化。目前，越南有公立高等院校170所、非公立高等院校65所。除了大力提高国内的办学水平、教育质量，越南还与美国、俄罗斯、爱尔兰等国开展教育合作，旨在培养国际化人才。

文化方面，越南进一步加强对国家级非物质文化遗产的保护利用和设施建设，扎实推进文物保护各项重点工作；加强越南本土文化的宣传工作；积极推动文化外交活动机制化，进一步推进"一带一路"沿线国家文化贸易的发展。同时，还积极开展国际文化交流活动，与老挝、印度、韩国、俄罗斯、柬埔寨、中国等国进行文化交流，加强了国家之间的友谊，提升了越南文化在世界的影响力。

医疗卫生方面,越南卫生部门坚持将医疗卫生领域的投入与经济可持续发展相结合,全国医疗保险覆盖率进一步提高,预计2020年全国医疗保险覆盖率有望达到100%。同时,越南卫生部门继续加强医疗领域的国际合作。

二、合作建议

(一) 当前越南政府工作重心

1. 注重经济发展

巩固宏观经济,实施严格的财政政策,继续推进公共投资、国有企业以及信贷机构重整改组,促进加工业、制造业、高科技农业、信息技术、旅游业等产业发展,采取有力措施提高国家的营商环境、竞争力、投资者保护和跨境贸易等排名。

2. 社会文化发展与经济发展同步

所有中央部门和地方政府应在越共党中央关于改革薪资、社会保险和医疗项目的决议实施之前做好准备。

3. 加强资源和环境管理

采取措施应对气候变化和自然灾害,修订《土地法》,对违反土地管理和采掘活动规定的行为进行更严格的控制和更严厉的惩罚,呼吁采取"全面解决方案"处理农村地区、高密度居住区和三角洲地区的垃圾,加快实施预防和减轻自然灾害后果和应对气候变化的项目,特别是针对湄公河三角洲、中部沿海地区、西原地区和西北地区。

4. 加强行政改革

加快电子政务建设,更严格地执行反腐败法,创造无腐败的环境,促进无现金交易,增加公共行政和干部选拔的透明度。

5. 继续巩固国家安全和秩序

通过积极措施来遏制"敌对势力",确保国防和安全,以推动国家社会经济和文化发展。公安机关将重点打击如贩毒、盗窃团伙，以及高科技犯罪活动和放高利贷等有组织犯罪。

6. 加强公众媒体宣传工作，以创造"社会共识"

滥用信息自由和言论自由、损害国家利益和公民利益的人，将受到惩罚。

（二）潜在投资合作领域

1. 现代化农业和食品

农产品占越南出口额的20%，越南农业有巨大的现代化潜力。农业是劳动力密集型产业，而越南的劳动力成本非常低。越南在农业领域实行低税率制度，生产、制造农产品的税率只有15%（其他行业的税率一般为20%）。因此，中国的农产品企业可以考虑在越南进行投资、生产。

2. 商业生产外包

近几年，信息与通信技术在越南发展迅速，每年大概有4万名IT毕业生进入职场。越南政府正在鼓励居民更多地使用英语。重点关注地域可考虑岘港（岘港高科技产业园）、河内（河内IT集中产业园）和胡志明市（光中软件城）。

3. 太阳能和风能

越南的地理位置和气候为太阳能和风能产业提供了非常有利的条件，67%的陆地适用于太阳能电子光伏系统，很多沿海地区和山区都可以建风力发电厂。越南每年有2000—2500小时的日照时间，是全球日照时间最长的国家之一，可投资地域主要为中南部沿海地区和中部山区。

4. 高端酒店和旅游业

旅游业是越南经济增长的重要支撑产业，2016年旅游收入为93亿美元，预计到2027年旅游业的收入将是2016年的2倍。2013—2016年，越南的高端酒店（四星级和五星级酒店）增长了20%。投资城市可重点关注河内和胡志明市。

（三）投资越南面临的风险

当前，越南社会相对稳定，治安总体良好，恐怖活动风险较低，不存在针对外籍人士的重大安全风险，但摩托骑手飞车抢劫、入室偷盗、诈骗等刑事案件仍会发生。越南在人力成本、税收优惠政策、发展势头等方面均有利于投资，但目前仍面临的主要风险包括：社会治安、法律与合规、排外、自然灾害、公共卫生安全、潜在恐怖活动等方面。

同时，越南的政策法律透明度不高，法律基础相对薄弱，以及政府部门行政效率低、执法不严和干预行为难以消除，会给中越经贸关系造成一定负面影响。比如2019年1月，越南工贸部颁布了对中国制造的铝、铝合金或非合金铝、铝棒材及铝型材产品启动反倾销调查的第33号决定。

此外，中国企业在越南投资还将面临较大的环保压力。目前，越南70%的中国投资项目是矿产资源的开发、钢铁、水泥和铝土矿，这些项目对环境的污染较为严重。所以，如何控制投资对环境的污染，以及加大对新科技的应用，是中国企业进入越南市场时非常值得思考的问题。

另外，越南的贸易及交通基础设施仍较为落后，产品配套能力低，交通运输、电力供应等方面有所欠缺，将制约制造业发展；物流业整体竞争力仍较低，物流费用较高；劳动力虽丰富，但缺乏有技能的熟练工人，而且近年来在通胀压力下，罢工潮愈演愈烈，成为外国投资者面临的突出问题之一；而且，缺少资金投资对接"一带一路"基础设施项目。

第七章 缅甸发展政策

第一节 缅甸的基本情况

缅甸联邦共和国（英文名：The Republic of the Union of Myanmar，简称"缅甸"）面积约68万平方千米，人口5390万（2015年），共有135个民族，主要有缅族、克伦族、掸族、克钦族、钦族、克耶族、孟族和若开族等，缅族约占总人口的65%。官方语言为缅甸语，各少数民族均有自己的语言，其中克钦族、克伦族、掸族和孟族等民族有文字。全国85%以上的人信奉佛教，约8%的人信奉伊斯兰教。首都为内比都（Nay Pyi Taw），与缅甸有外交关系的国家将使馆设在仰光。现任国家元首为总统温敏（U Win Myint），2018年3月30日宣誓就职。

一、政治发展简况

缅甸于1044年形成统一国家后，经历了蒲甘、东吁和贡榜三个封建王朝。19世纪，英国发动三次侵略战争后占领了缅甸，1886年将缅甸划为英属印度的一个省。1937年缅甸脱离英属印度，直接受英国总督统治，1942年5月被日本占领，1945年3月全国总起义，缅甸光复，但随后被英国重新控制。1948年1月4日，缅脱离英联邦宣布独立，以吴努（U Nw）为首的政府实行多党民主议会制。

1962年3月，缅甸国防军总参谋长奈温（Ne Win）将军发动政变，推翻吴努政府，成立革命委员会。1974年1月，颁布新宪法，成立人民议会，组建了"社会主义纲领党"（简称"纲领党"），奈温任"纲领党"主席，定国名为"缅甸联邦社会主义共和国"。1988年9月，军队接管政权，成立"国家恢复法律与秩序委员会"（后改为"国家和平与发展委员会"，简称"和发委"），改国名为"缅甸联邦"。

2010年11月7日，缅甸举行全国多党民主制大选。据缅甸联邦选举委员会公布的选举结果显示，联邦巩固与发展党（简称"巩发党"）以绝对优势赢得大选，其当选议员约占全部当选议员的76.4%。2011年1月31日，缅甸联邦议会召开首次会议，正式将国名改为"缅甸联邦共和国"，并启用新的国旗和国徽。2月，登盛（Thein Sein）当选为总统。3月30日，登盛宣誓就任，"和发委"正式解散。

2015年11月8日举行新一轮全国大选，昂山素季（Aung San Suu Kyi）领导民盟赢得压倒性胜利。2016年2月，缅甸召开新一届议会，选举温敏为人民院议长，曼温楷丹（Mahn Win Khaing Than）为民族院议长。3月15日，联邦议会选举廷觉（Htin Kyaw）为总统。3月30日，廷觉总统及新政府内阁成员正式宣誓就职，新一届政府于4月1日正式运作。4月6日，昂山素季被任命为国务资政。2018年3月21日，廷觉总统辞职。3月28日，温敏当选总统，并于3月30日宣誓就职。

二、经济发展简况

缅甸拥有良好的发展条件，柚木、石油、宝石等资源丰富，可耕地面积近18.5万平方千米。1948年独立后到1962年实行市场经济，1962年到1988年实行计划经济，1988年后实行市场经济。

（一）1948—1962年市场经济阶段

缅甸长期为英国殖民地，形成围绕稻米种植和加工的产业链。独立后，缅甸于 1948 年制定了《缅甸经济发展两年计划》，可惜因内战的影响而未能实施。1952 年，"国家繁荣会议"通过《国家繁荣计划》，计划通过大米出口换取资金开展工业化建设，后来却因大米出口价格暴跌而于 1956 年不得不提前终止。1956 年和 1961 年相继颁布的《经济发展四年计划》也因国内局势不稳定而没有实施或完成。吴努政府制定的经济计划都以失败告终，缅甸独立之初十余年的宝贵时光没能为日后经济发展提供一个坚实的基础。

（二）1962—1988 年计划经济阶段

1962 年奈温政变上台后，根据执政纲领《缅甸的社会主义道路》建立了一套计划经济体制。自 1963 年起，缅甸政府对工商业领域的外资企业和缅甸人的中小企业进行了大规模的快速国有化，在未进行国有化的领域也加强了统制。在农村实行土地改革，建立了一套小农经营模式，由国家直接控制。从效果来看，政府侧重支持国营生产部门，但国有企业开工率不断下降，农业领域的长期低价收购政策导致农业生产长期不景气。

奈温政府长期实行"自力更生、严守中立"的闭关自立政策，导致缅甸错失了这一时期的国际工业化浪潮。1973 年缅甸通过《二十年长期建设计划》，加之 70 年代中期之后封闭政策有所松动，其开始大量吸收外资，经济有所好转。但由于沉重的债务危机，加之 80 年代中期之后长期的大米出口不振，缅甸国内原料奇缺，物价上涨，走私和黑市猖獗，人民生活水平进一步降低。1987 年，缅甸被联合国列为世界上最贫穷的 10 个国家之一。

（三）1988 年后经济改革与对外开放阶段

1988 年新军人集团上台后，缅甸果断废除了原来的经济体制，颁布了《外国投资法》，开始向市场经济转向。至 1993 年，缅甸在《国家基本纲领》中规定国家实行市场经济制度。随后，缅甸政府开放了边境贸易，允许外国投资，终于赶上了外国投资亚洲的热潮。新加坡、日本、中国等国的投资者迅速加入到缅甸经济开发的行列。

此外，缅甸政府还鼓励发展私营经济，允许私人开设金融机构，改善了国营企业低效而导致的国内经济缺乏活力和发展缓慢的问题。1988年之后，缅甸经济发展迅速。但20世纪90年代中期特别是亚洲金融危机后，缅甸经济由于结构和政策扭曲、资源与技术限制，发展进程慢了下来，政府不得不加大了改革力度和政策刺激力度。

尽管这一时期的缅甸军人政府被以美国为首的西方国家进行了持续20多年的制裁，对外贸易承受了重大打击，但是中国、日本和东盟国家在缅甸经济领域的影响力却与日俱增。进入21世纪后，缅甸国内生产总值仍能保持高速增长，缅甸人均国民收入也不断提高。不过，缅甸国内由于宏观经济失调，市场原则尚未全面落实，加之面临严重内战导致的政局不稳等因素，其经济面临不小的发展障碍。

三、主要经济部门

缅甸自然资源丰富，矿产资源主要有锡、钨、锌、铝、锑、锰、金、银等，宝石和玉石在世界上享有盛誉。缅甸商务部的数据显示，2015—2016财年，缅甸出口的包括玉石在内的矿产品达9.3亿美元。石油和天然气在内陆及沿海均有较大蕴藏量。截至2013年6月，探明煤储量逾4.9亿吨，探明大陆架石油储量达22.73亿桶，天然气2293.7亿立方米，共有陆地及近海油气区块77个。水利资源丰富，伊洛瓦底江、钦敦江、萨尔温江、锡唐江四大水系纵贯南北，水利资源占东盟国家水利资源总量的40%，但由于缺少水利设施，尚未得到充分利用。

农业是缅甸国民经济的基础，可耕地面积约18万平方千米，农业产值占国民生产总值的四成左右，主要农作物包括水稻、小麦、玉米、豆类等常规作物，以及橡胶、甘蔗、棉花、棕榈等工业用作物。近年来，豆类已超过大米成为缅甸出口创汇的最主要农产品，2017—2018财年，缅甸农产品出口额为13.24亿美元，其中豆类出口额6.27亿美元，占到农产品出口额的一半以上，大米出口额紧随其后，约5.04亿美元。

缅甸森林资源丰富，全国拥有林地34.12平方千米。截至2015年，缅甸森林覆盖率为45%，是世界上柚木产量最大的国家。柚木质地坚韧、耐腐蚀，是人类用钢铁造船以前世界上最好的造船材料。缅甸将柚木视为国树，称之为"树木之王""缅甸之宝"。此外，全球95%的翡翠、树化玉产自缅甸，在世界上都享有盛誉。

缅甸工业较为薄弱，工业产值约占国内生产总值的1/3强，主要工业有石油和天然气开采、小型机械制造、纺织、印染、碾米、木材加工、制糖、造纸、化肥和制药等。近年来，随着欧盟及美国相继对缅甸解除经济制裁，缅甸劳动力资源丰富且成本较低的优势不断凸显，加之欧美又给予缅甸普惠制待遇，以纺织制衣业为代表的劳动密集型加工制造业在缅甸蓬勃发展。2017—2018财年，缅甸纺织品出口额达25.59亿美元，约为2005—2006财年缅甸纺织品出口额的9倍。

缅甸政府大力发展旅游业，积极吸引外资建设旅游设施。缅甸风景优美，名胜古迹多，主要景点有世界闻名的仰光大金塔、文化古都曼德勒、万塔之城蒲甘、茵莱湖水上村庄以及额布里海滩等。据缅甸酒店和旅游部统计数据显示，2017—2018财年赴缅游客达341.63万人次，自仰光、曼德勒、内比都国际机场入境的中国游客为9.84万人次。据缅甸投资与公司管理局数据显示，截至2017—2018财年末，缅甸在酒店旅游业的外商投资累计达73个项目，协议金额30.26亿美元。

四、宏观经济管理

（一）经济发展纲领

民盟政府2016年4月上台执政后，于7月发布了经济发展纲领，但较为笼统，内容包括如下三个部分：

1. 总体目标

缅甸经济政策的目标之一是以人民为核心，实现惠及全体人民的可持续发展。目标之二是以经济发展支持民族和解，保护自然资源，制定一部适合所有省邦的经济发展纲领。

2. 发展任务

经济政策必须有利于实现民族和解并建立一个团结的联邦民主国家；为各省邦实现共同发展创造良好经济条件；为青年人才的培养创造条件；鼓励全民参与建设，并通过努力和创新，长期享受发展成果。

3. 经济政策

（1）建立透明的、良好的公共财政管理制度，拓展财政收入来源。（2）改善国有企业经营状况，对于可以转型的企业要实现私有化；发展中小企业，以促进就业和经济发展。（3）加强能力建设，加强对职业技术人才的培养，以人才推动经济现代化。（4）优先发展电力、能源、港口等基础设施建设，建立电子化身份证系统、数字政府及电子政务系统。（5）在短期内优先为国内民众及从国外归来的缅甸公民创造就业机会。（6）实现农业和工业的协调发展，以推动国家的全面发展，保证粮食安全并促进出口；实现农业产业化发展。（7）制定专门政策，建立许可证制度；加强法制建设，使民众能根据市场经济法律法规自由地发展产业，并促进外国投资。（8）制定金融政策，稳定金融秩序，为家庭、农民和企业的长期发展提供支持。（9）在城市建设中要注重环境保护，提高公共服务水平，开发更多的公共活动场所，加强对文化遗产的维护。（10）建立高效合理的税收制度，增加财政收入；通过立法保障民众的权益和物权。（11）制定知识产权保护法，以提高创新能力和科技发展水平。（12）在经济建设过程中密切关注东盟及东盟以外地区的发展变化，确保以长远的眼光发展经济。

（二）《2018—2030 可持续发展规划》

缅甸于 2018 年公布了《2018—2030 可持续发展规划》（MSDP），该规划包含五大目标、28 个大战略和 238 个行动计划。该规划与缅甸联邦的 12 点经济政策相衔接，同时也与东盟经济共同体发展目标和联合国的可持续发展目标保持一致。

1. 五大目标

（1）国内和平、民族和解、国家安全和良好治理；（2）经济稳定和加强宏观调控；(3) 创造就业和以私营部门为主导的经济增长；(4) 人力资源开发与社会发展；(5) 自然资源和环境保护等。

2. 重点战略

有效管理汇率和实现收支平衡，降低通货膨胀，保持币值稳定，完善税收系统，加强公共财政管理；改善营商环境，加强平等获得终身高质量教育的权利，改善医疗系统，保障供水和污水处理，提供易得稳定的能源保障，对资源依赖性产业加强可持续管理等。重点发展的产业包括农业、电力、交通基础设施、金融、教育、医疗、水处理等，重点发展的地区包括仰光、曼德勒等各省邦。

第二节　缅甸发展政策体系

一、投资政策

(一) 投资主管部门

缅甸投资委员会是主管投资的部门，主要职能包括：根据《缅甸投资法》的规定，对申报项目的资信情况、项目核算、工业技术等进行审批、核准并颁发项目许可证，在项目实施过程中提供必要帮助、监督和指导，同时也受理许可证协定时限的延长、缩短或变更的申请等。

缅甸投资委员会由相关经济部门领导组成，国家投资与对外经济关系部下属的投资与公司管理局主管公司设立及变更登记、投资建议分析及报批、对投资项目的监督等日常事务。

为提高外商在缅甸投资注册的效率，于2013年在仰光、2014年在曼德勒、内比都设立了国内外投资注册等业务的一站式窗口。窗口单位有计划与财政部、商务部、税收部门、缅甸央行、海关、移民局、劳工部、工业部、投资与公司管理局、投资委等，它们为获准的国内外企业提供注册、延期及其他服务。

（二）有关投资的规定

2016年10月颁布的《缅甸投资法》及2017年3月发布的《缅甸投资法实施细则》对在缅投资有关事宜做出如下规定。

1. 禁止领域

《缅甸投资法》禁止对以下项目进行投资：（1）可能带入或导致危险或有毒废弃物进入联邦的投资项目；（2）除以研发为目的的投资外，可能带入境外处于试验阶段或未取得使用、种植和培育批准的技术、药物和动植物的投资项目；（3）可能影响国内民族地方传统文化和习俗的投资项目；（4）可能危及公众的投资项目；（5）可能对自然环境和生态系统带来重大影响的投资项目；（6）现行法律禁止的产品制造或服务相关项目。

根据《缅甸投资法》的有关规定，缅甸投资委将制定并及时修订限制投资的行业。2017年4月发布的限制投资行业分为四类：只允许国营的行业、禁止外商经营的行业、外商只能与本地企业合资经营的行业、必须经相关部门批准才能经营的行业。

只允许国营的行业包括：根据政府指令进行的安全及国防相关产品制造业、武器弹药制造及服务、仅限政府指定邮政运营主体运营的邮政服务及邮票发行、航空交通服务（包括航班信息服务、警告、航空咨询服务、航空管理）、导航、自然林管理、放射性物质（如铀、钍等）可行性研究及生产、电力系统管理、电力项目监管等9项。

禁止外商投资的行业包括：使用缅甸语或缅甸少数民族语言的新闻出版业、淡水渔业及相关服务、动物产品进出口检验检疫、宠物护理、林产品加工制造、依据矿业法开展的中小型矿产勘探开采及可行性研究、中小型矿产加工冶炼、浅层油井钻探、签证及外国人居留证件印制发行、玉石和珠宝勘探开采、导游、小型市场及便利店等12项。

2. 合资领域

外商只能与本地企业合资经营的行业包括：渔业码头及渔业市场建设、渔业研究、兽医、农业种植及销售和出口、塑料产品、使用自然原料的化学品、易燃品、氧化剂和压缩气体、腐蚀性化学品、工业化学气体、谷物加工产品等的制造及国内销售，糕点、食品（牛奶及奶制品除外）、麦芽酒、酒精及非酒精饮料、饮用纯净水、冰块、肥皂等的生产及国内销售，以及化妆品、住房开发销售及租赁、本地旅游服务、海外医疗交通服务等共22项。

3. 经批准可投资领域

必须经相关部门批准的行业包括：需经内政部批准的使用麻醉品和精神药物成分生产及销售药品行业；需经信息部批准的使用外语出版刊物、广播节目等6个行业；需经农业畜牧与灌溉部批准的海洋捕捞、畜牧养殖等18个行业；需经交通与通讯部批准的机动车检验、铁路建设及运营等55个行业，加上需其他部门批准的行业，共有10个部委辖下的126个行业。

（三）投资方式的规定

1. 自然人合作

缅甸法律法规并不禁止自然人在当地开展投资合作。但是，出于对项目风险隔离以及规范操作的考量，投资者通常会设立专门的公司进行项目的落地操作。项目公司的股东既可以是法人，也可以是自然人。

2. 外商投资方式

外商在缅甸投资，可以根据《缅甸公司法》设立子公司（私人有限公司或公众有限公司）、海外法人（Overseas Corporation，相当于分公司或代表处，《缅甸公司法》不再区分前两者的注册形式）。在不违反限制投资行业有关规定的前提下，外商可以自由选择采取独资、合资、合作或者并购等方式进入缅甸。《缅甸公司法》对于公司股东出资形式没有限制，现金、设备或技术投资等都可以作为股东的出资方式。缅甸并不禁止外国投资者以二手设备出资，但在向缅甸投资委员会申报投资许可以及设备进口清单时应当列明设备的有关情况。

3. 工业园区

缅甸鼓励外国投资者建立工业园区，2017年4月1日颁布的《鼓励投资行业分类》中包括工业区或工业园区建设。

4. 安全审查

缅甸目前缺少外资并购安全审查的明确机制，但是达到法律要求（如投资金额较大等）的所有外商投资都应当根据《缅甸投资法》获得缅甸投资委员会的许可，缅甸投资委员会在审核相关投资时可能就相关安全问题进行审查。2015 年颁布的《竞争法》禁止从事限制市场竞争行为，包括通过并购、业务整合、购买和兼并其他企业或其他缅甸竞争委员会指明的行为等，意图在特定时间内快速提升市场的支配地位，或意图降低只有少数企业的相关市场的竞争程度。但由于相关部委以及缅甸竞争委员会尚未明确相关规定的有关细节，目前没有正在实施的经营者集中审查制度。

5. 投资咨询

为更好地吸引外资，便利投资流程，缅甸投资委员会设立了一站式服务中心，其中包括不同行业主管部门派驻的相关人员可以对投资者感兴趣的问题提供法律政策方面的指引。缅甸缺少相关的投资审查机制，缅甸政府也鲜有公开的相关信息，因此近年缺少在当地开展并购受到阻碍（特别是投资审查受阻）的案例。

（四）PPP（政府与社会资本合作）方式

1. 主要政府部门及职责

缅甸计划与财政部下设的 PPP 中心负责确定项目库里的哪些项目适合以 PPP 方式投资，以加强政府内部评估、策划、采购、实施、执行、监管项目的能力。PPP 中心将向其他政府部门提供 PPP 能力建设支持，发起评估程序，进行预可研、成本—效益、成本—效率分析，实施采购，评估私人主体提出的项目建议，进行风险分配评估，对 PPP 的模式和结构以及合同主要条款提出建议、协调促进。PPP 中心还负责制定享受政府支持的政策标准，符合标准的 PPP 项目将获得如政府担保或可行性缺口补助资金等支持，并向项目实施部门提供建议和支持来推进 PPP 项目的招投标、签约与管理。

电力能源部、建设部、交通与通讯部等项目实施部门将负责筹划 PPP 项目、管理 PPP 项目招标和瑞士挑战法项目（包括选择中标方）、为签署 PPP 协议做准备、管理 PPP 合同等。

2. 主要政策法规文件

2018 年 11 月 30 日，缅甸总统府发布《关于建立项目银行的公告》，对 PPP 项目的立项、招标、管理单位等做出明确规定。但目前该项目银行尚未完成最终设立，因此相关规定及实施情况还有待于进一步观察。

3. PPP 项目领域

缅甸的 PPP 项目主要以 BOT 模式存在于电站、高速公路、机场等基础设施建设项目中，特许经营年限为 30—50 年不等，满足特定条件可延期，但一般不超过 70 年。

二、税收政策

（一）税收体系和制度

缅甸财政税收体系包括对国内产品和公共消费征税、对收入和所有权征税、对国有财产使用权征税、关税等 4 个主要项目下的 15 种税费。以上税收由不同部门管理，其中 89% 以上的各项税收由国家税务局管理。

根据缅甸现行税法的规定，企业应按月缴纳营业税，按季度缴纳企业所得税，其余预扣税、印花税等税种的缴纳时间须遵从相关税法的具体规定。

（二）主要税赋和税率

缅甸政府与外资直接相关的税收法律包括：《特殊商品税法》（2016 年）、《特殊商品税法实施细则》（2019 年）、《2018—2019 缅甸联邦税法》（2018 年）、《缅甸投资法》（2016 年）、《商业税法修正案》（2014 年）、《所得税条例》（2012 年）、《所得税细则》（2012 年）、《所得税法》（1974

年)、《商业税法》(1990年)、《关税法》(1992年)、《仰光市政发展法》(1990年)等。缅甸主要赋税和税率的基本情况如下:

1. 企业所得税

以下类型的纳税人,在根据《所得税法》第六部分之规定扣除减免部分前,须在总盈利基础上缴纳25%的所得税。(1)根据《缅甸公司条例》或《1950年特别公司条例》在缅甸注册成立的公司;(2)在缅甸工作的外国居民除了"工资收入"部分以外的收入;(3)缅甸投资委员会许可运营的商业项目;(4)国有企业。

除了主要的合作社团,其他合作社团在根据《所得税法》第六部分之规定扣除减免部分后,须在总盈利基础上缴纳25%的所得税。居民企业(如依照《缅甸公司法》成立的有限责任公司)应就其在世界范围内的收入计税;非居民企业(如依照《缅甸公司法》成立的外国公司分公司)仅需申报其源于缅甸的收入。依照《缅甸投资法》设立的公司可依法享受相关的税收优惠政策(根据公司项目所在地区的发达程度给予项目3—7年的免税期)。对于进行工业、手工业服务的中小企业而言,如其在前3个连续的每个财年内获得的营业净利润不超过1000万缅币,则无须缴纳企业所得税。

企业应在1个纳税年度完结后的3个月内(6月30日前)向内税局正式申报并提交企业年度财务审计报告。内税局将在之后对收到的企业年度财务审计报告进行审核及确认缴税。企业所得税须按季度缴纳(在每个季度结束后的10天内完成)。年度企业税务结算时间需等待税务局的通知。

2. 个人所得税

根据2018年颁布的《缅甸联邦税法》,年收入在480万缅币以下的个人无须缴纳所得税。

表7—1 缅甸个人所得税税率

序号	所得区间(缅币)	税率(%)
1	1—2000000	0
2	2000001—5000000	5

续表

序号	所得区间（缅币）	税率（%）
3	5000001—10000000	10
4	10000001—20000000	15
5	20000001—30000000	20
6	30000001 以上	25

资料来源：缅甸国家税务局。

3. 商业税

缅甸政府对境内交易及进口商品和服务的营业额征收商业税。在一个财年内，对于收入在5000万缅币以下的小型企业，不需要缴纳商业税。商业税的税率需根据商品的种类而定。

大多数行业适用的商业税率为5%；对于房地产（开发及销售物业）行业适用税率为3%；向国外出口电力须缴纳8%的商业税，原油须缴纳5%的商业税。此外，按照税法的规定，稻谷等42项商品（主要为农业相关的商品）和国内外航空运输服务等31项服务可免征商业税。

4. 资本利得税

在缅甸，通过销售、交换及转移资产获得的收益应缴纳资本利得税。资产不仅包含土地、房屋、车辆，也包括股票、债券及契约等。在缅甸，除了石油和天然气领域投资经营的公司，其他资本利得者须缴纳10%的资本利得税。如果纳税人是在缅甸工作的外国居民，所得税应以外汇缴纳。

在缅甸，石油和天然气领域投资经营的公司以利润获得的货币按下列规定缴纳所得税：（1）若获得1000亿缅币以内的利润，须缴纳40%的资本利得税；（2）若获得1000.01亿缅币至1500亿缅币的利润，须缴纳45%的资本利得税；（3）若获得1500.01亿缅币以上的利润，须缴纳50%的资本利得税。

根据2018年《缅甸联邦税法》的规定，上述对石油及天然气行业征收的资本利得税仅适用于该行业的上游企业。该行业的中、下游企业（如管道公司）处理资产时适用的资本利得税税率为10%。

5. 印花税

依据《印花税法》，缅甸政府对不同类型的、需要加盖印花的契约文书征收印花税。对于应纳税的并以外币计价的合约，应将合约价值按缅甸央行发布的当日汇率转换为缅币之后计税。印花税的税率取决于契约文书的种类，对于 3 年以内租期的不动产租赁，适用印花税率为 0.5%；对于 3 年以上租期的不动产租赁，适用印花税率为 2%；对于仰光地区动产及不动产的转让，适用印花税率为 6%。合约正式签订生效后的一个月内应完成印花税申报及缴税工作，否则将面临 10 倍的罚款。

6. 关税

2017 年 10 月 1 日，缅甸根据世界海关组织（WCO）2017 年版协调制度目录及东盟相关税则，编制完成并公布新的 2017 年版关税表。

三、贸易政策

（一）贸易主管部门

缅甸贸易主管部门为缅甸商务部，负责办理批准颁发进出口营业执照、签发进出口许可证、管理举办国内外展览会、办理边境贸易许可、研究缅甸对外经济贸易问题、制定和颁布各种法令法规等。下设贸易司、边贸司和缅甸贸易促进组织，边贸司在各边境口岸设有边境贸易办公室，负责办理边境贸易各种事务。缅甸私营企业从事对外贸易，须向进出口贸易注册办公室申领进出口许可证，在国家政策许可范围内自由从事对外贸易活动。

（二）贸易法规体系

缅甸现行与贸易管理相关的法律和规定有：《缅甸联邦进出口贸易法》（2012 年）、《缅甸联邦贸易部关于进出口商必须遵守和了解的有关规定》（1989 年）、《缅甸联邦关于边境贸易的规定》（1991 年）、《缅甸联邦进出口贸易实施细则》(1992 年)、《缅甸联邦进出口贸易修正法》(1992 年)、《重要商品服务法》(2012 年)、《竞争法》(2015 年)、《竞争法实施细则》(2017 年)、《消费者保护法》(2019 年)。

(三) 贸易管理规定

1988 年以来,缅甸政府实行市场经济,允许私人从事对外贸易,但实行许可证管理制度。1989 年 3 月 31 日,政府颁布《国营企业法》,宣布实行市场经济,并逐步对外开放,军政府放宽了对外贸的限制,允许外商投资,农民可自由经营农产品,私人可经营进出口贸易,并开放了与邻国的边境贸易。

2006 年以来,在中缅边境地区出口的木材及矿产品贸易,需获得缅甸商务部、林业部木材公司出具的证明及中国驻缅甸使馆经商处的证明。缅甸已于 2014 年 4 月 1 日起停止原木出口,木材必须经加工后方可出口。2012—2016 年,缅甸逐年递减 15% 的柚木和 20% 的硬木采伐量,并分别减少 75% 和 22% 勃固山脉的柚木与硬木采伐量。

2014 年 4 月,缅甸商务部宣布废除"出口许可证取消罚金"。缅甸商务部之前规定,产品出口要事先申请出口许可证,若此笔出口交易最终未达成或出口金额不足许可证申请金额,出口企业需要缴纳一笔"出口许可证取消罚金",罚金约为不足差额的 5%。此笔费用的取消受到缅甸出口企业的欢迎。

缅甸商务部表示,自 2015 年 1 月 1 日起,所有汽车进口商须在车辆发运前申请进口许可。

2015 年 3 月 23 日,缅甸商务部允许经营商从国外合法进口各类红酒。经营商在申请进口许可证时,需事先与国外供货商签订合同,并从相关部门申办酒类销售执照,销售红酒时需每瓶粘贴完税标志。

2015 年 7 月,缅甸商务部宣布:鲜花、豆类、水果、咖啡豆、胡椒、玉米、药品、畜牧水产,以及农村发展部允许出口的鱼类、服装、高价值水产品和传统食品的出口将无须再申请出口许可证;取消化工产业及其相关物资、医用手术器械(需持卫生部证明)、教学用具、油墨、相关化妆品、轮胎配件、丝绸等商品的进口许可申请。

2016年底，缅甸商务部又宣布：咖啡、茶叶、橡胶和橡胶制品、铝和相关材料、金属和相关材料、铁路机车和相关发动机及汽车配件等进口免于申请许可手续。2017年6月12日，缅甸商务部发布公告，允许外资企业从事化肥、种子、农药、医疗设备和建材等5类商品的贸易。

2017年，缅甸商务部发布通告，从10月9日开始，缅甸政府重新批准活牛出口，标志着缅甸长达15年的活牛出口禁令被取消。

2018年5月，缅甸商务部发布通告，允许外资企业在缅甸从事批发和零售业务（小型市场及便利店除外），但拟从事相关业务的外资企业需要向商务部申请相关执照。

（四）进出口商品检验检疫

缅甸进出口检验检疫工作由农业、畜牧与灌溉部主管。《缅甸植物检疫法》（1993年）规定禁止有害生物通过各种方法进入缅甸；切实有效抵制有害生物；对准备运往国外的植物、植物产品，必要时给予消毒、灭菌处理，并发给植物检疫证书。无论是从国外进口的货物，还是旅客自己携带的物品入境时，都必须接受缅甸农业服务公司的检查、检疫。

《缅甸植物细菌防疫法》（1993年）规定，任何人未取得进口许可证，不准从国外进口植物、植物产品、细菌、有益生物和土壤。必要时，应对即将运往国外的植物或植物产品进行杀虫和灭菌工作，发给无菌证书。根据接收国的需要，确定进行检验的方法。

《缅甸联邦对从事进出口贸易的最新规定》对进出口需要申报进行植物检疫的商品做了详细规定。

（五）海关管理规章制度

《缅甸海关进出口程序》（1991年）对禁止进出口的物品做了详细规定，《缅甸海关计征制度及通关程序》对进出口关税、通关程序做了详细规定。与海关管理相关的法规还有：《海洋关税法》（1978年）、《陆地海关法》（1924年）、《关税法》（1953年）、《国家治安建设委员会1989年第 4 号令》、《商业税法》(1990 年)、《进出口管制暂行条例》(1947 年)和《外汇管制法》(1974 年)。

目前,中国海关与缅甸海关正在推动输华产品零关税税目扩大事宜。此前,缅甸 95% 的输华产品享受零关税待遇,若此项协议达成,缅甸 97% 的输华产品将享受零关税待遇。

四、劳动政策

(一) 劳动法的核心内容

1. 签订劳动合同

雇主和员工之间须签订劳动合同,方能确立雇佣关系。劳动合同分为有固定期限劳动合同和无固定期限劳动合同,合同类型以及合同期长短由劳资双方协商确定。劳动合同中通常会规定员工的试用期,一般不超过 3 个月。劳动合同签订后,副本要交镇区劳动办备案。雇用超过 5 名雇员的雇主需使用政府提供的劳动合同模板,或使用比该模板对劳动者更为有利的劳动合同。

2. 解除劳动合同

如果雇佣双方任何一方提前解除劳动合同,须提前 1 个月通知对方。雇主提前解除固定期限劳动合同时,雇主需要支付离职补偿,补偿金额的计算以员工在该雇主处的工作期限为依据。

3. 劳动条件及报酬

雇主须为员工提供安全、环保的工作环境,保证员工身心健康。公司、商店、贸易中心、服务型企业、娱乐场所的员工每天工作 8 小时,每周 48 小时;工厂工人每天工作 8 小时,每周 44 小时,但对于因技术原因而必须 24 小时不得间断的工作,工人每周可工作 48 小时。为私人企业工作的员工每年可以享受 6 天临时请假、30 天病假、10 天带薪假期、21 天公共假期。劳动者的薪金根据工作的不同可分为计件制、计时制、日薪制和月薪制。2018年5月起，缅甸政府规定最低工资从日薪3600缅币提升至4800缅币。

4. 职工社会保险及福利

根据缅甸议会通过的《社会保险法（2012年）》，聘用5名员工以上的缅甸及外国公司，须按照员工工资比例向社保理事会缴纳社会保险。社会保险的缴存比例和受益金额将根据企业所处行业不同而有所区别，在发生工伤事故时，社保有助于雇主降低赔偿风险。对于未被纳入社会保险及福利计划的劳动者，若劳动者因公受伤或患有职业病，雇主有责任向劳动者支付补偿金。

（二）外国人在当地工作的规定

目前缅甸正在起草《外国劳工法》，尚未出台有关外籍劳务可就业的岗位、市场需求等方面的规定。缅甸整体劳动力水平较低，缅甸政府鼓励外国在缅投资企业引进管理和技术人员，指导缅甸当地员工提高技术水平，对于普通劳动岗位要求聘用当地劳工。外国人赴缅甸工作主要需解决签证延期及居留许可等方面的问题。签证及居留延期的相关规定及程序如下：

1. 商务签证

外国人赴缅甸工作，须持有效护照，提前办妥商务签证。办理商务签证需要缅甸政府有关部门或企业出具邀请函。中国公民可在缅甸驻华使馆或缅甸驻昆明、南宁总领馆办理商务签证。商务签证的有效期为70天，可办理延期。

2. 暂住证

连续在缅甸居留90天以上的外国人，须提前到移民局办理暂住证，未办理暂住证的将不予办理签证延期。

3. 签证及居留许可延期

凡属在缅正式注册的中资企业人员或缅甸本地、在缅甸注册的第三国外资企业中方员工，可向缅甸投资委员会申请协助办理中国劳务人员的签证以及居留许可延期。

五、土地政策

(一) 土地法的主要内容

缅甸的不动产法律体系较为复杂，目前适用的法律跨越多个历史时期，时间跨度长达百年。英殖民政府、军政府直至现在的民盟政府，都制定和修改了诸多与不动产相关的法律法规。据不完整统计，目前仍有效的法律法规和政府规章多达几十部。

缅甸的不动产法律体系中位阶最高的是 2008 年制定的《缅甸联邦宪法》，所有其他法律、法规均不得与宪法的规定相抵触。根据《缅甸联邦宪法》第 37 条的规定，联邦为所有土地以及地上和地下自然资源、水上和水下资源的最终所有者。因此，从宪法角度来看，缅甸的土地为国有。

基于现行缅甸不动产法律体系，常见的土地类型主要有以下几种：(1) 自由保有土地，该类土地是少有的土地国有化的例外，自由保有土地的所有权属于地主且不需要缴纳土地税费；(2) 授予地系国家所有，并授予其他主体的土地，通常伴随有一定的授予期限；(3) 农用地是指由 2012 年颁布的《农用地法》所规范的土地，涵盖了水稻田、旱田、冲积地、常年生植物种植用地、滨海土地、园林地、蔬菜和花卉种植用地和冲积岛等土地类型；(4) 闲置地、荒地和未开垦地是指由 2012 年颁布的《闲置地、荒地和未开垦地管理法》所规范的另一大类农业用地，政府可以授权给国有经济组织、合资企业或其他组织和私人基于商业目的耕种或利用土地。通过该法获得的土地可以根据政府批准的用途，用于从事农作物种植、工业作物种植、果园、水产养殖、畜牧养殖、矿业项目以及其他政府批准的合法项目等生产行为。

(二) 外资企业获得土地的规定

根据 1987 年《限制不动产转让法》，缅甸禁止外国人及外资企业获得土地的所有权或者长期租赁土地（时长超过1年），但获得缅甸投资委员会许可的外国人或者外资企业可以长期租赁土地（最长不超过70年）。

（三）外资参与当地农业投资合作的规定

缅甸的土地为国家所有，因此无论是外资企业还是缅甸当地企业，都无法获得农业耕地的所有权。在不违反限制投资行业有关规定的前提下，外资可以获得农业用地的使用权。农业耕地使用权年限由缅甸投资委员会根据土地性质、投资类型等因素进行审批，但不得超过《缅甸投资法》所规定的（50+10+10）的使用年限上限。从事农业投资的投资者应当严格遵守与相关政府部门签订的协议以及缅甸投资委员会投资许可所规定的条件，不得超出许可范围进行经营，同时应当按时足额缴纳土地租金和其他费用。

（四）外资参与当地林业投资合作的规定

缅甸的土地为国家所有，因此无论是外资企业还是缅甸当地企业，都无法获得林地的所有权。在不违反限制投资行业有关规定的前提下，外资可以获得林地的使用权。林地使用权年限由缅甸投资委员会根据土地性质、投资类型等因素进行审批，但不得超过《缅甸投资法》规定的（50+10+10）使用年限上限。从事农业投资的投资者应当严格遵守与相关政府部门签订的协议以及缅甸投资委员会投资许可所规定的条件，不得超出许可范围进行经营，同时应当按时足额缴纳土地租金和其他费用。

六、金融政策

（一）金融业投资准入规定

根据2016年1月颁布的《金融机构法》，外资金融机构在缅甸设立代表处须在中央银行注册审批，且只能从事央行规定范围的业务活动，不得在缅甸境内从事银行业务及非银行金融机构业务。若外资银行希望在缅甸开展银行业务，须向中央银行提交其国际信用机构评级材料、资产资本情况、书面保证书、国内监管机构的书面证明等材料，且实收资本不得少于7500万美元。央行通过审批并发放执照后，外资银行可在缅甸设立分支机构或子行，从事银行业务。需从事非银行金融机构业务，也须向央行提出申请。在股比要求及外籍员工管理等方面，尚无明文规定。

（二）金融业监管规定

2013年颁布的《缅甸中央银行法》规定了缅甸中央银行是货币政策的制定和实施单位，负责金融机构的管理和监督。金融机构的审批、执照发放、行业管理等职能主要由中央银行负责实施。2016年1月颁布的《金融机构法》规定了商业银行、外资银行分行、外国银行代表处及非银行金融机构的牌照申请、日常运营、风险管理等方面的内容。

2017年7月7日，缅甸中央银行发布了4部条例，主要规定如下：（1）资本充足率：最低资本比率由12%下降至8%；核心资本比率要求保持在4%以上。（2）资产分类和配置：贷款在到期应付后的0天至30天无配置要求，到期应付后超过30天需要增加利率，到期应付后的180天后成为不良贷款。（3）大额风险敞口：A. 适用于外国银行分行对总行的风险敞口；B. 单一风险敞口不超过核心资本的20%；C. 全部大额风险敞口总额不超过银行核心资本的8%；D. 自该规定生效之日起90天内，每季度向中央银行报告全部大额风险敞口（即核心资本的10%以上风险敞口）并将超过核心资本20%的风险限制在规定的限额内。（4）流动比率：大于20%。所有银行将有6个月的时间来纠正与新条例不符的地方。国有银行可以免于遵守某些要求，如大额风险敞口限制，但仍需遵守其他规定。此外，银行应当定期向中央银行报告并向中央银行提交相关表格。

七、环境保护政策

（一）环保管理部门

缅甸环境保护部门为资源与环境保护部。根据职能分工，涉及保护环境的相关政府部门还有农业、畜牧与灌溉部，野生动物保护委员会以及农业服务局等。

(二) 主要环保法律法规

缅甸关于环境保护方面的法律主要有：《缅甸动物健康和发展法》《缅甸植物检验检疫法》《缅甸肥料法》《缅甸森林法》《缅甸野生动植物和自然区域保护法》和《缅甸环境保护法》。《缅甸环境保护法》于2012年3月30日正式颁布，依据该法制定的《缅甸环境保护条例》于2014年颁布。

(三) 环保法律法规基本要点

1. 缅甸环境保护法

规定环保部职责，并要求对涉及自然资源开发、工业等领域的项目需提前办理项目许可，在工业区、经济特区的企业或环保部指定的企业需履行相应的责任。

2. 缅甸动物健康和发展法

在单独规范动物健康和发展工作的同时，就促进家畜业发展、防止和控制动物传染性疾病、规范兽医行医资格、规范动物及动物产品和饲料的国际贸易、对动物及动物产品和饲料进行进出境检验检疫以及防止虐待动物等做了综合性规定。

3. 缅甸植物检验检疫法

进出境植物检验检疫主要针对植物及植物产品等货物进出口进行检验检疫，同时对进出境旅客携带的物品（如水果、花卉等植物）进行检验检疫。该法规定，植物及植物产品进口需要获得缅甸农业服务局批准发放的进口许可证和检疫证书，并规定了申领许可和申请检疫的程序。

4. 缅甸森林法

出于环境保护的需要，保证林产品的产量，经政府批准，林业部可以建立4个类型的储备林。同时，为了保护水资源和森林资源，以及保护旱地森林和红树森林，运输林产品应当持有有效的运输通行证，并接受林业局设立的税务站的检查和收费。违反森林法相关规定者，将会受到一定金额的罚款和6—36个月的监禁。

（四）环保评估的相关规定

2015年12月，缅甸自然资源与环境保护部发布了《环境影响评估程序》。该文件规定，经缅甸自然资源与环境保护部认定，对环境有潜在负面影响的投资项目，须事先提交环境评估报告；规模较小、对环境潜在影响较小的项目，只需提交初步检验报告。共有包括能源、农业、制造业、垃圾处理、供水、基础设施、交通、矿业等领域在内的141类投资项目须提交环境评估报告或初步检验报告。环境评估报告必须委托有相关资质的第三方机构开展，负责审议报告的责任方由自然资源与环境保护部组建，由相关部门的专家、政府机构、专业机构和公民社会团体组成。环评费用、时间没有明确规定，但总体上环评周期较长，需要半年或更长的时间。企业需与环保部门加强联系，根据环保部要求提供相关材料，完成具体审批手续。

八、科技政策

缅甸至今没有设立统一管理科技工作的部门，科技工作由政府各部委分头管理。缅甸的科技力量比较薄弱，尤其是工矿制造业的科技水平更为落后，科技研发层次很低。相比较而言，农林方面，如优良品种培育、实用农机具的研制、营林和造林的科技力量在其国内为最强，研究工作有一定特色和优势。自20世纪80年代颁布外资法后，缅甸政府不得不大量争取外援来引进国外设备和技术，发展本国的制造业，开发水电资源和矿产资源，技术引进有了较大进展。

缅甸科技研发工作均由政府各部委直属的研究单位和大学承担。以农林科技为例，农林部下设农业局等8个相关局；农业局下设科研服务保障处等相关部门；科研服务保障处设有12个中农场、44个种子站。

缅甸工业科技力量主要集中在现属教育部科技司的工业技术研究院（缅甸唯一的工业应用技术研究机构）。该研究院现有634人，设有应用化学、原子能、陶瓷、食品、金属材料、造纸等10个研究部及电子与测试、技术标准、技术信息、实验工厂等机构。缅甸工业技术研究院在医药及造纸方面的研究工作有一定特色。

缅甸全国有53所大专院校及工业、农业、医科、畜牧和计算机等专科学校，著名学府有仰光大学和曼德勒大学。除高等教育外，还有各类函授大学、夜校、技术和培训中心，培训了大批技术人员。此外，缅甸每年还选派有关专业学者出国深造和交流。

缅甸独立后，经济虽然获得一定的发展，但一直缺乏资金、设备和技术。由于经济困难，科技发展也就受到制约，政府不得不大量争取外援来引进国外设备和技术。

九、优惠政策

（一）优惠政策框架

《缅甸投资法》规定了按照投资地域区分的免税政策，共分三类地区：第一类为最不发达地区，第二类为一般发达地区，第三类为发达地区。在一类地区投资的企业至多连续7年免征所得税，二类地区至多免征5年，三类地区至多免征3年。在联邦政府批准后，投资委将根据情况调整该地区分类。所得税豁免仅适用于依委员会通知指定的鼓励投资行业。

根据《缅甸投资法》，取得许可或认可的企业可以向缅甸投资委员会申请税收优惠政策，如所得税、进口设备关税等的减免。此外，投资委将视情况审批以下税务减免情形：（1）在投资项目建设期或筹备期间对确需进口的机械、设备、器材、零部件及无法在本地取得的建筑材料和业务所需材料，豁免和（或）减少关税或其他境内税种；（2）对出口导向的投资项目为生产出口产品而进口的原材料和半成品，豁免和（或）减少进口关税或其他境内税种；（3）对为生产出口产品而进口的原材料和半成品,退还进口关税和(或)其他境内税种;(4)若经委员会批准增加投资致使投资期限内原投资项目规模扩大,在投资项目建设期或筹备期间对确需进口的机械、设备、器材、零部件、无法在本地取得的建筑材料和业务所需材料的关税或其他境内税种的豁免和(或)减轻,也相应调整扩大。

经投资者申请,委员会审核后,可以授予下列税收减免优惠:(1)若将已获投资许可或投资认可的投资项目所得利润,在1年内再投资于同一类项目或相似类型项目,则其所得税可以获得减免;(2)出于所得税纳税评估目的,自投资项目开始运营的年度起,以一个低于投资中所使用的机械、设备、建筑物或资产规定寿命的期限进行加速折旧的权利;(3)自应纳税所得额中扣除与投资项目有关并为联邦经济发展实际需要的研发费用的权利。

(二)行业鼓励政策

2017年4月1日,缅甸投资委员会发布了《鼓励投资行业分类》,根据清单共计20类行业被列为缅甸鼓励行业。工业区或工业园区,新的市区,公路、桥梁、铁路线、海港、河港、无水港的建设,发电、输电和配电等属于鼓励行业。符合鼓励清单范围的行业,可以享受所得税的减免优惠。

2017年6月,缅甸投资委员会再次发布通知鼓励投资者投资10个行业,而且缅甸投资委及地方政府部门将对投资者提供必要协助。这10个行业包括:(1)农业及相关服务行业,包括农产品加工业;(2)畜牧业及渔业养殖;(3)有助于增加出口的行业;(4)进口替代行业;(5)电力行业;(6)物流行业;(7)教育服务;(8)健康产业;(9)廉价房建设;(10)工业园区建设。

(三)地区鼓励政策

《缅甸投资法》规定在一类地区投资可最多享有7年免所得税待遇,包括13个省邦的160余个镇区;在二类地区投资可最多享有5年免所得税待遇，包括 11 个省邦的 122 个镇区；在三类地区投资可最多享有 3 年免所得税待遇，包括曼德勒省的 14 个镇区和仰光省的 32 个镇区。投资于符合《鼓励投资行业分类》所规定行业的项目可享受以上免税待遇。

（四）特殊经济区域

缅甸规划建设的经济特区主要有缅甸南部德林达依省的土瓦经济特区、缅甸西部若开邦的皎漂经济特区以及仰光南部迪洛瓦经济特区。为吸引外来投资，缅甸于 2014 年 1 月 23 日修订出台了新的《缅甸经济特区法》，2015 年 8 月 27 日发布了《缅甸经济特区细则》。

《缅甸经济特区法》第 29 条对投资人应享有的特殊待遇做了明确表述。如投资人在该特区内可从事的行业有：（1）原料加工、机械化深加工、仓储、运输、服务；（2）投资项目所需的原材料、包装材料、机器零配件、机械用油可以从国外进口；（3）向缅甸国内或出口生产的产品；（4）经特区管委会批准，投资人和国外服务商可以在特区内设办事处；（5）经特区管委会同意，从事其他法律不禁止的经济业务。

此外，在特区可以开展的行业还包括：建深水港、钢铁厂、化肥厂、原油炼油厂、油气厂、火电厂、天然气发电厂等工业项目；在特区还可以开展服务业，修建从项目所在地通往边境地区的公路、铁路，修建输变电线路，铺设油气管道，建立包括住宅、旅游景点和度假设施在内的基础设施，以及经管委会批准的不违反现行法律的其他经济项目。

《缅甸经济特区法》还规定了对投资者和投资建设者的优惠政策。投资者在免税区开始商业性运营之日起的第一个 7 年期间，免除所得税；在业务提升区开始商业性运营之日起的第一个 5 年期间，免除所得税；在免税区和业务提升区投资的第二个 5 年期间，减收 50% 所得税；在免税区和业务提升区投资的第三个 5 年期间，如在一年内将企业所得的利润重新投资，对投资的利润减收 50% 所得税。投资建设者在经济特区开始商业性运营之日起的第一个 8 年期间，免除所得税；在第二个 5 年期间，减收 50% 所得税；在第三个 5 年期间，如在一年内将企业所得的利润重新投资，对投资的利润减收50%所得税。

第三节 缅甸发展政策成效

一、成效分析

（一）缅甸经济总体进展

缅甸1948年独立后先后实行过市场经济和计划经济，1988年在军政府上台后再度实行市场经济，但经济体制长期不适应国民经济的发展，国家经济生活管理失误频发，加之美欧长期对缅甸进行经济制裁，严格控制对缅出口、限制投资和贸易往来，缅甸沦为资源丰富、地理位置优越却经济落后、民众生活贫困的国家之一。

考察缅甸独立以来的国内生产总值增长情况可见，尽管近年来历届政府不断推出改革"新政"，一定程度上释放了被压抑已久的缅甸国内生产力，但缅甸经济底子太薄，水平太低，粗放的经济发展方式一时难以改变，加之极易受到国际经济形势的影响，因此最近一段时期缅甸的经济发展速度较慢，且增速回落较快，人均国内生产总值甚至一度出现负增长。

2016年4月1日民盟政府上台执政，国际社会普遍对其寄予了很高的期望，期待其能够给缅甸带来历史性的转变。但民盟政府执政以来，缅甸经济发展成效与外界期望落差较大，主要表现为：采取的经济措施有限，经济仍然萎靡，贸易逆差进一步扩大；货币贬值与通货膨胀严重；经济基础薄弱，投资环境仍然较差；基础设施未有大的改善；行政效率、管理效率低下；引进外资额下降。

(二) 缅甸经济发展特点

1. 民族主义对经济体制具有重大影响

长期的殖民地经历使得独立后的缅甸的民族主义在国家经济发展中逐渐膨胀，出现了一定程度的盲目乐观主义和排外情绪。缅甸从建国伊始，就对控制经济命脉的英国殖民者及其依靠的印度侨民怀有本能的敌对情绪，吴努政府遣返部分印度侨民导致金融等行业暂时出现真空，而退出英联邦和对外资企业实行国有化政策，又使得缅甸的前宗主国无法提供大规模经济援助。

奈温政府时期更加认为缅甸需要民族主义来挽救国家，出于防范心理，为防止他国进行经济渗透，奈温政府始终对外国直接投资进行严格限制。缅甸军队乃至政府都把干预经济作为确保大部分经济掌握在缅甸人手里的一种手段。美国等西方国家长期的经济制裁，以及华人在缅甸经济发展中的重要作用，促使缅甸的民族主义近年来又有所增长。

2. 农业人口众多与农业发展缓慢

缅甸对于占人口大多数的农民和从事该工作人口最多的农业问题没有足够重视。吴努时期没有全面贯彻土地国有化政策，主要创汇农产品产量增长缓慢。奈温政府通过土地改革将土地较为平均地分配给农民耕种，但是低廉的收购价格难以调动农民的生产积极性。新军人政府上台后采取农业改革举措推动农业发展，加强了农业水利建设、农业机械化建设，并扩大了农作物种植面积。但是，由于政府长期紧缺资金，农业所需要的投资并不充足，农业发展依旧较为缓慢。

3. 政府管理不善和现代化人才缺乏

受教育水平不高和经验缺乏所限，缅甸执政团队缺少现代国家管理人才，封闭的教育体制又影响了缅甸国民整体素质的提高。吴努政府致力于佛教复兴计划，而不是发展经济的现实计划。后面上台的军人集团，主要领导人员受教育程度低，对外部世界缺乏深入的研究和了解，缺乏现代管理知识，制定的相关政策科学性和合理性不高。长期的经济停滞，使教育投入难以保证,加上缅甸教育没有面向现代化,劳动者的文化素质和劳动熟练程度难以提高。

4. 长期内战导致军费开支巨大和局势不稳

军费占缅甸财政支出的比例始终过高,长期的内战导致缅甸缺乏稳定的经济发展环境。出于缅甸人的大民族主义思想,吴努政府未能兑现1947年宪法做出的给予少数民族权利的承诺,大量少数民族武装纷纷建立并发展起来,国防支出占比达20%。奈温政府进一步加强中央集权的措施适得其反,国防开支的比重一直是缅甸政府最大的预算开支。虽然20世纪90年代以来缅甸政府采取了更为灵活、有效的民族政策,但是边疆地区局势仍不稳定,军费开支大量占用了外援和本应用于经济建设的投资。

二、合作建议

(一)投资环境竞争优势

从投资环境吸引力的角度看,缅甸的竞争优势主要体现在以下几方面:一是国内政局近年来相对稳定;二是具有丰富的自然资源和文化遗产;三是地理位置优越,毗邻中国、印度、东盟三大人口密集的新兴市场,是连通东亚和东南亚的重要通道,市场潜力大;四是劳动力资源丰富且成本相对较低;五是在欧盟和美国相继对其解除制裁后,缅甸作为最不发达国家,目前仍享有欧盟、美国等发达国家给予的普惠制待遇;六是基础设施等传统产业以及电子商务、移动支付等新业态均有较大发展空间;七是近年来政府吸引外资的意愿和对外资吸引力度不断增强,缅甸新《投资法》《投资细则》和《公司法》等一系列法律法规的颁布与实施使外商的投资环境逐步有所改善。

据世界银行发布的《2019年营商环境报告》显示,在纳入评价的190个经济体中,缅甸排名第171位,与2018年的排名持平。部分单项排名如下:电力供应第144名,跨境贸易第168名,开办企业第152名,执行合同第188名,申请信贷第178名,纳税第126名。

（二）基础设施合作机遇

缅甸计划与财政部负责总体经济规划及预算安排工作，各业务主管部门负责该领域内基础设施建设的具体项目，如农业、畜牧与灌溉部负责水利灌溉项目，交通与通讯部负责铁路及通信设施建设项目，建设部负责道路桥梁建设项目，电力与能源部负责电力建设等。

2017年4月，缅甸交通与通讯部提出，将优先对现有铁路中的5段铁路进行升级改造，分别为：全长620千米的仰光—曼德勒铁路、547千米的曼德勒—密支那铁路、283千米的仰光—毛淡棉铁路、257千米的仰光—卑谬铁路以及仰光环城铁路。目前，缅甸利用日本低息贷款已完成对仰光环城铁路的改造，改建后的环城铁路将与迪洛瓦经济特区相连接。

此外，缅甸政府计划对全长约620千米的仰光—曼德勒铁路进行升级改造，由日本提供专项贷款支持，日本公司负责实施。2019年，中缅铁路互联互通项目取得积极进展，中方已完成木姐—曼德勒段的可行性研究，并在第二届"一带一路"国际合作高峰论坛期间向缅方递交了可行性研究技术方案。

缅甸于2014年制定了《国家电力发展规划》，近期拟通过使用太阳能发电板等方式实现离网电源初步供电，远期通过增加发电量、新建输变电线路、优化配网等方式，最终在2030年实现电力全覆盖。受限于环保要求、居民意愿、发电成本等因素，电力建设项目进展较为缓慢。

缅甸财政资金短缺，融资手段有限，自有资金难以支持大型基础设施项目建设，因此项目资金主要来源于外国政府的援助、双边或国际金融机构优惠贷款或者当地及外商投资等。外国投资者或工程承包企业主要以BOT（Thaketa燃气电站项目）、EPC+F（仰光国际机场）等方式参与缅甸电站、道路和机场等基础设施建设。

（三）缅甸贸易比较优势

缅甸的辐射市场主要为东盟国家。近年来，缅甸与中国、泰国、新加坡、马来西亚、印尼、越南等国经贸合作稳步发展，与韩国、日本、印度在投资贸易领域逐步扩大。2012年下半年至今，欧洲国家如英国、德国等也陆续进入缅甸市场，寻求合作机会。

缅甸通过木姐、雷基、甘拜地、清水河、景栋、德穆、里德、实兑、孟都、大其力、妙瓦迪、高当、丹老、提基、茂当和眉色等16个边境贸易点，主要与中国、印度、孟加拉国和泰国等邻国开展边境贸易。坐落在中缅边境的木姐口岸是缅甸最大的边境贸易点。

目前，缅甸尚未单独与其他国家签署自由贸易协定。缅甸已通过美国的普惠制审查，重新获得美国的普惠制待遇，共有5000多种产品可以免税进入美国市场。

缅甸还是欧盟提供关税优惠的受惠国。据2012年11月欧盟委员会公布的新的普惠制方案显示，新增缅甸为普惠制第一类国家。自2014年1月1日至2023年12月31日，欧盟对自缅甸等49个最不发达国家的进口产品实行免关税政策。欧盟给予缅甸的关税普惠制待遇从2013年7月19日起开始生效。除武器外，缅甸其他商品可向欧盟国家出口，并享受普惠制待遇。2018年10月，欧盟的执行机构欧洲委员会宣布，由于缅甸若开邦北部的危机，他们将审查贸易特权生效期间缅甸的人权是否有所改善或恶化。在此期间，欧盟将决定是否启动程序撤销其向缅甸提供的贸易特权，正式的撤销程序需要6个月的审查期。

（四）投资合作基本向好

作为缅甸的重要邻邦，中国的优势在于已经成为缅甸的主要投资国。合作共建"一带一路"、"孟中印缅经济走廊"建设的不断推进，以及亚洲基础设施投资银行的融资支持，使得中国对缅甸的投资信心大幅提升。

民盟政府上台后，缅甸的外交并没有出现向西方"一边倒"的情形，这对中国投资者来说也是一种积极的信号。民盟新政府继续大力推行经济及政治改革，促使缅甸的投资环境得到一定程度改善，对提振投资者信心发挥了重要作用。但大型国有企业是中国对缅甸投资的主体，对私营及中小企业的投资参与较少，且中国企业在缅甸投资时合作的对象主要是官方或军方企业，这导致缅甸民众受益较少。另外，矿产、水力资源、石油天然气等资源开发几乎成为中国对缅甸投资的全部，在缅甸市民社会发展、非政府组织等的影响下，缅甸民众的干扰及维权行为成为中国在缅甸投资的大型项目顺利推进的主要制约，如密松水电站项目、莱比塘铜矿项目、皎漂—昆明铁路项目等。

（五）国际产能合作空间较大

发展经济、改善民生是民盟新政府的重要执政目标，推进产能合作是其重要的举措。产能合作是中国推进"一带一路"建设的重要支撑，也是中缅经济合作的重要领域，其中尤以基础设施建设合作为重中之重。2016年，民盟上台执政后，中国外交部长王毅访问缅甸，并表示中国愿帮助缅甸建设必要的基础设施，通过产能合作帮助缅甸加快工业化进程，提高自主发展能力。

鞋、服装等纺织业是缅甸工业发展的重要支撑，民盟新政府将纺织服装业等能较多解决就业的行业作为优先投资选择。目前中国是缅甸制鞋、制衣原料的主要来源地。随着中国经济改革发展的深入，部分优质产能急需向外转移，而这其中有很多是缅甸经济发展所需要的，因此制造业产能合作成为中缅互补性合作的重要体现。

中信集团联合体中标缅甸皎漂特别经济区项目，这是缅甸大选之后中国企业首次中标的大型项目，将采取企业对企业模式进行商业开发，进行油气加工产业、跨国及域内物流运输、IT园区、服装、食品加工等开发项目。目前，经济区内的中缅油气管道项目配套工程已经建成启用，泰达苏伊士经贸合作区一期、二期项目加快推进。但由于经济区位于比较偏远的若开邦，加上该地区宗教冲突频繁，如何使得基础设施建设尽快融入当地、获得居民支持，是中资企业仍需深入研究的问题。

（六）农业合作潜力巨大

农业是缅甸经济的基础，其产值仍约占该国国民生产总值的40%，是中缅合作的重要领域之一。缅甸政府为加强对外贸易，发展经济，选定稻米、豆类及油料作物、水产品、纺织品、林业产品和橡胶6项为优先出口产品，除了纺织品外其他均属于农业产品。中国是缅甸这几类农业产品的重要出口市场。

2016年6月，中国与缅甸在内比都举行了中缅农业合作联委会第一次会议。中缅农业合作委员会机制于2014年中国领导人访问缅甸时，与时任缅甸总统吴登盛共同商定成立，说明民盟新政府对前政府的政策具有一定的继承性。中缅农业合作委员会第一次会议明确了双方联委会的组成名单，并指出将不断完善和健全农业合作机制，在农业技术交流、农作物优良品种示范推广、跨境动植物疫病联防联控、农业能力建设、农业投资合作等领域深化合作。中缅农业合作委员会作为政府间的合作机制，将成为两国农业合作的重要纽带，为提升两国农业合作水平发挥重要作用。

为了有效开展国际禁毒合作，帮助缅甸北部农民降低对罂粟种植的依赖，中国云南省地方政府于20世纪90年代开始尝试在缅北地区帮助开展罂粟替代种植工作。目前，缅甸北部的替代种植日益规模化，累计替代种植面积达1333平方千米，主要以企业到缅甸租赁土地，进行相关作物种植的形式开展。目前，有100多家中国企业参与替代种植橡胶、玉米、甘蔗、热带水果等。另外，还有合资开发、参股开发、独资开发、公司+农户合作等合作形式。

第八章 柬埔寨发展政策

柬埔寨王国（英文名：The Kingdom of Cambodia，简称"柬埔寨"），位于中南半岛南部，面积约18万平方千米，首都为金边（Phnom Penh）。全国人口约1480万，高棉族占总人口的80%，华人华侨约110万。官方语言为柬埔寨语（又称高棉语）。现任国王为诺罗敦·西哈莫尼（Norodom Sihamoni）。

柬埔寨领土为碟状盆地，三面被丘陵与山脉环绕，中部为广阔而富庶的平原，占全国面积的3/4以上。湄公河自北向南贯穿柬埔寨全境，境内还有东南亚最大的淡水湖——洞里萨湖（又称金边湖）。行政区划上，柬埔寨全国分为24个省和1个直辖市（首都金边）。金边市面积678平方千米，人口约150万，是柬埔寨的政治、经济、文化和教育中心，也是全国的交通枢纽。

第一节 柬埔寨的基本情况

一、政治发展简况

柬埔寨于公元1世纪下半叶建国，历经扶南、真腊、吴哥等王朝。1863年沦为法国的保护国，1940年被日本占领，1945年日本投降后又被法国重新占领，1953年11月9日宣布独立。1970年3月18日，朗诺（Lon Nol）集团发动政变推翻西哈努克（Norodom Sihanouk）政权，改国名

"高棉共和国"。3月23日，西哈努克在北京成立"柬埔寨民族统一阵线"，开展抗美救国斗争。5月5日，成立以宾努（Penn Nouth）亲王为首相的柬埔寨王国民族团结政府。1975年4月17日，柬埔寨抗击美国的救国斗争取得胜利。

1976年1月，柬埔寨颁布新宪法，改国名为"民主柬埔寨"。1978年12月，越南出兵柬埔寨，成立"柬埔寨人民共和国"。1982年7月，西哈努克亲王、宋双（Son Sann）、乔森潘（Khieu Samphan）三方组成民主柬埔寨联合政府。1990年9月，成立柬埔寨全国最高委员会，西哈努克出任主席。当年10月23日，在巴黎召开关于和平解决柬埔寨问题的国际会议，签署了《柬埔寨冲突全面政治解决协定》。

1993年5月，柬埔寨在联合国主持下举行首次全国大选。9月，颁布新宪法，改国名为"柬埔寨王国"，西哈努克重登王位。11月，柬埔寨王国政府成立，拉纳烈（Norodom Ranariddh）、洪森（Hun Sen）分别任第一首相、第二首相。1998年7月和2004年7月，人民党和奉辛比克党联合组成第二、第三届联合王国政府。2008年7月，洪森领导的人民党在第四届大选中以绝对优势获胜，洪森出任首相。2013年和2018年，人民党连续胜选，洪森连任首相。

1998年第二届王国政府成立以来，政府致力于稳定政局、发展经济，奉行独立、和平、永久中立和不结盟的外交政策。1999年柬埔寨正式加入东盟后，以东盟为依托，积极发展与周边国家、西方发达国家和国际组织之间的关系。世界银行自2016年7月1日起将柬埔寨视为中等偏下收入国家。

二、经济发展简况

柬埔寨经济现代化起步于20世纪50年代。1953年柬埔寨获得政治独立之后，柬国内逐步开始了经济现代化的进程。但与大多数曾经遭受殖民统治的第三世界国家一样，柬埔寨的现代化属于后发外源型现代化，整体发展较为缓慢，加之国内政局不断变化，其最终直至20世纪末期才真正回归到现代化发展的正常轨道之上。

（一）1953—1969 年的起步阶段

1953 年 11 月，柬埔寨摆脱法国殖民统治，获得民族独立，正式开始发展民族经济。1954 年，柬埔寨成立了国家银行、王家合作社等机构，开始实行银行和对外贸易国有化。1956 年，柬埔寨建立柬埔寨计划委员会，加强对国家经济建设的领导和宏观调控。1957 年，为吸引外资，柬埔寨又发表声明保证外国投资企业今后 10—30 年内不会被收归国有。

1960 年，柬埔寨两度颁布欢迎私人投资的法令，加大了吸引外来企业投资的力度。同年，开始实施第一个经济发展五年计划，重点发展农业、加工业和交通运输业。此外，逐步开始实行国有化政策，1964 年起银行、进出口行业等实现了国有化；1965 年起公路货运改由国家经营。到 20 世纪 60 年代末期，柬埔寨经济基本走上了独立发展的道路。

（二）1970—1992 年的遭遇挫折阶段

1970 年 3 月，朗诺集团夺取政权，由西哈努克领导的柬埔寨经济现代化的探索暂告一个段落。朗诺政府上台后，重点调整了西哈努克时期的国有化政策，开始实行经济自由化政策。1975 年，红色高棉建立社会主义政权，开始在全国实行社会主义计划经济体制。1976 年，民柬政府决定实施四年经济发展计划。1979 年越南入侵后，民柬政府的经济政策变更为鼓励私有经济和自由贸易。

1982 年，金边政权公布了柬埔寨的第一个税收法案。1985 年，金边政府颁布了该政权的第一个"五年计划"，开始重点恢复发展粮食、橡胶和工业生产，并开始实施改革开放政策。1989 年，宣布实行自由市场和对外开放的经济政策，颁布首个《外国在柬埔寨投资法》，希望进一步获取外援和外国投资。越南撤军后，1991 年柬埔寨政治局势开始好转，并在西哈努克的带领下开始实行第二个"五年计划"。

（三）1993 年后的全面发展阶段

1993 年，在国际社会的推动下，柬埔寨举行第一届王国政府选举，国内政治实现了和解,为经济发展营造了良好的社会环境。1994年,柬政府开始实施经济恢复发展计划,成立柬埔寨发展理事会专门负责经济建设的指导和组织工作,并颁布了新的《柬埔寨王国投资法》,历经多次修订,逐步成为在柬投资的主要法律依据。此后,《私有化条例》《外汇法》《柬埔寨劳工法》《柬埔寨公司法》和《柬埔寨王国税法》等多部法案的颁布,使得柬埔寨基本建立起较为完整的投资法律体系。

柬埔寨于1999年加入东盟,2004年加入世界贸易组织,与世界的经济联动关系越来越紧密。2006年,柬埔寨政府制定了《柬埔寨国家战略发展计划2006—2009》,建立了柬埔寨发展理事会等一批新机构。2009年,柬埔寨政府又制定了《柬埔寨国家战略发展计划2009—2013》,决定改革政府,完善营商环境,加快基础设施发展。2014年和2019年,又分别公布了两次各为期5年的国家发展战略计划。

三、主要经济部门

柬埔寨是传统农业国,工业基础薄弱,依赖外援外资,贫困人口约占总人口的14%,实行对外开放和自由市场经济政策。现任政府执行以增长、就业、公平、效率为核心的国家发展"四角战略"(即农业、基础设施建设、私人经济、人力资源开发)。

柬埔寨盛产柚木、铁木、紫檀、黑檀等高级木材,并有多种竹类。木材储量为11亿多立方米。森林覆盖率达61.4%,主要分布在东、北和西部山区。矿藏主要有石油、天然气、磷酸盐、宝石、金、铁、铝土等。水资源丰富,洞里萨湖为东南亚最大的天然淡水湖,素有"鱼湖"之称。西南沿海也是重要渔场,多产鱼虾。

农业在柬埔寨国民经济中具有举足轻重的地位。尽管柬埔寨存在基础设施和技术落后、资金和人才匮乏等制约因素,但其农业资源丰富、自然条件优越、劳动力充足、市场潜力较大。柬埔寨政府将农业列为优先发展的领域,竭力改善农业生产及其投资环境,充分挖掘潜力,发挥优势,开拓市场。

2018年,柬埔寨农业国内生产总值达54.78亿美元,其中种植业占

58.1%、水产养殖业占24.1%、畜牧业占11.1%。2018年全国水稻种植面积3.34万平方千米，稻谷总产量近1089万吨，同比增长3.5%。柬埔寨政府高度重视稻谷生产和大米出口，2018年大米出口62.6万吨，同比增长17%。2018年木薯、橡胶种植面积2020平方千米，产量22万吨，收入达3亿美元。

柬埔寨工业基础薄弱，制衣业和建筑业是其两大支柱。柬埔寨充分利用美国、欧盟、日本等28个国家/地区给予柬埔寨的普惠制待遇等优惠政策，凭借本国劳工成本低廉的优势，积极吸引外资投入制衣和制鞋业。柬埔寨央行的报告显示，2018年柬埔寨服装和鞋类产品出口增长24%，出口总额达100亿美元。服装和鞋类产品仍是柬埔寨最重要的出口产品，占全国出口商品总额的74%。

据柬埔寨国土规划和建设部统计，2018年全国共有2867个建筑项目在建，建筑面积为1142.2万平方米。2000—2018年，柬埔寨政府批准的建筑项目共有4.3万个，总建筑面积1.14亿平方米，总投资额433.7亿美元。

柬埔寨旅游资源丰富。首都金边有塔仔山、王宫等名胜古迹；北部暹粒省吴哥王朝遗址群的吴哥窟是世界七大奇观之一；西南部的西哈努克港是著名的海滨休闲胜地。2018年，柬埔寨共接待外国游客620万人次，同比增长10.7%。

柬埔寨政府高度重视沿海各省旅游业的发展，2012年1月通过了《柬埔寨海滩地区开发和管理委员会王令》和《柬埔寨王国海滩地区开发规划》等议案。根据上述议案，柬埔寨将成立沿海发展管理国家委员会，旨在加强海滩地区的开发与管理，包括海滩与海岛开发、公路与水路连接等。

四、宏观经济管理

柬埔寨的"四角战略"是近十多年来指引柬国家经济发展方向的战略规划。2004年，柬埔寨政府提出以优化行政管理为核心，加快农业发展、加强基础设施建设、吸引更多投资和开发人才资源的"四角战略"。该战略旨在通过有效管理和深入改革，促进柬经济增长，解决民众就业，保障社会平等与公正。

2013年9月，柬埔寨第五届王国政府发布《四角战略第三阶段政策》，确定了随后5年的四大优先发展领域：一是发展人力资源，加大对专业技术工人的培养，制定适应劳工市场的法律规章，设立职业培训中心等。二是继续投资基础设施和建设商业协调机制，加大对交通基础设施的投入，建设具有灵活性的商业协调机制，加大能源开发力度，推动互联互通。三是继续发展农业和提高农业附加值，推动大米出口、大米增值，推动畜牧业和水产养殖发展，鼓励企业投资农产品加工业，提高农业的现代化和商业化水平。四是加强国家机构的良政实施力度，提高公共服务效率，改善投资环境，继续推进司法体系改革，保障社会公平和国民权力；继续推进公共行政改革，强化监督机构职能；继续深入实施公共财政改革计划，确保国家预算的分配和使用；加大吸引投资力度，鼓励经济特区的实施和运作。

目前，柬埔寨政府正在贯彻执行"四角战略"的第四阶段发展政策。该阶段政策旨在增加就业、公平和效率，以实现柬埔寨的2050年愿景。首先要确保实现四个战略目标：第一，通过多样化的经济基础实现可持续年均经济增长率7%，通货膨胀率保持较低水平，汇率稳定，外汇储备稳步增加。第二，通过提供劳动力市场信息，为人们创造更多数量的工作。改善工作条件，促进商业活动并促进国内外投资。第三，将贫困人口减少到10%以内，并且防止贫困人口反弹，着力强化市场参与机制，实施社会保障政策，减轻生活负担和提供公共服务，提高生活质量和缩小社会差距。第四，加强国家机构、地方政府的能力和治理，以确保公共服务的有效性和高效性，旨在更好地为人民服务，改善商业环境，创造良好的投资环境。

在现政府的"四角战略"中，还包括四个优先领域：第一，人力资源优先领域包括素质教育、科学技术、培训、技术技能，促进公共卫生和营养服务以及加强两性平等和社会保护。第二，经济多元化，包括改善系统、运输联系以及能源和数字化，为数字经济做准备并应对第四次工业革命挑战，促进金融业发展。第三，促进私营部门和就业，包括就业市场发展、扶持中小企业、发展和实施公私伙伴关系并加强竞争。第四，可持续发展与环境，包括农业和农村发展、资源管理、加强城市管理以及环境的可持续性和气候变化的防范。

2018年前，柬埔寨已经优先实施了四个行动计划：一是降低工商业电力价格，二是运输物流总体规划，三是劳动力市场培训计划，四是把西哈努克省开发成综合示范经济特区。金融是柬埔寨政府经济与金融政策中的主要优先领域之一，在保持宏观经济稳定方面起着重要作用，为长期经济增长创造了便利条件。为了保持宏观经济稳定和推动经济增长，柬埔寨于2016年10月通过了《2016—2025金融业发展战略》。该战略协助推动经济可持续增长，提高居民生活水平和社会福利，满足柬埔寨融入地区经济和金融领域的需求。

第二节 柬埔寨发展政策体系

一、产业政策

柬埔寨的经济产业可以简略地分为三类：农业、工业（主要是纺织服装产业和建筑业）、服务业（主要是旅游业）。

（一）农业

柬埔寨王国政府于2010年推出《促进稻谷产业和大米出口政策》，重点推进每年剩余稻谷400多万吨、2015年实现100万吨大米的目标，并在国际平台上扩大柬埔寨香米的知名度。柬埔寨已成功向全球60个国家出口大米，且柬埔寨香米曾在2012年、2013年和2014年连续三年被誉为"世界最好大米"。

2016年5月12日，洪森首相对发展国家农业提出的10点方案中，其内容就包括：改进生产技术，提高农产品的质量和产量；加强农业研究和宣传工作，适应国际、区域和国内粮食需求增加趋势；改善水利系统，增强多季农作物种植能力；优化农业社区运作，加强私人领域合作发展农业；大力推广香米种植；打击优化非法砍伐森林、打击非法捕猎野生动物等犯罪活动等。

（二）工业

柬埔寨政府制定的《2015—2025 工业发展计划》的主要目标是：到 2025 年，使柬埔寨工业由劳动密集型向技术密集型转变，工业占国内生产总值比重从 2013 年的 24.1% 提高到 30%，其中制衣业从 15.5% 提高到 20%；促进出口产品多元化，非纺织品出口比重提升至 15%，农产品出口比重达到 12%；实现 80% 的小型企业和 95% 的中型企业合法登记，五成小型企业和七成中型企业建立规范的会计账户和财务报表。重点发展高附加值新型工业、制造业，医药、建材、包装、家具制造等领域中小企业，农业加工业，农业、旅游业、纺织业上下游配套产业，以及信息、通信、能源、重工业、文化/历史/传统手工业及环保产业。

（三）服务业

近年来，沿海地区逐步成为继吴哥景区之后又一个重要的旅游目的地。自 2011 年 7 月柬埔寨沿海四省被纳入世界最美海滩俱乐部以来，政府高度重视沿海各省旅游业的发展，并于 2012 年 1 月通过了《柬埔寨海滩地区开发和管理委员会王令》和《柬埔寨王国海滩地区开发规划》等议案。根据上述议案，柬埔寨将成立沿海发展管理国家委员会，加强海滩地区的开发与管理，包括海滩与海岛开发、公路与水路连接等。

目前，柬埔寨政府正在制定"暹粒吴哥和金边至西南沿海地区和东北生态旅游地区"的旅游产品多样化战略，积极开发自身独具优势的旅游资源，促进当地经济发展。柬埔寨旅游部对旅游业发展充满信心，制定了未来旅游计划，预计 2020 年底将接待外国游客 700 万人次，为 80 万人提供就业机会。

二、金融政策

（一）货币

柬埔寨的法定货币为瑞尔。1993 年，柬埔寨政府通过并实施《外汇法》，规定汇率由市场调节。近 5 年来，汇率基本稳定在 4000 瑞尔兑 1 美元。

表 8—1　2012—2018 年柬埔寨汇率变动情况

年份	瑞尔兑美元平均汇率（瑞尔/1 美元）
2012	4040
2013	4010
2014	4020
2015	4053
2016	4065
2017	4050
2018	4050

资料来源：亚洲开发银行。

同时，美元被允许在市场上流通。由于美元的大量涌入、外资工厂的增加和柬埔寨 1999 年的银行危机，人民对银行和瑞尔的信任度降低，美元逐渐成为柬埔寨社会的主要交换媒介，其流通量占市场货币流通总量的 80% 以上，其本币瑞尔则用于在 1 美元以下的交易时起着补助货币的作用。而人民币与瑞尔不可直接兑换，因此与瑞尔进行结算需以美元搭桥。

（二）银行

柬埔寨银行体系由国家银行和商业银行构成。银行业监管采用的是单一监管体系，国家银行为监管机构。

国家银行的主要职能是：建立金融体系的法律框架，维持稳定的价格体系，为制定金融政策提供依据，增加国家资本，承担政府间的财务清算和管理本国货币，管理外汇储备，监督和调控商业银行、专门金融机构等依法运营。

柬埔寨中央银行要求金融机构的资本充足率不得低于15%，并针对金融机构经营管理等方面制定了法律法规，涵盖金融机构监管、金融机构准入及退出机制、支付及清算管理、反洗钱等。柬埔寨中央银行主要通过非现场监控及现场检查对金融机构实行监管，对本国和外资商业银行实行统一标准，在机构设立、资本金要求、准备金等方面均未区分本资及外资。

（三）外汇

柬埔寨《外汇法》规定：允许居民自由持有外汇。通过授权银行进行的外汇业务，如转账和国际结算不受管制，但单笔转账金额在1万美元（含）以上的，授权银行需要向国家银行报告。此外，只要是在柬埔寨商业主管部门注册的企业均可开立外汇账户，汇率由市场调节，允许美元在市场流通。该部法律还规定，在已经向柬埔寨国家银行申报的前提下，可以对未加工的黄金、宝石或其他贵重金属进行自由进出口，但支付价格超过1万美元（含1万美元）或等值货币的，还需要向海关进行申报。

由于柬埔寨政府实施宽松的外汇政策，外资商业银行在柬埔寨获得较快发展，中国银行、中国工商银行都已在柬埔寨设立分行。

（四）证券

柬埔寨《非政府债券发行和交易法》于2007年10月19日颁布，政府鼓励境外投资和参与柬埔寨证券市场。

2011年7月11日，柬埔寨证券交易所在金边成立，这是柬埔寨历史上首家证交所。柬埔寨证交所由柬埔寨政府与韩国证券公司合作成立，其中柬方持股55%，韩方持股45%。2012年4月18日，柬埔寨证券交易所正式开业。截至2018年底，柬埔寨的上市公司共有5家，分别为金边水务局、崑洲制衣厂、金边港口、金边经济特区和西哈努克港。

三、土地政策

柬埔寨《土地法》于1992年颁布，并于2001年8月修订。2001年的土地法修正案的主要目的是明确不动产所有权体制，以保障不动产所有权及相关权益。该法还旨在建立现代化土地注册体系，以保障人民拥有土地的权利。土地法指定土地管理城市规划和建设部作为不动产权属证明文件的核发部门，并负责国有不动产的地籍管理工作。

在所有权规定方面，严禁外籍自然人和法人拥有土地。《宪法》规定：全部自然人或法人均可单独或集体拥有所有权，但仅限于柬埔寨籍自然人或法人有权拥有土地（第四十四条）。根据柬埔寨《土地法》（2001年）的规定，禁止任何外国人（包括自然人和外商控制的法人）拥有土地，但合资企业可以拥有土地，其中外方合计持股比例最高不得超过49%。

四、贸易政策

商业部为柬埔寨贸易主管部门。柬埔寨国内与贸易相关的法律法规主要包括《进出口商品关税管理法》《关于颁发服装原产地证明、商业发票和出口许可证的法令》《关于实施货物装运前验货检查工作的管理条例》《加入世界贸易组织法》《关于风险管理的次法令》《关于成立海关与税收署风险管理办公室的规定》和《有关商业公司从事贸易活动的法令》等。柬埔寨商业部负责出口审批手续。在多数情况下，进口货物无需许可证，但部分产品需要获得相关政府部门特别出口授权或许可后方可出口。

（一）贸易管理相关规定

1. 普惠贸易优惠

目前，柬埔寨享受了欧盟"除武器外全部免税"（EBA）和美国普惠制（GSP）等优惠关税，使符合条件的产品可以免除配额和关税进入欧盟和美国市场。目前，两种优惠项目下的商品出品额大约占柬埔寨出口总额的超过60%。但是，根据世界银行发布的2016年各国人均国民收入的划分标准，柬埔寨2015年人均国民收入已经超过1020美元，已脱离低收入国家行列，柬埔寨是否仍然能够享有普惠制待遇，存在一定的变数。

2. 出口商品当地含量及原产地原则

柬埔寨目前无当地含量要求，即不限制使用进口原材料、零部件（对健康、环境或社会有害的原材料、零部件除外）。在柬埔寨，出口商应重视普惠制的原产地规则要求。普惠制下出口至美国的产品，原产地规则对当地含量的最低要求为35%（符合条件的东盟成员国，即柬埔寨、泰国、印尼和菲律宾，在原产地规则要求中被视为同一国家）。在"除武器外全部免税"规则下，原产地规则要求出口产品至少有40%的含量出自出口国。

3. 出口优惠

根据《投资法修正法》，由柬埔寨投资委员会批准的出口型合格投资项目可享受免税期或特别折旧，其出口产品增值税享受退税或贷记出口产品的原材料。

4. 出口限制

禁止或严格限制出口的产品包括文物、麻醉品和有毒物质、原木、贵重金属和宝石、武器等。2013年初，柬埔寨政府明令禁止红木的贸易与流通。半成品或成品木材制品、橡胶、生皮或熟皮、鱼类（生鲜、冷冻或切片）及动物活体需缴纳10%的出口税。服装出口需向商业部缴纳管理费。普惠制框架下服装出口至美国或欧盟的，需获得出口许可证。

5. 矿产品出口

为加强对矿产品出口的有效监管，柬埔寨明确了矿产品出口法律程序及手续。矿产品出口公司须完成2项出口审批：一是拥有矿产执照的出口公司，须向矿产能源部提交既定时间内（最多1年）的出口计划，以获得原则性批准的出口配额（EQAP）；二是拥有配额后，每次装运还需获得矿产能源部的出口许可及财经部下属海关总署的批准。出口公司须在装货前7天通知矿产能源部进行检查，装运离境10天内向矿产能源部提交海关支持文件报告。对于违反规定的出口公司，矿产能源部将拒绝签发新的出口许可、暂停出口配额 3 个月，其还将面临一段时间内被政府列入黑名单的处罚。

6. 免税进口

根据《投资法修正法》，由柬埔寨投资委员会批准的出口型合格投资项目可免税进口生产设备、建筑材料、原材料和生产投入附件。为取得生产用原材料免税进口批件，进口公司应每年向柬埔寨投资委员会申报拟进口材料的数量和价值。

（二）进出口商品检验检疫相关规定

柬埔寨财经部海关与关税署、商业部进出口检验与反欺诈局联合负责进出口商品检验，检验地点为工厂或进出口港口。目前，柬埔寨全部进出口货物均接受检验，政府正计划逐年降低检验比率。价值 5000 美元或以上的进口货物，在出口国进行装运前检验。检验报告和其他装船前检验文件将被递交至柬埔寨海关，货物抵达柬埔寨后，货主凭检验单据到海关交纳税款并提出货物。

（三）海关管理规章制度

1. 管理制度

柬埔寨政府近年来不断改进海关管理制度，致力于实现简洁、高效、透明和可预测的海关管理。为简化海关程序，政府决定推行使用"海关一站式服务系统"，并计划在西哈努克港安装自动海关数据系统终端。

2. 关税税率

除天然橡胶、宝石、半成品或成品木材、海产品、沙石等五类产品外，一般出口货物不需缴纳关税。所有货物在进入柬埔寨时均应缴纳进口税，投资法或其他特殊法规规定享受免税待遇的除外。进口关税主要由四种汇率组成：7%、15%、35% 和 50%。在东盟自由贸易协定的共同有效关税体制下，从东盟其他成员国进口、满足原产地规则规定的产品可享受较低的关税税率。

五、税收政策

柬埔寨实行全国统一的税收制度，采取属地税制。1997年颁布的《税法》和2003年颁布的《税法修正法》为柬埔寨税收制度提供法律依据。现行赋税体系包括的主要税种有：利润税、最低税、预扣税、工资税、增值税、财产转移税、土地闲置税、专利税、进口税、出口税、特种税等。

利润税应税对象是居民纳税人来源于柬埔寨或国外的收入，以及非居民纳税人来源于柬埔寨的收入，除0%和9%的投资优惠税率外，一般税率为20%，自然资源和油气资源类税率则为30%。

最低税税率为年营业额的1%，包含除增值税外的全部赋税，于年度利润清算时缴纳。若利润税达到年度营业额1%以上的，纳税人仅须缴纳利润税。

居民纳税人以现金或实物方式支付其他居民的，按适用于未预扣税前支付金额的一定税率预扣，并缴纳税款。税率有15%、10%、6%和4%四种。

柬埔寨居民源于境内及境外的工资，以及非居民源于柬埔寨境内的工资需缴纳工资税，由雇主根据分段累进税率进行预扣。

增值税按照应税供应品应税价值的10%税率征收。应税供应品包括：柬埔寨纳税人提供的商品或服务；纳税人划拨自用品；以低于成本价格赠予或提供的商品或服务；进口至柬埔寨的商品。对于出口至柬埔寨境外的货物，或在柬埔寨境外提供的服务，不征收增值税。

表8—2　柬埔寨工资税税率表

月应税工资（瑞尔）	税率（%）
0—500000	0
500001—1250000	5
1250001—8500000	10
8500001—12500000	15
12500000以上	20

资料来源：柬埔寨发展理事会。

六、劳动政策

《柬埔寨王国宪法》第 36 条中就有关于用工原则的明确规定："柬埔寨两性公民有权根据本人的需要选择适合自己能力的职业；柬埔寨两性公民有权得到同种工种的同种报酬；柬埔寨两性公民有权得到法律上阐述的社会保险和经济利益；柬埔寨两性公民有权建立和加入工会。"

柬埔寨《劳工法》于 1997 年颁布，基本上参照发达国家的劳动标准制定，要求十分严格，在现实执行中也更加强调对劳工权益的保护：严格禁止强迫或强制劳动；规定雇主雇佣或解雇工人时，应在雇佣或解雇之日起 15 日内向劳动主管部门书面申报；雇主用工人数超过 8 个的，应制定企业内部规章制度；明确规定允许就业的最低年龄为 15 岁，工作性质涉及危害健康、安全或道德的，则将最低就业年龄调整为 18 岁；规定雇主签订或存续雇佣合同时，不得要求交纳抵押金或任何形式的保证金；工人工作时间（不论性别）每天不得超过 8 小时，或每周不得超过 48 小时，严禁安排同一劳工每周工作 6 天以上；全部工人均有权享受带薪假，按每连续工作 1 个月休假 1 天半计算，在此基础上劳工资历每增加 3 年，带薪假增加 1 天等。

在柬埔寨，无论是劳工还是雇主，均有权不需预先核准，自主组建专业组织，以集体或个人方式研究、促进组织章程所涉及人员的权益，保护其精神和物质利益。每个有至少 8 个正常雇佣工人的企业或单位，工人应该选出一个工人代表作为所有有资格在该企业或单位投票的工人的唯一代表；劳工组建的专业组织被称为"劳工工会"，雇主组建的专业组织则被称为"雇主协会"，禁止组建雇主及劳工同为会员的行业工会或协会。

此外，柬埔寨对于外籍劳工限制较多，须满足一系列条件：雇主预先获得在柬埔寨工作的合法就业证、工作许可证；合法进入柬埔寨王国；持有有效护照；持有有效居留证；无传染性疾病（卫生部规定相关条件，劳动主管部门批准）。而且，就业证有效期只有 1 年，虽然可以延期，但延期后的有效期也不得超过其居留证有效期。而柬埔寨需要外籍劳务的岗位，主要是专业技术人员和管理人员等。

柬埔寨劳动力价格普遍较低，近几年来政府普通公务员、军警月薪仅为 50—60 美元，但劳工待遇得到较好保障。2016 年，柬埔寨将制衣、制鞋业最低工资标准提高至月薪 153 美元。柬埔寨政府针对有关劳工的政策仍处在发展变化之中，但其整体原则和总体思路仍将是两处着手：一方面，积极实施技术人才本地化战略，努力解决其国内劳动力大量过剩的问题，寻找国外的就业市场；另一方面，严格控制外劳输入，优先保护和促进本国民众的就业，只有柬埔寨缺乏的技术、管理人才才能获准进入柬埔寨工作。

七、投资政策

（一）投资主管部门

柬埔寨发展理事会是负责重建、发展和投资监管事务的一站式服务机构，由柬埔寨重建和发展委员会和柬埔寨投资委员会组成。该机构负责对全部重建、发展工作和投资项目活动进行评估与决策，批准投资人注册申请的合格投资项目，并颁发最终注册证书。

但对于下列条件的投资项目，需提交内阁办公厅批准：（1）投资额超过 5000 万美元；（2）涉及政治敏感问题；（3）矿产及自然资源的勘探与开发；（4）可能对环境产生不利影响；（5）基础设施项目，包括 BOT、BOOT、BOO 和 BLT 项目；（6）长期开发战略。

（二）投资行业的规定

柬埔寨政府视外国直接投资为经济发展的主要动力。柬埔寨无专门的外商投资法，对外资与内资基本给予同等待遇，其政策主要体现在《投资法》（该法于 1994 年 8 月 4 日由柬埔寨王国第一届国会特别会议通过，1997 年、1999 年两度修订）及其《修正法》（2003 年 2 月 3 日由柬埔寨王国第二届国会通过）等相关法律规定中。

1. 鼓励投资的领域

《投资法》第 12 条规定，柬埔寨政府鼓励投资的重点领域包括：创新和高科技产业；创造就业机会；出口导向型；旅游业；农业、工业及加工业；基础设施及能源；各省及农村发展；环境保护；在依法设立的特别开发区投资。投资优惠包括免征全部或部分关税与赋税。

2. 限制投资的领域

《投资法修正法实施细则》（2005年9月27日颁布）列出禁止柬埔寨和外籍实体从事的投资活动，包括：神经及麻醉物质生产及加工；使用国际规则或世界卫生组织禁止使用、影响公众健康及环境的化学物质生产有毒化学品、农药、杀虫剂及其他产品；使用外国进口废料加工发电；森林法禁止的森林开发业务；法律禁止的其他投资活动。

此外，该细则还列出"不享受投资优惠的投资活动"和"可享受免缴关税，但不享受免缴利润税的特定投资活动"。

3. 对外国公民的限制

《投资法》对土地所有权和使用做出规定：（1）用于投资活动的土地，其所有权须由柬埔寨籍自然人或法人直接持有51%以上股份的法人所有；（2）允许投资人以特许、无限期长期租赁和可续期短期租赁等方式使用土地。投资人有权拥有地上的不动产和私人财产，并以之作为抵押品。

4. 矿产投资

2016年6月，柬埔寨政府出台《矿产勘探和工业开采执照管理条例》。根据条例，面积小于200平方千米的矿产勘探与开采执照由矿产能源部批准；大于200平方千米的矿区勘探开采执照由王国政府批准。任何自然人和法人都有权在规定的条件内提出超过一个矿区的勘探申请。执照有效期为3年，到期之后可申请延期两次，每次为期2年。已获政府授予矿产勘探和开采权的企业须在180天内提出新的勘探和开采申请，否则其执照将被没收。据矿产能源部统计，目前在柬埔寨有70余家公司从事矿业，包括中国、澳大利亚、美国、法国、马来西亚、越南等。

（三）投资方式的规定

1. 外国直接投资

在柬埔寨进行投资活动比较宽松，不受国籍限制（《土地法》有关土地产权的规定除外)。除禁止或限制外国人介入的领域外,外国投资人可以个人、合伙、公司等商业组织形式在商业部注册并取得相关营业许可,之后即可自由实施投资项目。需拟享受投资优惠的项目,需向柬埔寨发展理事会申请投资注册并获得最终注册证书后方可实施。获投资许可的投资项目被称为合格投资项目。

2. 合资企业

合格投资项目可以合资企业形式设立。合资企业可由柬埔寨实体、柬埔寨及外籍实体或外籍实体组成。王国政府机构也可作为合资方。股东国籍或持股比例不受限制,但合资企业拥有或拟拥有柬埔寨王国土地或土地权益的除外。在此情况下,非柬埔寨籍实体的自然人或法人合计最高持股比例不得超过49%。

3. 合格投资项目合并

两个或以上投资人,或投资人与其他自然人或法人约定合并组成新实体,且新实体拟实施投资人合格投资项目,并享受合格投资项目最终注册证书规定投资优惠及投资保障的,新实体需向投资委员会书面申请注册为投资人,并申请将合格投资项目最终注册证书转让给新实体。

第三节　柬埔寨发展政策成效

一、成效分析

(一)宏观经济增长

冷战时期的柬埔寨曾经是东南亚地区较为动乱和不幸的国家,但是冷战后随着国内局势的稳定,柬埔寨政府通过经济改革措施,实现了经济的较快增长,人民生活水平也在稳步提升。正是基于柬埔寨经济和社会领域的显著进步,柬埔寨已经从世界银行定义的"低收入国家"晋升为"中低收入国家"。

尤其是近年来，柬埔寨保持了稳定的政治经济环境，积极融入区域、次区域合作，重点参与区域连通计划的软硬设施建设，并加大吸引投资特别是私人领域参与国家建设，"四驾马车"（农业、以纺织和建筑为主导的工业、旅游业和外国直接投资）拉动经济稳步前行。近年来，柬埔寨经济以年均7%左右的速度快速发展。2018年全年柬埔寨国内生产总值约合241.4亿美元，同比增长7.5%，人均GDP增至1500美元。

表8—3 2013—2019年柬埔寨宏观经济数据

年份	GDP总额（亿美元）	GDP增长率（%）	人均GDP（美元）
2013	161.6	7.4	1036
2014	173.1	7.1	1122
2015	185.2	7.0	1228
2016	198.2	7.0	1300
2017	222.8	6.9	1435
2018	241.4	7.5	1500
2019	268	7.1	1679

资料来源：柬埔寨财经部、中华人民共和国驻柬埔寨王国大使馆经济商务处。

（二）经济结构变革

经济的持续增长带来了柬埔寨经济结构的显著改变。重建之初，农业在柬国内经济中的比重超过50%，到2012年这一比重就已下降到不足30%。与此同时，工业与服务业在国民经济中的份额稳步上升，基本上形成工业、服务业与农业并驾齐驱的经济格局。更加令人感到惊奇的是，由于旅游业和房地产业对国民经济的重要贡献，柬埔寨服务业2000年就已超过农业，成为国民经济第一大部门。这一独特的国民收入结构，在低收入国家中是非常罕见的。

（三）经济高度开放

从衡量经济开放度的各项指标来看，在重建后的短短20多年间，柬埔寨已成为东盟地区经济开放度最高的国家之一，其贸易开放度已超过100%，成为典型的小国开放经济体。柬埔寨的外资存量与 GDP 的比值不仅高于传统上对外资友好的泰国和马来西亚，甚至超过正在大力吸引外资的越南。一般而言，金融开放在经济开放进程中处于较晚开放的序列中，但令人意外的是，柬埔寨的金融开放度在东盟国家中已仅仅低于作为地区性金融中心的新加坡。

二、合作建议

（一）投资优势

1. 经济高度自由

柬埔寨实行开放的自由市场经济政策，经济活动高度自由化。柬埔寨实行较为开放的外汇政策，因此对国内旅游消费行业的发展起到良好的促进作用。高美元化是柬埔寨经济最显著的特征之一，以美元为主的货币使用现状限制了柬埔寨国内的通货膨胀水平，使其货币金融秩序更为稳定，推动了柬埔寨经济更好地融入地区与全球经济一体化的进程，为国际经济合作的发展奠定了基础。

2. 出口优惠政策

美、欧、日等 28 个国家给予柬埔寨普惠制待遇；对于自柬埔寨进口纺织服装产品，美国给予较宽松的配额和减免增收进口关税、欧盟不设限、加拿大给予免征进口关税等优惠措施，吸引了以中国（含港、澳、台地区）为首的纺织服装出口受限国家和地区来柬埔寨投资。在柬的 200 余家纺织服装企业中，有 80% 以上来自中国（含港、澳、台地区）。

3. 自然资源丰富

柬埔寨具有丰富的自然资源，在矿产、水利、农产品、渔业等方面的资源较为丰富，有利于吸引外资注入，对于本土企业的培育也具有基础性的平台和支撑作用。此外，世界七大奇观之一的吴哥窟等旅游风景区，每年吸引着数十万外国游客，因此对于有意投资酒店等旅游产业的公司具有相当的吸引力。

（二）风险规避

1. 工业结构单一

柬埔寨的工业结构较为单一，缺少具备自主研发和制造能力的产业，产品多为劳动密集型与资源密集型，以出口成衣为主并集中于欧美市场，易受国际经济环境特别是欧美经济形势变化的影响，具有较为显著的脆弱性。

2. 产品竞争力不足

2016年，柬埔寨人均收入水平已经超过低收入国家，进入中等偏低收入国家行列，其成衣出口等行业仍可享受3年的优惠待遇，但今后将面临与其他国家日趋平等的待遇和自由竞争的挑战。越南等周边国家的劳动力成本和专业技术与柬埔寨相比具有明显的竞争优势。撒哈拉以南非洲国家的纺织品服装出口享受到美国免配额、免关税待遇后，出口增长也十分迅速。

此外，柬埔寨制衣业已趋近饱和状态，2007年柬埔寨制衣业（包括制鞋业）在其制造业中的比例就已达到70%，在发展中国家位居最高。近年来，该行业越来越难以吸引新的投资，导致外商投资制衣业的项目和金额逐年减少，上升空间有限。

3. 基础设施落后

柬埔寨的基础设施仍较为落后，水电供应无法满足大规模工业化的需求。由于历史上长年战乱和政局动荡，柬埔寨的基础设施遭到严重破坏，严重影响正常的工业生产与运输。尽管经过近几年的修复，该情况已有所改善，但电力、供水、道路交通等方面仍然处于较为落后的状态。由于水、电供应成本较高且交通不便，企业需要在基础设施方面增加额外支出，运营成本提高，限制了其工业规模的扩展。

4. 法制有待完善

柬埔寨的法制体系尚不健全。目前柬埔寨尚未设立经济法庭制度，法律、司法对外资的保护力度有待提高。此外，社会普遍存在一种"外资是来挣柬人钱"的片面认识。柬埔寨工会组织繁多，且在《劳工法》的支持下，罢工、示威等活动较为频繁，不利于吸引高新技术产业的进驻，也影响了传统工业规模的进一步扩大。

5. 腐败情况严重

柬埔寨政府的行政机构中存在一定的贪污腐败现象，导致行政效率低下。柬政府机构也较为臃肿，审批程序复杂，有时需要很长时间来处理一项申请。这些现象的存在均加重了企业的负担。

（三）合作领域

1. 农业

作为全球第五大稻米生产国，柬埔寨一直非常重视农业发展。柬埔寨人均耕地面积达4000平方米（世界人均耕地面积2667平方米，我国人均耕地面积800平方米），可利用耕地约6.7万平方千米，耕种率不足40%，尚有4万平方千米有待开发。柬埔寨有土地资源丰富、自然灾害少、劳动力成本低等多项有利条件，虽然其农业面临技术落后、基础设施严重不足、产品附加值不高等问题，但对于中资公司而言，在柬埔寨投资发展农业却恰恰意味着机遇。

2. 基础设施

在"一带一路"倡议的推动下，越来越多的中国投资者到柬埔寨投资兴业。柬埔寨所有水电站均系中国企业投资或控股投资建设。中资企业投资建设的水电、火电项目的发电量约占柬埔寨全国发电量的80%。此外，在道路建设、通信、体育设施、铁路建设、光伏电站等领域，中资企业也投入大量资金，成为各领域的活跃投资者。

3. 工业

柬埔寨政府正在实施《2015—2025工业发展计划》。该计划的主要目标是，到2025年，使柬埔寨工业由劳动密集型向技术密集型转变，工业占GDP比重从2013年的24.1%提高到30%，其中制衣业从15.5%提高到

20%；促进出口产品多元化，非纺织品出口比重提升至15%，其中农产品出口比重达到12%。柬埔寨最大的优势就在于廉价的劳动力，即使2019年工人涨薪，也比包括中国在内的一些国家的薪资便宜。

4. 矿产资源

柬埔寨目前共有91家企业享有矿产资源开发利用许可权，其中包括139项探矿许可和13项采矿许可。无论是柬埔寨的当地企业还是外资企业，均可参与柬埔寨的矿产开发。柬埔寨现已探明的矿产资源有铁、锰、煤、盐、磷、宝石、金、银、铜、铅、铝、锡、钨、大理石、石英砂等。

5. 旅游业

旅游业是柬埔寨的支柱产业，占GDP比重超过10%，由旅游业带动的相关产业对GDP的贡献率接近40%，柬埔寨成为亚洲地区旅游业占GDP百分比最高的国家之一。据柬埔寨旅游部估计，如果该国每年吸引600万游客的目标能够完成，配套酒店容量则需要从目前的2.5万个房间增长至2020年的7万个房间。柬埔寨目前已开发包括自然景观、历史文化景点、休闲度假胜地在内的旅游景点2000余处，每年吸引的来访游客逐渐上升。近年来，柬埔寨增加了许多与世界各国的直航航线，金边、暹粒、西哈努克都有国际机场。

6. 金融行业

2017年柬埔寨王国政府颁布实施《2016—2025金融业发展战略》，以推动柬埔寨金融业持续稳定发展。这一战略的颁布实施，反映了柬政府的长远视野和发展金融业的决心，为未来金融业发展提供指针及依据，有利于吸引国际投资，促进金融产品及服务的多元化，提升服务效率。

柬埔寨是当今货币"美元化"程度最高的国家之一，其没有实行货币兑换管制，也不受政府限制，无论是汇款还是转账只需要通过已注册的金融机构即可。柬埔寨大部分交易是以美元计算，汇款仅需支付预扣税。美元由于相对稳定，能继续为该国的国际投资者带来便利。而这几年人民币走进柬埔寨能够为其注入多元流动性，降低金融风险，而且能够促进人民币跨境流动，推动人民币国际化进程。

第九章 老挝发展政策

第一节 老挝的基本情况

老挝人民民主共和国（英文名：The Lao People's Democratic Republic，简称"老挝"）面积约24万平方千米，官方语言为老挝语。老挝人口700万（2018年统计数据），分为50个民族，分属老泰语族系、孟—高棉语族系、苗—瑶语族系、汉—藏语族系，统称为老挝民族。居民多信奉佛教，华侨华人约3万人。老挝首都为万象（Vientiane），人口90万（2018年统计数据）。现任国家元首为国家主席本扬·沃拉吉（Bounnhang Vorachith），2016年4月当选。

一、政治发展简况

1353年，法昂（Fa Ngum）王建立澜沧王国（1353—1707年），定都琅勃拉邦，老挝出现历史上第一个统一的多民族国家。1560年，澜沧王国国王塞塔提腊（Setthathirat）迁都至万象。1707—1713年，澜沧王国先后分裂为北部琅勃拉邦、中部万象和南部占巴塞三个王国。1778—1893年，三国沦为暹罗（今泰国）的属国。

1893年，法国与暹罗签订《法暹条约》（又称《曼谷条约》），琅勃拉邦、万象和占巴塞被并入法属印度支那联邦，1940年9月被日本占领。1945年9月15日，琅勃拉邦王国副王兼首相佩差拉（Phetsarth Ralanavongsa）在万象宣布老挝（旧称"寮国"）独立。10月12日，万象群众举行独立庆典，宣布成立"伊沙拉"（老挝语意为"自由"）政府。1946年，法国势力卷土重来，独立运动失败。

1947年4月，在法国的扶持下，琅勃拉邦国王西萨旺冯（Sisavang Vong）宣布成立老挝王国，实行君主立宪制。法国对外承认老挝是法兰西联邦内的独立国家，但仍掌握老挝的国防、外交大权。为争取国家独立，老挝人民开展广泛的游击战争。1950年，苏发努冯（Souphanouvong）组建新老挝伊沙拉，成立寮国抗战政府。1954年，法国在奠边府战役中失败，被迫签署日内瓦协议，承认老挝独立并撤军。

法国撤军后，美国积极在老挝扶植亲美势力，唆使政府军进攻解放区，力图控制老挝。1973年2月，老挝各方签署了《关于在老挝恢复和平与民族和睦的协定》。1975年12月2日，在万象召开的老挝全国人民代表大会宣布废除君主制，成立老挝人民民主共和国。1986年11月，老挝人民革命党第四次全国代表大会根据老挝国情和国际形势，提出推行革新政策，以此为标志，老挝历史进入革新时期。老挝于1997年7月正式加入东盟，2013年2月2日正式加入世界贸易组织。

二、经济发展简况

老挝人民革命党于1986年召开第四次全国代表大会，本次会议得出革新开放是老挝唯一出路的结论。此次会议的目的是确立和实施稳妥的、彻底的革新开放政策、措施。1986年，老挝进入第二个"五年计划"时期（1986—1990年），政府对开展市场经济采取重要措施，实行革新开放，措施包括使国有企事业单位掌握完全自主权、取缔物价管制、吸引更多外资和外援、将充公土地归还、允许老挝币随美元涨幅等。

1991年3月，老挝人民革命党召开第五次全国代表大会，标志着革新开放正式进入深化阶段。"五大"政治报告中明确指出，在以社会主义公有制经济成分为主导地位的市场经济体制下，不断鼓励和发展非社会主义性质的经济成分，目的是实现半自然经济及自然经济向商品经济的过渡；并且要用"市场经济管理体制"代替"社会主义企业核算机制"，由此企业的生产经营将不再直接受到新经济管理机制的控制，而是以法律和经济的手段对其进行宏观调控。

1996年3月，老挝人民革命党召开第六次全国代表大会，"六大"政治报告中指出：国内仍要以最具优势的农林业为经济发展的主要基础，提高工业化发展水平；根据不同地区的经济发展规划发挥所在地区优势，将万象规划为经济、政治、文化中心。老挝于1997年加入东盟，借助东盟技术和资金上的便利加快本国的发展。2001年，老挝人民革命党召开第七次全国代表大会，"七大"政治报告中提出2001—2005年这五年是老挝经济社会发展的关键核心时期，老挝会继续将经济建设作为发展重点，使经济平均增速保持在7%以上。

2006年3月，老挝人民革命党召开第八次全国代表大会。"八大"政治报告中提出，加强国家管理的作用，使市场经济发展走上正确的轨道，适应自己的国情优势；推进和扩大市场机制的良好方面，同时尽快废除不良好的方面；结合计划和市场，明确决定政府管理职能和市场职能；建立制度和国家管理机制为符合客观规律的市场机制。

2011年，在万象召开老挝人民革命党第九次全国代表大会之后，老挝政府制定了新的五年规划，即第七个"社会经济发展五年规划"（2011—2015年）。2016年，老挝人民革命党第十次全国人民代表大会在万象召开，大会延续了老挝人民革命党"六大"以来的"争取在2020年左右摆脱世界最不发达国家状态"作为未来5年经济发展重要目标的提法。

三、主要经济部门

老挝经济以农业为主，工业基础薄弱。基于1986年起推行革新开放，调整经济结构，即农林业、工业和服务业相结合，优先发展农林业；取消高度集中的经济管理体制，转入经营核算制，实行多种所有制形式并存的经济政策，逐步完善市场经济机制，努力把自然和半自然经济转为商品经济；对外实行开放，颁布《外资法》，改善投资环境；扩大对外经济关系，争取引进更多的资金、先进技术和管理方式。

老挝自然资源丰富，有锡、铅、钾盐、铜、铁、金、石膏、煤、稀土等矿藏，迄今得到开采的有金、铜、煤、钾盐、煤等。水利资源丰富。2012 年森林面积约 17 万平方千米，全国森林覆盖率约 50%，出产柚木、花梨等名贵木材。

老挝工业较为落后，主要工业企业有发电、锯木、采矿、炼铁、水泥、服装、食品、啤酒、制药等，以及小型修理厂和编织、竹木加工等作坊。

老挝地处热带、亚热带，适合发展农业，2016 年农业增长 2.7%，稻谷产量约 343 万吨。农作物主要有水稻、玉米、薯类、咖啡、烟叶、花生、棉花等。全国可耕地面积约 8 万平方千米，农业用地约 4.7 万平方千米。

老挝服务业基础薄弱，起步较晚。执行革新开放政策以来，服务业获得很大发展，2016 年服务业增长 5.6%。

老挝旅游业资源丰富，琅勃拉邦、巴色县瓦普寺、川圹石缸平原已被列入世界文化遗产名录，著名景点还有万象塔銮、玉佛寺、占巴塞的孔帕平瀑布、琅勃拉邦的光西瀑布等。革新开放以来，旅游业成为老挝经济发展的新兴产业。近年来，老挝与超过 500 家国外旅游公司签署了合作协议，开放 15 个国际旅游口岸，同时采取加大对旅游基础设施投入、减少签证费、放宽边境旅游手续等措施，推动旅游业持续发展。2017 年老挝共接待游客 423.9 万人次，2018 年接待 410 万余人次，前三大游客来源国为泰国、越南和中国。2013 年 5 月，老挝被欧盟理事会评为"全球最佳旅游目的地"。

四、宏观经济管理

目前，老挝正在按照第八个"社会经济发展五年规划"（2016—2020 年）、"十年社会经济发展战略"（2016—2025 年）以及"2030 愿景"等经济发展计划，努力推动经济不断增长。预计 2025 年老挝国内生产总值将较 2015 年增长 4 倍，年增长率至少为 7.5%。同时，政府计划使税收占国内生产总值的 19%—20%，支出大约为国内生产总值的 25%。

政府的经济职能是社会赋予政府的管理经济事务的责任。为实现上述目标，老挝中央政府进行了较大力度的经济职能改革。

1. 建立社会主义市场经济体系

老挝政府借鉴了中国在市场经济发展中的经验教训，开始分步骤地实行有老挝特色的市场经济。1986年，老挝人民革命党在"四大"中提出"新经济机制"。1987年，老挝举行"新经济计划"全国研讨会。1988年，其制定"新经济计划之改革法案"，法案条文主要包括：《交易契约法》《国外投资法》《继承法》《刑事法》和《财产权》等等，另有《海关法》《商业法》《预算法》《会计法》《土地法》以及《银行法》等，这些法律条文于1988年3月正式实施。

2. 培育市场主体

农业方面，首先实施"分田分林到户"，有效提高了农民的生产积极性；其次降低农业税收，实行农产品自由买卖，并增加了农业信贷资金的投入。工业方面，转变国企的经营机制，废除国家包揽制；鼓励、扶持私营经济的发展。商业方面，为了促进商品的流通，主要是鼓励建立商贸市场，实行自由开放的商业政策，最后还允许开办私人银行和外资银行，并增加了银行营业点数量。

3. 实行对外开放

1987年开始，老挝政府不仅鼓励外国企业到老挝投资经商，也允许老挝企业向外投资，增加与国外的交流合作。1987年老挝政府颁布《外国在老挝投资法》，1994年颁布《老挝人民民主共和国外商投资促进与管理法》，取代了《外国在老挝投资法》。1997年老挝成为东盟和东盟自由贸易区的正式成员，2013年加入世界贸易组织，成为该组织的第158个成员国。老挝积极扩大对外贸易规模，主动参与全球化进程，促进了本国生产要素的合理流动。

4. 扶植中小企业的发展

老挝国内经济条件限制，尚不具备发展大型企业的条件，因此老挝政府鼓励中小企业发展新兴产业、朝阳产业、高新技术产业以及第三产业。

4. 调节社会收入分配

老挝是社会主义国家，十分注重社会公正。为了实现公平公正，老挝政府保障居民最低生活水平，并防止有过高的收入。老挝政府在经济职能改革以及由计划经济转向市场经济的过程中，通过努力规范社会分配，使社会成员间的收入差距趋向合理。

5. 完善法律政策体系

在市场经济体制下，市场配置社会资源的方式并不一定最具效率，而要实现社会资源的合理配置，就必须发挥政府在经济、政治、法律等方面的宏观调控手段。

纵观老挝近30年的中央政府经济职能改革，我们不难发现中央政府经济职能与经济体制改革是相辅相成的。老挝政府的经济职能改革是围绕着经济社会的实际问题展开的，并没有一揽子学习国外经验，而是根据老挝的具体国情来制定相关政策，因此极大地促进了老挝经济社会的发展。

第二节　老挝发展政策体系

一、法律政策

老挝1986年提出实施全面的开放革新政策后，对于其国内经济社会发展而言最重要的就是1988年制定实施的《外国投资法》。

（一）《投资促进法》发展历程

1986年11月，以老挝人民革命党"四大"为起点，老挝开始实行新的经济政策。1988年2月，老挝人民革命党召开四届五中全会，明确提出老挝应进一步实施对外开放政策，积极吸引外国投资，学习国外的先进技术与管理经验。1988年7月，老挝制定并实施了国内第一部《外国投资法》，又于1989年颁布了《老挝外国投资法实施细则》。

1994年老挝国会审议通过了《促进和管理外国在老挝投资法》，即新的外国投资法，2001年3月又针对新的外国投资法颁布《促进和管理外国在老挝投资法实施细则》。2004年，老挝在1994年《促进和管理外国在老挝投资法》的基础上第二次对外资法进行了修改。2009年，在世界银行的协助下对外国投资法进行了第三次修订，将原来的《鼓励国内投资法》和《鼓励国外投资法》合并，形成新的《投资促进法》，随后又于2011年颁布《投资促进法实施条例》，国内外投资者开始享受到同等的投资政策。2016年11月，老挝对2009年《投资促进法》做了新的修订，扩大了投资者可以投资的特许范围，力图最大限度促进在老挝的投资发展。

（二）《外国投资法》的特点

1. 对国内外投资统一立法

老挝政府于2009年颁布的《投资促进法》，将2004年的《鼓励国内投资法》和《鼓励外国投资法》合二为一，制定了一部包括国内投资和外国投资的投资法。

2. 采取产业、区域相结合的税收及其他优惠措施

根据投资与解决贫困、提高人民生活水平等目标，将鼓励投资的行业划分为三级；并根据社会经济发展及基础设施水平，将投资区域划分为三类。结合投资行业级别与投资区域等级，对不同行业、不同区域给予不同的税后优惠政策。

3. 投资环境更加便利、开放

2009年的《投资促进法》的一大特点就是设立了一站式投资服务机构，为投资者提供投资信息、投资审批、发放企业登记证或特许经营许可证等全方位服务。现行的投资促进法律将继续完善"一个窗口对外"的便利审批程度，减少审批环节，增强服务意识，提高服务水平。

二、产业政策

农业、林业、电力、矿业和旅游业是老挝的支柱型产业，因此本书对

老挝产业政策的梳理也将针对最重要的五类产业进行。

(一) 农业政策

老挝是一个典型的农业国家，农业资源丰富，发展潜力巨大。农业是其国家经济的支柱产业，在国民经济中占据主导地位。老挝北方有许多谷地、盆地和平坝，如琅勃拉邦谷地、本怒盆地和孟洪坝等，这些地区降水充足、土壤肥沃，是重要的产粮区和主要城镇的分布地带。老挝大部分农业耕作方式还处在粗放型的发展阶段，北部地区仍在使用刀耕火种的方式，因此耕种产量较低。根据国内农业发展情况，老挝制定了相应的农业政策。

1. 制定实施老挝《土地法》，促进和保护农业生产经营

老挝《土地法》明确规定，农业生产者保留对土地的占有权、使用权、出租权、抵押权、转让权，允许老挝公民继承、移交和出售所占有的土地。老挝《土地法》的颁布大大促进和鼓励了农业生产者的生产活动。

2. 改革农业所有制结构，鼓励生产自主化和经营多样化

1997 年颁布的《土地法》根据宪法的规定将土地国家所有制确立为国家唯一的土地所有权制度。同时，以法律的形式明确了农民对土地的使用权、收益权和转让权。如农业生产者认为有必要，可以把一种土地类型转为另一种类型，但在用作其他目的前，必须事先征得有关部门的许可，并且类型转换只能局限于《土地法》所规定的八种土地类型。

3. 减免农业税，调动生产积极性

1993 年 3 月老挝颁布《土地税法》，修改以往的税收制度，多产多收税成为历史。该法规定加重征收被弃的土地税，对保护土地、开垦荒地等活动在农业税上予以减免。

4. 制定农业发展战略

第十届老挝全国大会决定，基于国家资源优势、国家经济与社会的明确目标，改进农业生产系统，保证国家粮食和农产品供给。同时，继续强化农业基础设施建设，大力发展农业科技，争取到 2020 年基本消除贫困，

并计划使农业经济增长率达到3.1%—3.4%，占全国经济的19%左右。

5. 出台系列农业发展政策措施

老挝重视环境保护，保护森林、水源、生物资源，注重恢复森林覆盖率；注重生态环境保护，提高粮食生产安全；推动农业现代化，支持建设农业水池、小水电站、水库，在平原和丘陵地区推动农业用水建设是国家发展的方向和将来投资的重点；提高产品的生产力，基于国家具有特色的气候、水池、水源，最大效率地利用国家优势土地资源，扩大和开发新的农业土地面积，提高水稻和其他农作物产量；调整生产设施，依靠生物技术、农业技术、现代技术，加强机械农耕，提高农业产量、生产效率和集约化程度；推广农业服务，政府安排专业技术人员到农村指导农业生产，提高农业生产力。

（二）林业政策

老挝地处大陆和群岛间的陆桥位置，由于气候湿热，降水量充沛，土壤肥沃，植物传播比较纷杂，其种类已发现上万种，囊括南北。森林面积相对均匀地分布在三个大区，但是木材产量的分布却不均匀。

老挝林业资源的特点有：（1）储量丰富，森林覆盖率约为52%，总面积约为12万平方千米；（2）林木种类繁多，仅乔木一类就有1000余种；（3）珍贵木材产量大，包括檀香木、沉香木、红豆杉、花梨木和乌木等。老挝的林业政策归结起来主要包括以下内容：

1. 消除游耕

1975年老挝的第一部综合森林法《森林保护法》规定，流域地区禁止游耕。1989年5月召开的国家森林会议提出稳定游耕的办法。在2001年的国家会议上，老挝提出到2005年要基本根除游耕，到2010年全面根除游耕。

2. 采伐/砍伐计划

老挝政府每年都制定砍伐计划，经国民议会批准后下发到各省，再由各省将计划数额分配到地方政府。

3. 采种结合

老挝政府强调，森林采伐必须纳入国家规划，做到采种结合，即伐木者必须做到采伐多少种植多少，采种并举。

4. 木材出口政策

1987年，老挝政府开始禁止原木出口。政府鼓励对木材进行深加工，这样既可以保护本国的森林资源，又增加了木材的经济附加值。

5. 保护生物多样性

1989年10月老挝政府发布的第118号法令《水生动物、野生动物、捕猎和渔业的控制和管理》，1993年3月农林部发布的第298号法令《野生生物和捕猎控制》，以及1993年发布的第164号总理法令等，都号召建立国家生物的多样性保护地区系统。

6. 老挝的林业法令

1991年8月28日出台了《禁伐令》；1992年6月18日制定了《关于村落的森林资源管理的义务和权力之规定》；1993年11月30日实施了《森林和林地管理及利用的总理法令》；1994年10月12日颁布了《植树和森林保护的土地及林地分配的总理法令》；1996年10月颁布了《国家综合森林法》。2011年，老挝人民革命党第九次全国代表大会之后，政府制定了新的五年规划，即第七个"社会经济发展规划"（2011—2015年）明确提出林业方面的发展目标：到2015年森林覆盖率要达到65%，恢复自然林3.9万平方千米，种植林木2000平方千米。

（三）电力政策

据以往苏联和越南专家测算，老挝的水能理论储量为2500万—3500万千瓦，可开发的装机容量达2000万—3000万千瓦。湄公河委员会的测算数据略高于此，认为可开发的装机总容量达3500万千瓦以上。老挝政府一直重视并长期致力于水能的开发与利用，并制定了水能资源开发计划。

1997年老挝颁布《老挝人民民主共和国电力法》，到目前为止老挝对电力各方面的管理主要还是参考这部法律。该法对电力的开发、生产、销售等诸多方面做出详细而具体的规定。

1. 电力投资政策

老挝政府规定,在老挝国土上,可以把其能量转换为电能的资源,所有权均属于老挝政府,任何人不得以私人的名义强行占有该资源。

2. 国内输电售电政策

电力企业所生产的电必须按照国家规定统一输送到国家输电中心,再由国家统一将其输送到每个用户或其他国家手中。关于电力销售,老挝政府做出以下规定:首先供电必须正常,没有特殊原因不能强制停止供电;其次电力在销售时必须节约,不能造成不必要的浪费;最后,电力在销售时必须保证工作人员的人身安全,安全是最基本的前提条件。

3. 电力进出口政策

老挝水能丰富,水电业较发达,政府鼓励、支持水电的出口,已将电力出口作为重点出口项目。政府规定,其他国家可以通过老挝国家电力输送设备将电力输送到其他国家,但是必须向老挝政府交纳一定费用。老挝水电业相对发达,为泰国、越南、柬埔寨等国输送了相当比例的电力资源。而一些邻国如新加坡、马来西亚等国又很缺乏水能资源,加之国家间距离较近,电力输送成本低,因此老挝的电力市场巨大。

(四) 矿业政策

在老挝主管矿业的是能源矿产部。矿产是工业的基础,随着老挝工业化的发展,矿业逐渐成为该国支柱型产业。矿业为工业部门和厂商提供所需的原材料,反过来又促进工业发展,逐步提高工业产值在国民经济总产值中的比重。

老挝政府十分重视矿业的发展,也乐于与国外进行合作。政府通过颁布实施《矿业法》《矿产投资标准条例》和《老挝鼓励外国投资法》及相关的配套政策,加强了对行业的管理,鼓励外资投入,促进矿业发展。2009年,老挝政府实施"资源换资金"战略,颁布了新的《矿产法》和《投资促进法》,有力地促进了资源、矿产业的发展,2010年矿产品出口增长了 52.79%。

(五) 旅游业政策

老挝旅游资源十分丰富，从北到南几乎每个省都有特色旅游资源。旅游既能增加外汇准备，扩大建设资金的来源，又可增加就业岗位，提高民众生活质量，且投资小、见效快。而如今正逢中国推行合作共建"一带一路"，老挝旅游业发展迎来巨大机遇，尤其是中老铁路的修建，将大大便利中国游客前往老挝，中国也将逐渐成为老挝旅游业的主要客源国。

1. 长期目标

以旅游产业作为国家经济发展的支柱产业，提高旅游业在国民经济中的地位，优先发展旅游业；保护旅游资源及与之相关的自然环境、人文环境等；实施更加有利于旅游业发展的税率政策，降低关税，刺激入境游的发展；通过旅游业的发展增加国内就业人数，减少贫困人口。

2. 中短期目标

进一步做好旅游项目的开发、旅游设施和基础设施的建设，制定旅游产业发展规划，改革旅游企业的管理体制，加强旅游宣传营销。

3. 发挥外交政策效用

老挝十分注重外交政策在吸引外国游客方面的重要作用，如指定"旅游年"，大力宣传老挝的旅游特色，并与周边经济发展较快的中国、越南等制定相互免签的政策，使周边入境游客的签证办理更为便利。

三、贸易政策

老挝贸易主管部门为老挝工业与贸易部（下设省市工业与贸易厅、县工业与贸易办公室），主要职责是制定、实施有关法律法规，发展与各国、地区的经济贸易联系与合作，管理进出口、边贸及过境贸易，管理市场、商品及价格，对商会或经济咨询机构进行指导以及对企业与产品原产地证明的管理等。

老挝与贸易相关的主要法律有《投资促进管理法》《关税法》《企业法》《进出口管理令》和《进口关税统一与税率制度商品目录条例》等。1986年，老挝实行"革新开放"战略后，政府为了调节对外贸易水平，保护本国经济利益，保持对外贸易健康发展，推行了很多有利于经济社会发展的贸易政策，具体来说就是"奖出限入"政策。

1. 奖励出口

老挝政府试图扭转对外贸易中长期以来的被动地位，提高老挝在对外贸易中的主动性，积极推进出口导向贸易战略，对于本国具有明显比较优势的出口产业给予充分扶持，将吸引的外资、技术以及高级技术人才投向出口产业，减免出口产业的关税税率，实行出口退免税政策。

2. 限制进口

进口方面，老挝保持原有的进口限制策略不变，依旧采用进口许可证制度。进口企业需具备资质认证，对进口的商品实行较高的关税税率，分类管理商品进口，一旦某种商品对本国国内贸易冲击很大，则加强对该类商品的管制。

3. 国际技术合作

在国际合作和吸引外资、技术方面，老挝政府采取吸引外国资本、高级技术人才、先进技术等作为焦点的政策，引导外国资本、技术人才、先进技术等生产要素向本国新兴产业转移，弥补老挝对外贸易的短缺，推高老挝的对外贸易竞争水平。

四、税收政策

老挝税法分为形式上的税法和实质意义上的税法。形式上的税法指的是1995年10月14日颁布的《税法》，而真正具有税法意义的不仅包括《税法》，还包括1996年3月22日由总理发布的《关于组织实施税法的政令》以及《老挝人民民主共和国关税法》《老挝人民民主共和国主席颁布关于调整进口关税和对部分高档商品征收新的消费税条例》《老挝人民民主共和国总理关于土地税的政令》等一系列法律法规。

老挝目前实行全国统一的税收制度，外国企业和个人与老挝本国的企业和个人同等纳税。老挝共有6个税种，其中间接税含增值税和消费税2种，直接税含利润税、所得税、定额税、环境税、手续和服务费等5种。

企业在老挝报税的相关手续包括：（1）纳税时间：报税时间是12月31日前，但利润税按季度纳税，个人所得税逐月缴纳；（2）纳税渠道：根据老挝法律，企业纳税渠道为企业按规定直接向所在税务登记部门缴纳；（3）纳税手续：根据老挝法律，企业在老挝的纳税手续为企业直接到所在税务登记部门申报并缴纳；（4）纳税资料：企业在老挝纳税需要提供的相关材料包括税务报表、发票、外国投资许可证、企业营业执照、企业经营许可证等。

五、外资政策

老挝工贸部、计划投资部分别负责外国投资中的一般投资、特许经营投资和经济特区投资。

除危及国家稳定，严重影响环境、人民身体健康和民族文化的行业和领域外，老挝政府鼓励外国公司及个人对各行业各领域投资并出台了《老挝鼓励外国投资法》。老挝现行的外国投资法律是2009年颁布的《投资促进法》，2011年4月颁布了《投资促进法实施条例》，对《投资促进法》部分条款做出进一步规定。老挝2016年11月颁布了新修订的《投资促进法》，修改后的法案共有12部分、109个条款。新的法规旨在为投资者扩大特许权范围，最大限度提高老挝的投资效益。

外国投资者可以采取"协议联合经营"、与老挝投资者成立"混合企业"和"外国独资企业"等3种方式到老挝投资。"协议联合经营"是指老挝投资法人与外方在不成立新法人的基础上联合经营。"混合企业"是指由外国投资者和老挝投资者依照老挝法律成立、注册并共同经营、共同拥有所有权的企业，外国投资者所持股份不得低于注册资金的30%。"外国独资企业"是指由外国投资者独立在老挝成立的企业，形式可以是新法人或分公司。矿产、水电行业为外资在老挝的主要投资领域。资金来源地主要为周边国家，中国、越南、泰国分别为老挝前三大投资国。

六、劳动政策

老挝国会于 2006 年 12 月通过《劳动法》（修改稿），有关工时、加班、工休、年休、解聘、工资或工薪及加班费、社保待遇等内容简介如下：

1. 工时

普通工作，每周 6 天，每天不超过 8 小时，或者一个星期不超过 48 小时；特殊工作，如辐射性或疾病传染性工作、接触有毒烟雾或气味和危险化学物品的工作、在地下或隧道或水底或天上的工作、在冷热不正常场所的工作、振动性作业等每天不能超过 6 小时或每周不超过 36 小时。

2. 加班

用工者在征得工会或劳工代表及本人同意后可以要求工人加班，加班时间每月不超过 45 小时或每天不超过 3 小时，非紧急情况下（如灾害或者对劳动单位造成巨大损失等）则禁止连续加班。

3. 工休

劳动者有权每周休息 1 天，时间可协商确定；法定休息日休息；劳动者在出具医院证明情况下有权申请病假，但每年不得超过 30 天，病假期间有权获得正常工资；按天数、时数或承包量计算者，必须做满 90 天后才能按个人投保情况获得劳动报酬。

4. 年休

工作满 1 年及以上者，可以申请休 15 天年假；从事重体力劳动或有害身体健康工作者可以申请休 18 天年假，休假期间获得正常工资。年假时间不能将每周休息日、法定休息日计算在内。

5. 解聘

雇用双方需解除劳动合同时，体力劳动者需提前至少 30 天、专业技术劳动者需提前 15 天告知对方。有规定期限的劳动合同需在期限结束前至少 35 天告知对方，需继续合作者，合同双方须重新签订劳动合同；按工作量规定的劳动合同须在工作完成后才终止，如果受雇期间死亡，雇用者须按实际完成工作量支付受雇者工资及其他相关补助。

6. 工资或工薪

老挝政府按不同工作种类制定不同的最低工资标准。加班费分两种情况，正常工作日加班者，白天以日常工资的150%计算，晚上以200%计算；法定节假日、公休日加班者，白天以日常工资的250%计算，晚上以300%计算；晚上（22：00—次日5：00）轮值班补贴是日常工资的15%。

7. 外国人在当地工作的规定

老挝劳动社会福利部于1999年3月颁布实施《外籍劳工引进和使用管理决定》。该决定规定，进入老挝的务工人员必须身体健康并具有一定技能；需要引进外籍劳工的单位和个人必须向老挝劳动社会福利部劳务司递交引进申请，并注明所需数量、专业、时间等内容；获得批准后，用工单位须持相关材料到劳务司进行劳工登记；外籍劳工在老挝工作的期限为半年或一年，需要延期者须办理延期手续。另外，按老挝《外国投资促进管理法》规定，外国投资者使用外籍劳工，长期工作者、体力劳动者不能超过本企业劳工总人数的10%，脑力劳动者不能超过20%；临时工作者根据相关部门批准确定。

七、土地政策

老挝《土地法》于1997年颁布。该法规定，老挝实行土地公有制，禁止交易土地所有权。地产市场的交易仅限于土地使用权交易。老挝《土地法》根据宪法的规定将土地的国家所有权制度确立为国家唯一的土地所有权制度，即作为土地唯一所有者的国家对于其所有的土地依法享有占有、使用、收益和处分的权利。国家按照法律和规划统一管理全部土地，保证有目的和有成效地使用土地。

老挝《土地法》对本国人与外国人在土地使用形式上做了区分。本国个人、家庭及组织享有土地使用权和土地租赁权，而外国人、无国籍人仅仅享有土地租赁权。两者的区别在于：土地租赁是从土地使用权中分离出来的一项独立财产权利。老挝《土地法》没有对土地使用权的期限做出规定；获得土地使用权，一般需要支付地租，但也可无偿。土地租赁为有偿形式，租金是必要条件；土地使用权具有流通性，可让予作为抵押权的标的，设定权利抵押权。而土地租赁权一般不得让予，转租也受到限制或禁止。

外国人以及其他组织没有土地的使用权，只享有土地租赁权。外国人如果需要从老挝公民手中租赁已开发的土地，应由土地所在地的省、市或特区政府向财政部建议审批。根据外国人投资的项目、产业、规模、特性，其租期最高不得超过50年，但可按政府的决定视情形续租。

老挝鼓励外资投资农业。获得土地的方式主要有两种，即向政府租赁土地、向当地百姓租赁土地，租赁年限以合同约定为准。

第三节　老挝发展政策成效

一、成效分析

20世纪80年代初期，老挝进行了经济政策调整。1986年后，老挝又推行了革新开放的路线，调整经济结构，即农林业、工业和服务业相结合，优先发展农林业；取消高度集中的经济管理体制，转入经营核算制，实行多种所有制形式并存的经济政策，逐步完善市场经济机制，努力把自然和半自然经济转为商品经济；对外实行开放，颁布外资法，改善投资环境；扩大对外经济关系，争取引进更多的资金、先进技术和管理方式。

（一）外国投资大量涌入

《外资法》的颁布为老挝国内经济社会建设提供了大量资金，同时帮助老挝获得国外的先进技术和高级人才。老挝政府借鉴中国经济特区建设的成功经验，积极建设经济特区和经济专区，以投资优惠政策吸引了大量国内外投资者，促进了这些地区的基础设施建设和经济发展。

从中国对老挝的投资来看，据老挝规划投资部年度报告显示，2016 年中国超过越南，成为老挝最大的外国投资国，投资额达 4.5 亿美元。从 1989 年到 2015 年，中国在老挝的投资项目达 834 个，投资金额达到 54.8 亿美元。老挝虽然是世界上经济最不发达的国家之一，但是与中国的经济互补性很强，合作潜力很大。

（二）农业取得较快发展

1986 年革新开放以后，经过多年的发展，老挝在农业方面取得一定成就。首先，初步建立了科学的农业管理体系。2001 年后老挝政府将发展重点放在农业上，同时制定了 10 年和 20 年的中长期发展计划，使农业现代化的目标基本实现，初步建立了适应现代农业要求的管理体系。

其次，提高了农业社会化和市场化水平。革新开放以来，老挝农业生产越来越面向市场，加上老挝大力加强国内基础设施建设，修建公路，农业的商业化水平不断提高。

再次，运用现代科技，提高农业生产率。老挝农业发展有两大突出成绩，一是农产品生产的多样化。无论是稻谷、玉米还是蔬菜，其产量都在迅猛增长。二是农业机械化。据数据显示，仅 1999—2014 年，老挝国内农用拖拉机数量便增加了 3 倍，高达 80% 的农民都会利用拖拉机进行农业生产。

最后，注重生态系统保护。农业在老挝经济中的占比很大，刀耕火种、轮垦导致的毁林和水土流失情况很严重，再加上国内大多数农民环保意识差，过度使用化肥，土地污染等情况也不容乐观。老挝政府及时认识到环保的重要性，一方面取缔了落后的生产方式，另一方面加大了环保方面的宣传。

（三）电力短缺得到改善

随着老挝国内对外开放进程和速度的加快、加深，老挝国家电力公司的经营发展水平不断提升，外资的引入、发展战略的变革、股权的改革等措施有效推动了老挝国家电力公司的发展。随着外资的进入和股权的调整，老挝国家电力公司逐渐迈向国际电力行业的先进行列。

2016年后，老挝国家电力公司抓住机会，根据现实情况提出十年发展策略：保证金融稳定、实现公司管理流程再造、有效控制市场经营风险、优化客户资源、持续发展电力基础设施、促进可再生能源和绿色能源发展、提升人力资本建设等。

（四）外资推动矿业发展

老挝近年来经济增长显著，特别是其大型矿企为经济发展做出重大贡献。矿业的发展直接或间接创造了大量就业机会，矿业收入分配到全国，惠及少数民族聚居的低收入地区，矿业发展成为当地人民摆脱贫困的难得机会。

据数据显示，截至2014年，老挝批准的矿业相关项目有470多个，投入的建设资金高达59亿美元。2013年老挝矿业投资约为12亿美元，其中本国资金投资仅占8%，大约为1亿美元，其余都是国外的资金投入。就对未来国内生产总值的贡献而言，矿业在未来10—20年平均将达10%左右，矿业对政府的收入贡献也在稳步提升。

（五）旅游产业蓬勃兴起

"四大"以来，老挝政府十分注重旅游产业的发展，并提供了政策支持。老挝政府重视旅游产业的深化改革，更加强调民众的参与，允许民间资本进入旅游业，进一步推动旅游业的健康发展。老挝旅游局还特别针对旅游业发展制定了较为系统、科学的战略规划，2005年出台了《2006—2020年旅游发展战略总体规划》，针对旅游产业的未来发展制定了中长期规划。最近几年，预期在较为可观的旅游收入和侨汇收入的支撑下，老挝内需仍将保持旺盛。

（六）对外贸易整体提升

1986年革新开放以来，老挝经济发展十分迅速。1997年老挝加入东盟，2013年正式加入世界贸易组织，其主要贸易对象国包括中国、越南、泰国、日本和韩国。

受2008年金融危机影响,老挝出口出现负增长,但不久即强力反弹。从老挝金融危机后的对外贸易发展变化可以看出,其在"革新开放"中的"奖出限入"政策确实发挥了很大作用,但是这种政策也有明显的弊端。受到科技水平等因素的限制,老挝的出口产品以低技术、劳动密集型产品为主。老挝经济起步晚、起点也不高,国内轻工业占比很大,缺乏完整的产业链和产业集群,因此进口的产品多为高科技制成品,如重工业和精密仪器。如此一来,老挝的科技发展更是受到阻碍。

(七) 金融政策发展现状

一般而言,金融发展与经济增长之间存在长期和稳定的关系。老挝通过扩大金融规模和改善金融结构,有效促进了经济的发展,但是其金融系统的效率偏低,而且在国有商业银行占主导的老挝金融市场中,效率问题并没有得到足够重视和改善。老挝现有的金融市场缺乏多层次、多样化的产品与服务,难以满足需求,也无法更好地促进经济增长。

此外,老挝缺乏独立有效的货币政策。老挝央行管理能力有限,金融体系欠发达,有将近一半的私人存款和贷款以美元计价,导致金融体系的最大风险便是本币基普兑美元的币值波动。

二、合作建议

中老两国经济互补性强。中国已进入工业化中期,装备水平处于全球产业链中端,性价比高。老挝正处于工业化初期阶段,急需中方的资金、技术和人才。两国在农业、基础设施、制造业、能源、旅游等领域具有较大合作潜力。

(一) 农业领域

农业是老挝政府鼓励外国企业投资的重点领域之一,也是中老投资合作的重点。老挝农业自然禀赋较好,但受困于资金和技术,农业可以成为双方合作的重点领域。中老两国在农业领域具有极大互补性。一方面，尽管农业资源丰富，但老挝农业发展程度不高，产业技术水平较低，人才缺乏，市场狭小；另一方面，中国在农业资金、技术、管理等方面具有优势，且消费市场广阔。

中老两国政府重视推动双边农业合作。2016年，老挝国家主席本扬对中国进行访问时，双边签署了《中老联合声明》。声明指出，双方要加强农业交流，推进无公害农产品贸易合作；继续加强在农作物育种、农业机械、生物质能源研发等领域合作；结合开展禁毒合作，大力发展边境地区替代种植产业。

中老铁路带动两国农业园区建设。近年来，在中老铁路项目的带动下，中老两国农业园区建设合作项目呈现快速发展的趋势，如"云南—乌多姆赛农业科技示范园""广西—占巴塞中国果蔬新品种试种基地""重庆（老挝）农业综合园"等。未来两国在四个方面具有较大合作潜力：一是粮食作物机械化种植合作，二是绿色有机农产品项目合作，三是木材加工项目合作，四是可再生沼气能源合作开发。

（二）制造业领域

在发展出口导向型制造业方面，老挝具有一定的独特优势。老挝被联合国划定为最不发达国家。根据世界贸易组织贸易协定以及很多区域性和双边贸易协定的规定，最不发达国家可根据普惠贸易待遇享有出口产品在进口国关税豁免的优惠。

结合各自产业的实际情况，两国制造业合作的重点领域包括：（1）工程机械行业。随着中国政府对外援建项目的深入，越来越多的中国工程公司参与到老挝的国家建设中，这给中国工程设备制造企业创造了机遇。（2）农业机械行业。老挝每年从中国引进大量的农机、农具等，中国企业若将相关产能转移到老挝，将会为企业带来新的竞争优势。（3）汽车行业。随着老挝经济的增长和城镇化进程的加快，老挝对汽车的需求量正逐步增长。目前，老挝当地的汽车消费品牌主要来自日、韩。近年来，中国的福田、力帆、吉利、江淮、奇瑞、比亚迪等汽车品牌已进入老挝市场，虽然占比不是很高，但由于性价比突出，受到市场欢迎。（4）医疗器械。老挝的医疗卫生事业逐年发展，国家职工和普通居民均享受免费医疗。当前，老挝仍依赖发达国家的政府赠款来购买少量医疗器械产品，但这很难从根本上满足本国医疗卫生事业所需的医疗器械，老挝医疗器械市场的开发潜力很大。

（三）交通基础设施

老挝是东南亚唯一的内陆国，公路运输占全国运输总量的80%以上，但交通基础设施落后，道路交通发展水平落后于其他东盟国家，亟须改造升级。

受中国"互联互通"倡议启发，老挝提出"变陆锁国为陆联国"的战略设想。随着中老铁路和"一带一路"建设不断推进，老挝已将这一设想上升为国家战略，以期让交通不便的老挝通过互联互通成为连接周边国家的枢纽，特别是成为中国与东盟地区互联互通的一个重要节点。老挝政府鼓励国营机构与民间资本联合投资以及申请国际援助来完成这一目标。

（四）能源领域

老挝的电力来源以水电为主。老挝水能资源丰富，除自用外还可出口，内陆河开发效益好，但受限于资金和技术，老挝的水电潜力并没有得到充分开发。老挝少部分村、县尚未通电，还有很大的电力发展空间。

"水电富国"是老挝的国家经济发展战略。老挝政府高度重视本国水电资源的开发和利用，提出要将老挝建成"中南半岛蓄电池"的目标，为实现摆脱国家贫困以及逐步实现工业化和现代化提供了战略依托。目前，中老两国在水电领域合作顺利，老挝政府欢迎更多有实力的中资企业来本国开发水电资源。

（五）旅游业

为推动旅游业发展，老挝出台了多项具体开发旅游市场的新举措，推动区域旅游一体化及跨境联合旅游成为老挝开发旅游市场的重要策略之一。中国是老挝非常看好的市场，2017年以来，老挝加快推进北部三省琅南塔、乌多姆赛、琅勃拉邦与中国西双版纳地区旅游业的合作与发展，推动跨境旅游合作区和边境旅游试验区建设。

为吸引更多邻国游客赴老挝旅游，其于2017年2月进一步简化邻国游客申请签证程序。根据规定，中国游客仅需持护照或通行证即可入境老挝。老挝已与超过500家国外旅游公司签署合作协议，开放了15个国际旅游口岸。2021年中老铁路将竣工，届时可能会有更多的中国游客坐火车去老挝旅游。

（六）物流行业

由于基础设施不足，老挝的物流成本较高，这已成为各类运输部门发展的主要障碍，也在一定程度上影响了外国投资的进入。调查显示，老挝的物流成本与东盟其他国家相比高出一倍，在这一背景下，老挝亟须发展现代物流业，促进相关经济的发展。

目前，东南亚地区还没有一个大型的物流配载中心，各个国家通过不同渠道进行物资交流，物流运输成本较高，时效性和服务质量较差。而老挝地理位置优越、政治稳定、社会安宁，具有成为东南亚地区交通枢纽的区位优势，加之近年来老挝经济发展迅速以及中老铁路的建设运营，地处内陆的老挝将成为一个交通转运中心，非常适合物流企业建设配载中心。

第十章　文莱发展政策

第一节　文莱的基本情况

文莱达鲁萨兰国（英文名：Negara Brunei Darussalam，简称"文莱"）面积5765平方千米，人口45.95万（2019年）。其中马来人占65.8%，华人占10.2%，其他种族占24%。马来语为国语，通用英语，华人使用华语较广泛。国教为伊斯兰教，还有佛教、基督教等。首都为斯里巴加湾市（Bandar Seri Begawan），面积100.36平方千米，人口约14万。全国划分为4个区：文莱—摩拉区（Brunei-Muara）、马来奕区（Belait）、都东区（Tutong）、淡布隆区（Temburong）。现任国家元首为苏丹·哈吉·哈桑纳尔·博尔基亚·穆伊扎丁·瓦达乌拉（Sultan Haji Hassanal Bolkiah Mu'izzaddin Waddaulah），1967年10月5日继位。

一、政治发展简况

14世纪中叶，伊斯兰教传入文莱。16世纪早期，文莱国力鼎盛，成为东南亚地区的商贸和伊斯兰教中心。从16世纪中叶起，葡萄牙、西班牙、荷兰、英国等西方殖民主义国家相继侵入，文莱逐步衰落。1959年，文莱与英国签订协定，规定国防、治安和外交事务由英国管理，其他事务由文莱苏丹政府管理。1971年,文莱与英国重新签约,规定除外交事务和部分国防事务外,文莱恢复行使其他所有内部自治权。

1978年,文莱苏丹赴伦敦就主权独立问题同英国政府谈判,并缔结了友好合作条约。根据条约,英国于1984年1月1日起放弃其掌握的文莱外交和国防权力,文莱宣布完全独立。独立以后,苏丹政府大力推行"马来、伊斯兰和君主制"(MIB)政策,巩固王室统治,重点扶持马来族等土著人的经济发展,在进行现代化建设的同时严格维护伊斯兰教义。

1959年颁布第一部宪法,后于1971年和1984年两度修宪。宪法规定,苏丹为国家元首和宗教领袖,拥有立法、行政和司法等全部国家权力。2004年第三次修宪,内容涉及政体、司法、宗教、民俗等多个方面,包括赋予苏丹无须经立法会同意而自行颁布紧急法令等法令的权利;制定选举法令,让人民参选从政;伊斯兰教为国教,但人民有宗教信仰自由;以马来语作为官方语言,英语可作为法庭办案语言等。

1962年曾举行选举,1970年取消选举,议员改由苏丹任命。1984年,苏丹宣布终止立法会,立法以苏丹圣训方式颁布。2004年,苏丹宣布恢复立法会。2017年,苏丹任命本届立法会议员。1988年12月,苏丹宣布组成政府。1989年1月、2005年5月、2010年5月、2015年10月和2018年1月,苏丹对内阁进行改组。

二、经济发展简况

文莱经济以石油天然气产业为支柱,非油气产业均不发达,主要有制造业、建筑业、金融业及农、林、渔业等。最近几年,由于油气产量下降,文莱经济增长出现停滞,而国际原油价格下滑更使文莱经济发展雪上加霜。2017年,文莱国内生产总值达183.8亿文币(约合141.3亿美元),同比增长1.3%,这是文莱经济在连续4年负增长后首次回升。2018年,文莱国内生产总值183.9亿文币(约合美元135亿美元),同比增长0.1%。2019年,文莱国内生产总值184.4亿文币(约合136亿美元),同比增长3.9%,人均国内生产总值2.9万美元。

文莱的工业设备、农产品、日用品均依赖进口。在其他经济指标方面，文莱首相府经济规划与发展局的报告显示，2019年文失业率为8.7%，通货膨胀率为-0.4%。为摆脱单一经济束缚，近年来文莱政府大力发展油气下游产业、伊斯兰金融及清真产业、物流与通信科技产业、旅游业等，并加大对农、林、渔业以及基础设施建设的投入，积极吸引外资，推动经济向多元化方向发展。

三、主要经济部门

文莱工业基础薄弱，经济结构单一，以石油和天然气开采与生产为主。据2018年《BP世界能源统计年鉴》显示，截至2017年底，文莱已探明石油储量为11亿桶；天然气储量为3000亿立方米，均占全球总量的0.1%。文莱政府一方面积极勘探新油气区，另一方面对油气开采奉行节制政策。近年来，文莱石油日产量控制在20万桶以下，是东南亚第三大产油国；天然气日产量在3000万立方米左右，为世界第四大天然气生产国。

文莱农业基础薄弱。2016年，苏丹提出稻米自给自足的战略目标。目前，中国、菲律宾、新加坡、韩国、泰国等国企业不同程度地参与了文莱水稻种植项目试验。文莱森林覆盖率为72.11%，政府限制森林砍伐和原木出口，实行"砍一树、种四树"和每年10万立方米限额伐木政策，主要满足国内市场需要。文莱有162千米的海岸线，渔业资源丰富，但渔业产值占国内生产总值不足1%，国内市场需求的50%依靠进口。

旅游业是文莱近年来大力发展的优先领域之一。文莱政府采取多项鼓励措施吸引游客赴文莱旅游，主要旅游景点有水村、王室陈列馆、清真寺、淡布隆国家森林公园等。2018年文莱国际旅客约27.8万人次，比上年增长7.4%。

四、宏观经济管理

（一）经济多元化

为摆脱国内经济对油气资源的过度依赖，文莱政府大力吸引外资，推动经济多元化发展。2001年，文莱首相府新设经济发展局（BEDB），统筹招商引资及本地经济发展工作。2003年，该局提出以港口建设和工业园建设为主的"双叉战略"，希望利用摩拉港优势，打造本地区货物集散中心；同时，通过园区招商模式吸引外资，结合自身资源禀赋，重点发展四大产业集群，即食品与医药、油气中下游产业链与可再生能源、信息通信以及物流、金融和油田服务等生产性服务业。

2016年，为进一步加快经济多元化发展，文莱政府进行了一系列政府内部改革，新设了一站式服务平台，优化缩减了各项行政审批、决策流程。目前，文莱已规划建设八个产业园和一个金融中心，引进甲醇厂、恒逸石油综合炼化厂、葫芦岛钢管厂、住友管线厂、加拿大生物制药厂和加拿大CAE多功能训练中心等大型投资项目。文莱鼓励经济多元化发展的具体措施包括：

1. 加速拓展油气下游产业链

目前，文莱经济发展局已完成大摩拉岛整体开发项目规划，2010年已全面进入建设实施阶段；浙江恒逸集团在文莱大摩拉岛的综合炼油项目于2013年初获国家批准，2019年基本完工。利用油气资源兴建双溪岭工业园项目，文莱经济发展局先后就甲醇厂、化肥厂和炼铝厂的建设和可行性研究与外国公司签订了备忘录。

2. 加大吸引外资的力度

鼓励国内外商人在文莱投资、经商，促进中小型私人企业、商业部门的发展，外资在高科技和出口导向型工业项目可以拥有100%的股权。2011年，文莱财政部修改公司法，放宽对公司注册中董事会构成的限制。2016年，文莱新成立了"外资与下游产业投资指导委员会"和"外国直接投资行动与支持中心"（FAST），统筹协调推动利用外资工作。

3. 扶持中小企业发展

中小企业是文莱工商业的主力，被视为带动国家经济增长的"火车头"，目前比较活跃的中小企业有约6000家。为促进中小企业的发展，文莱政府设立了中小企业发展基金，为中小企业提供财政支持。2016年，文莱设立法定机构"达鲁萨兰企业"（DARe），以扶持本地中小企业发展。

4. 重视基础设施建设

近几年是文莱基础设施建设的机遇期，除在建的高速公路、水坝、光纤入户、网络改造等项目外，一些大型基建项目陆续开始招投标。2014年，文莱政府发布《文莱陆路交通总规划》，准备在未来一段时间内发展与周边国家的互联互通，改善基础设施，发展公共交通。

5. 大力发展旅游业

旅游业是文莱近年来除油气业外大力发展的又一产业。政府成立了文莱旅游发展委员会，指导旅游业的发展。文莱主要旅游景点有独具民族特色的水村、赛福鼎清真寺、杰米清真寺、杰鲁东公园等，位于淡布隆的国家森林公园是文莱目前推介的主要旅游项目之一。

6. 努力将文莱建成地区国际金融中心

文莱于2000年建立了文莱国际金融中心，积极吸引外资到该中心落户。2006年，文莱政府加大实施伊斯兰金融力度，成立了伊斯兰金融监管理事会，发行短期伊斯兰金融债券，成立了文莱达鲁萨兰伊斯兰银行和文莱伊斯兰保险公司。

7. 加大对农、林、渔业的投入

重点开发农业科技园、"生物创新走廊"，发展清真食品与药品，扩大粮食和蔬菜种植面积，增加牛、羊、鸡、鱼、虾的养殖及蛋奶的生产，以提高食品的自给率，减少进口。

8. 推行私有化

逐步将政府管理的电讯、邮政、水电、交通等公共服务部门私有化，以提高服务质量和办事效率，减少政府财政负担，通过推动私有化，使文莱经济由政府主导逐步转向私人经济主导的方向。

（二）"2035 宏愿"

2008年，文莱制定了一项国家宏观发展战略，即"2035 宏愿"。该计划分为三部分："文莱2035年宏愿""2007—2017年发展策略纲领"和"2007—2012年国家发展计划"。2014年，文莱新设立"2035年宏愿"理

事会，首相府高级部长、王储比拉（Crown Prince Haji Al-Mahtadee Billah）任理事会主席，旨在协调政府各部门行动，进行战略和政策顶层设计，以实现宏愿目标。

文莱"2035年宏愿"提出2035年的发展目标：（1）提高教育水平，培养造就更多具备国际水准的人才；（2）提高生活质量，使文莱生活水准进入全球前十之列；（3）提高经济发展水平，发展高效可持续的经济，使文莱人均收入进入世界前十名。

为实现上述三大目标，文莱计划全面实施八大发展战略，确保各方面的目标得到系统有效实施。这八大战略分别是：教育战略、经济战略、国家安全战略、体制发展战略、本地商业发展战略、基础设施发展战略、社会安全战略及环境保护战略。

第二节　文莱发展政策体系

一、贸易政策

（一）主管部门及法规体系

文莱财政与经济部是文莱对外贸易归口管理部门，牵头负责对外贸易谈判、商签自由贸易区协定、对外贸易促进等工作。文莱能源、人力与工业部牵头改善营商环境。

文莱与贸易相关的主要法律包括《海关法》《消费法》以及一系列涉及食品安全和清真要求的法规。文莱于2001年和2006年分别颁布《证券法》和《银行法》，2010年出台全球首个清真药品、保健品生产认证标准，2015年颁布《竞争法》，2016年颁布《破产法》和《公司法修正案》。

（二）贸易管理相关规定

文莱实行自由贸易政策，除少数商品受许可证、配额等限制外，其余商品均放开经营。出于环境、健康、安全和宗教方面的考虑,文莱海关对少数商品实行进口许可管理。除了对石油和天然气出口进行控制外,对动物、植物、木材、大米、食糖、食盐、文物、军火等少数物品实行出口许可证管理,其他商品出口管制很少。

2017年3月,文莱财政部正式发布《2012年海关进口税和消费税法令》修正法案。该法案旨在通过对部分日常消费品的进口关税和消费税的调整,改变民众的消费习惯,提高民众的安全、健康、幸福指数。其中包括:大幅降低汽车零配件、新轮胎进口关税,以减轻民众的养车成本并提高汽车安全性;对含高量糖分、味精的食品饮料新征收消费税,同时调高塑料商品的消费税,引导民众选择更加健康的生活方式。该修正案已于2017年4月1日正式实施。

文莱总体关税税率很低,对极少商品如香烟等的进口关税略高于东盟其他成员国。自2010年中国—东盟自贸区正式启动以来,文莱对中国商品的关税逐年下降,部分非敏感产品关税在2012年已降至零,一般敏感产品关税已降至20%以下。

二、投资政策

(一)主管部门

2015年10月,文莱苏丹改组内阁,随后对投资管理部门进行重大调整,新设"利用外资及下游产业投资指导委员会"(FDI and Downstream Industry Investment Steering Committee)及其常设办事机构"外资行动与支持中心"(FAST),负责外资项目审批及协调落实工作;新设法定机构"达鲁萨兰企业"(DARe),负责提供外资项目用地及落地后的管理服务工作;文莱经济发展局的职能简化,仅负责对外招商引资。

（二）投资管理相关规定

1. 投资行业的规定

（1）禁止投资的行业。包括武器、毒品及与伊斯兰教义相悖的行业等。（2）限制投资的行业。林业不对外资开放。（3）鼓励投资的行业。包括化工、制药、制铝、建筑材料及金融业等行业。2001年的《投资促进法》将部分产业纳入先锋行业，投资享受税收优惠，以吸引外来投资。

2. 投资方式的规定

文莱对大部分行业的外资企业投资没有明确的本地股份占比规定，对外国自然人投资也无特殊限制，仅要求公司董事至少有一人为当地居民。外商在文莱投资可成立私人有限公司、公众公司或办事处，但文莱本地的小型工程一般仅向本地私人有限公司开放。

文莱经济以油气资源产业为支柱，其他产业尚不发达。因此，外国直接投资以绿地投资为主，外资并购案例极少，政府没有出台专门针对外资并购的法律法规，具体操作时应向有关主管部门充分咨询过户手续及审批期限。

三、税收政策

（一）税收体系和制度

文莱的税种很少，主要税种为公司所得税，无个人所得税，也无进口税、销售税、工资税或生产税。在投资者创业和发展阶段，文莱提供了比其他国家更为优惠的条件。

（二）主要税赋和税率

1. 公司所得税

企业需对以下收入纳税：（1）在各项经济活动中获取的利润；（2）从

未在文莱纳税的公司中获得的分红；(3) 利息和补贴；(4) 版税、奖金和其他财产收入。文莱无资本收益税，但如果征税人员确定其中部分收入来自普通贸易，则按正常收入征税。

独资和合伙经营商行无须交纳所得税，在文莱注册的公司有义务对其从文莱或境外所获得的收入交纳所得税。非本地注册公司只需对其在文莱获得的收入纳税。有限公司所得税征税率自 2007 年连年小幅下调，目前降至 18.5%。

外国税收免除的相关规定：(1) 文莱和英国签署了避免双重税务协定，所得税可以按比例免除，课税扣除只针对本地公司；(2) 英联邦国家提供内部互免优惠，但优惠额不能超过文莱税率的一半，此优惠提供给本地及非本地注册公司；(3) 2004 年 9 月，中国与文莱签署了《避免双重征税和防止偷漏税协定》。

2. 印花税

根据文莱相关法律，印花税主要征收范围包括抵押、房屋租赁、转让。其中，抵押每 500 文元征税 1.0 文元的印花税，房屋租赁（年租金）每 250 文元征税收 1.0 文元，转让每 250 文元征税 1.0 文元。

3. 石油税

1963 年修改后的所得税法为石油生产征税特别立法。对扣除王室分成、政府分成及各项成本后的石油净收入按照 55% 税率征收石油税。

4. 代扣所得税

非本地公司的债券、贷款等的利息收入，或本地公司使用国外专利、知识产权或版权所支付的费用按 20% 比例交纳所得税。

5. 进口税

工业用的食品和其他产品免交进口税。2010 年 1 月，中国—东盟自贸区正式建成，文莱作为老东盟 6 国之一，对中国 90% 以上产品（约 7000 种）实行了零关税。2017 年 4 月 1 日，文莱正式实施《2012 年海关进口税和消费税法令》修正法案。

四、投资优惠政策

根据《文莱投资促进法》，在以下产业投资享受税收优惠：

1. 先锋产业

申请先锋产业资格应满足以下条件：（1）符合公众利益；（2）该产业在文莱未达到饱和程度；（3）具有良好的发展前景，产品应具有该产业的领先性。

获得先锋产业资格证书的企业可享受以下优惠：（1）免30%的公司税；（2）免交进口机器、设备、零部件、配件及建筑构件的进口税；（3）免交原材料进口税；（4）某些红利可免交公司所得税；（5）可以结转亏损和津贴。

先锋产品包括：航空食品、搅拌混凝土、药品、铝材板、轧钢设备、纸巾、纺织品、听装、瓶装和其他包装食品、家具、玻璃、陶瓷、胶合板、塑料及合成材料、肥料和杀虫剂、玩具、工业用气体、金属板材、工业电气设备、供水设备等。

2. 先锋服务公司

先锋服务公司就是符合公众利益并从事以下经营活动的公司：（1）涉及实验、顾问和研发的工程技术服务；（2）计算机信息服务和其他相关服务；（3）工业设计的开发和生产；（4）休闲和娱乐服务；（5）出版业；（6）教育产业；（7）医疗服务；（8）有关农业技术的服务；（9）有关提供仓储设备的服务；（10）组织展览和会议的服务；（11）金融服务；（12）商业顾问、管理和职业服务；（13）风险资本基金业务；（14）物流运作和管理；（15）运作管理私人博物馆；（16）部长指定的其他服务和业务。

先锋服务公司可享受免所得税以及可结转亏损和补贴等待遇。免税期为8年，可延长，但不得超过11年。

3. 出口型生产企业

从事农业、林业或渔业的企业，若产品出口不低于其销售总额的20%，且年出口额不低于2万文元，则可被认定为出口型生产企业并颁发证书。出口型生产企业申请续期每次不超过 5 年，最长不超过 20 年。

出口型生产企业如果满足下列条件之一，则可获得 15 年的免税期：已经或者将要发生的固定资产开支不低于 5000 万文元；固定资产开支在 50 万文元以上、5000 万文元以下，本地公民或持居留许可人士占股 40% 以上，且该企业已经或将要促进文莱经济或科技的发展。

出口型生产企业免税范围包括：所得税；机器设备、零部件、配件或建筑结构的进口税；原材料进口税。

4. 服务出口

企业出口下列服务，自服务提供之日起最长可获得 11 年的免除所得税及抵扣补贴与亏损的待遇：（1）建筑、分销、设计及工程服务；（2）顾问、管理监督、咨询服务；（3）机械设备装配以及原材料、零部件和设备采购；（4）数据处理、编程、计算机软件开发、电信及其他信息通信技术服务；（5）会计、法律、医疗、建筑等专业服务；（6）教育、培训；（7）文莱工业与初级资源部认可的其他服务。

5. 国际贸易

从事国际贸易的企业，只要符合下列条件之一，自开始进出口业务之日起可获得 8 年的免税期：（1）从事合格制成品或文莱本地产品国际贸易的年出口额超过或有望超过 300 万文元；（2）从事合格商品转口贸易的年出口额超过或有望超过 500 万文元。

五、劳动政策

（一）劳动法主要规定

在文莱，劳工受到法律的保护。雇主支付雇员薪金的时间不得超过当月 10 日，如延期支付而被检举，雇主会受到不高于 1500 文元的罚款；如无法支付薪金给雇员，雇主将面临不超过 6 个月的监禁；如雇主在未获得许可的情况下雇佣外来劳工，会受到 1 万文元或入狱 6 个月至 3 年的惩罚。现有的劳动法针对终止雇佣、医疗、产假及工伤补偿等提供了足够的法律依据。

（二）外籍人员工作规定

外国人到文莱就业需要得到 2—3 年有效的工作准证。2016 年 9 月，文莱内政部宣布施行简化的外籍员工准证制度，以替代现行的外籍员工配额准证制度。新制度从 2016 年 10 月 1 日实行，首先实施于准备雇佣外籍员工的新注册公司。对申请增加外籍员工的现有公司，新程序于 2017 年 1 月生效。自 2017 年 4 月起，外籍员工的准证更新采用新制度。

目前，在文莱的普通劳工、家政、司机、厨师、餐厅服务生、工程师等岗位就业的外国人较多，医生、律师等专业性较强的行业须取得当地的就业执照，银行业的外籍工作人员不得超过员工总数的一半。为避免过多外籍劳工对本地就业市场造成冲击，进一步提高本地居民的就业率，文莱开始分阶段推行"文莱化"政策，鼓励本地私营部门优先聘请本地人。2014 年 5 月，文莱政府开始收紧外籍劳工准入政策，取消所有已批准但尚未使用的劳工配额，企业雇佣外籍劳工必须遵守新的劳工雇佣政策。新劳工政策于 2014 年 6 月 30 日起逐步实施。

六、土地政策

（一）土地法主要规定

按照文莱《土地法》，土地归国王所有，其公民可以购买使用，但是土地使用需要经过土地规划管理部门的规划，经过规划的土地方可使用。土地规划的有效期满后，使用者是否可以继续使用该土地须由法院裁定。

（二）外资企业获得土地规定

2012 年，文莱修改《土地法》，彻底禁止非文莱籍人拥有永久地契的地产，但外国直接投资者可以购买分层产权房产，也可租用土地及房产。此外，为吸引外来投资，文莱已交付 15.33 平方千米土地用于工业开发，并储备了 53.75 平方千米土地以满足投资需求。

为提高政府的行政效率,改善营商环境,文莱土地局和电子政府中心于 2016 年初联手推出网上土地交易系统,通过该网上平台可在线办理土地所有权过户、土地租赁、延长土地租期、更改土地使用条件、缴付土地费用等业务。

七、环保政策

(一) 主管部门和法规体系

文莱政府主管环境保护的部门是环境、园林及公共娱乐局,隶属于发展部。其主要职责是:开展环境管理和保护,以提高民众生活质量,推动国家经济发展和繁荣。主要职能包括:环境保护,风景区、公园及公共娱乐设施的建设与管理,垃圾管理以及国际环境领域合作等。

主要法律法规包括:《环境保护与管理法 2016》《有害废弃物(出口与转运控制)法 2013》《文莱工业发展污染控制准则》和《文莱环境影响评估准则》。

(二) 环保法律法规主要内容

投资商应在项目计划初期就考虑环境因素,其中包括项目位置、采用的清洁技术、污染控制措施、废物监管等。项目发展商需提供以下说明材料:(1)将在项目场地上开展的贸易及加工;(2)申请人将为控制土地、空气、水及噪音污染采取的措施;(3)废料的管理和处理等;(4)全面的环境影响评估报告。

自 2010 年起,文莱新建工程项目必须通过环境评估。企业需要聘请专门机构进行环境评估,并向文莱发展部的环境、园林及公共娱乐局提交环境评估报告,评估费用根据项目规模而定。目前,文莱正在考虑针对能源行业实施更高的环保标准。

第三节　文莱发展政策成效

一、成效分析

（一）经济结构高度依赖油气产业

尽管文莱正在大力实施经济多元化战略，但该战略的成效尚不明显，非油气产业未见大幅成长，经济增长出现徘徊，离"2035年宏愿"提出的经济年均增长5%—6%的目标还有相当大的差距。石油和天然气仍然是文莱经济的主要支柱，2018年油气产值占文莱GDP的57.83%。

近年来，国际原油价格暴跌对文莱经济造成巨大冲击，文莱越来越强烈地意识到油气经济的不可持续性，文莱苏丹的重大讲话中均体现出加大经济多元化发展的决心，并号召民众居安思危，勤俭节约，创新思维，积极投身私营经济发展。

文莱政府响应苏丹号召，推动经济多元化发展的步伐不断加快，近年陆续推出一系列措施，改组经济部门，加强经济领域机构、人员设置，推进基础设施建设，整顿金融秩序，削减政府开支，在努力延伸油气产业链的同时，对政府所属企业和公用事业实行企业化与私有化改制，鼓励创新产业和中小企业发展，加大吸引外资力度。未来，文莱的油气中下游加工、高新科技产业、清真产业、生物科技、农业和旅游业等多元化重点行业将迎来良好发展机遇。

（二）总体营商环境仍有待提高

文莱税赋较低，基础设施完善，辐射市场广阔。文莱政府为实现多元化发展，重视建设良好的商业和投资环境，提供了优惠的税收政策。与此同时，还实施"先锋产业"计划，对国内亟须发展的行业免除企业所得税和设备进口关税，免税期多达11年，出口型服务行业可享受长达20年免税政策，并可根据后续投资情况延长免税期。

文莱基础设施发展水平较高，同时还积极参与东盟互联互通建设，是东盟东部增长区的唯一主权国家，地理位置优越，市场潜力较大，可辐射周边区域。文莱在本地市场规模、劳动力资源供应、产业配套能力以及社会工作效率等方面仍存在诸多不足，总体营商环境仍有待提高。

在世界银行发布的《2019年全球营商环境报告》排名中，文莱在全球190个经济体的营商环境便利度中排名第55位。世界经济论坛的《2019年全球竞争力报告》显示，文莱在全球最具竞争力的141个国家和地区中排第56位。

二、合作建议

中国和文莱自古以来就建立并保持了友好往来的传统。中国与文莱的贸易往来早在唐代就已开始，历经宋、元、明、清各代而长久不衰，直到19世纪中后期文莱沦为英国的保护国之后才被迫中断。中华人民共和国与文莱的贸易关系始于1958年，彼此间经由新加坡的第三地进行转口贸易，并以中国向文莱出口食品和轻工业品为主。中国和文莱自1991年建交，特别是中国—东盟自由贸易区建成和"一带一路"倡议提出以来，两国的经济贸易合作发展迅速，双边投资合作潜力大，有很强的优势互补发展潜力。

（一）油气产业

文莱是东南亚主要的产油国和世界主要的液化天然气生产国。文莱政府一方面对油气开采奉行节制政策，另一方面积极勘探新油气区。在文莱获得油气勘探和开采权的外国公司有：荷兰壳牌集团、道达尔公司、壳牌深海（婆罗）公司。文莱能源部表示，尽管文莱石油勘探生产已近1个世纪，但仍有不少区域有待开发，将会不断有新储量被发现。

文莱政府鼓励发展油气下游产业链。2019年，中国在文莱的最大投资项目恒逸石化大摩拉岛综合炼化项目实现工厂全流程打通和全面投产，顺利产出汽油、柴油、航空煤油、苯等产品,大大延伸了文莱的石油天然气产业链。文莱政府还利用油气资源兴建双溪岭工业园项目,先后就甲醇厂、化肥厂和炼铝厂的建设和可行性研究与外国公司签订了备忘录。

(二) 工业领域

文莱工业基础薄弱,经济结构单一,多年来以石油和天然气开采与生产为主。为改变国民经济过度依赖油气资源的局面,文莱政府积极推行经济多元化战略,其中一个重要的方面就是扶持中小企业尤其是制造业的发展。目前,建筑业为文莱第二大工业,但因政府投入不足,一直不景气。文莱工业政策是鼓励发展进口替代和出口导向型工业。目前,文莱已建成10个工业区,大力改善了投资环境。

(三) 农业领域

随着20世纪70年代油气和公共服务业的发展,文莱有很多人弃农转业,传统农业受到冲击,现仅种植少量水稻、橡胶、胡椒以及椰子、木瓜等热带水果。文莱的牛肉及其制品主要从澳大利亚、印度等进口。随着政府大力实施经济多元化战略,农业对GDP的贡献有所增加,但蔬菜、水果、装饰植物、鲜花只能部分满足国内市场需求,而肉类、大米和新鲜牛奶的自给率还非常低,90%左右的食品仍需进口。文莱自然环境优越,中国的种植养殖业产能能够在文莱得到充分释放,并可能辐射由马来西亚、菲律宾、印尼等国的部分地区组成的东盟东部增长区。

文莱政府推行经济多元化发展战略,渔业被列为重点发展领域,文莱政府鼓励外资与本地公司开展渔业合作。为促进渔产加工业的发展,政府计划成立贮藏和分销中心以及进出口中心,为加工业提供各种服务。中资企业已经进入文莱渔业养殖领域。

(四) 清真产业

作为推动经济多元化战略的重要举措之一,文莱政府近年来积极打造"文莱清真"品牌,并将其作为首个国家清真品牌推向世界。文莱已成立清真产业创新中心（HIIC），2015年10月在政府机构重组时又将其更名为"环球清真产业处"（GHID），划归能源与工业部管理，以统筹推动文莱清真产业发展。

目前，文莱清真产业园区包括农业科技园和生物创新走廊，正在大力招商引资。除定期举办国际清真产品展和市场研讨会外，文莱清真产业发展计划还包括建立农业科技园和清真科技中心项目。目前，已陆续有加拿大、日本的企业与文方签署了清真药品加工企业投资协议。

（五）旅游行业

近年来，文莱政府大力发展旅游业，旅游业成为文莱发展的优先领域之一。为推动中文两国旅游业的合作与发展，中文两国于2000年签署了《中国公民自费赴文旅游实施方案的谅解备忘录》，2006年签署了《旅游合作谅解备忘录》。2016年5月，文莱给予中国公民赴文莱落地签待遇。随着中国逐渐成为文莱国际旅客的第一大客源国，中资企业在文莱旅游行业的机遇已经显现。

（六）文莱—广西经济走廊

"文莱—广西经济走廊"是文莱与广西壮族自治区政府共同搭建的合作平台，意在利用双方各自的优势资源，推动双方在种养殖业、食品与药品生产加工、交通物流、旅游等领域的务实合作，加强两地互联互通建设。这一构想由文莱工业与初级资源部于2013年9月提出，在2014年9月正式签署合作备忘录，随后双方组建了双边合作工作委员会，由广西壮族自治区一位副主席和文莱工初部常任秘书联合担任委员会主席，全面规划、协调和推动双方合作。

第十一章　东帝汶发展政策

第一节　东帝汶的基本情况

东帝汶民主共和国（英文名：Democratic Republic of Timor-Leste，简称"东帝汶"）面积约1.5万平方千米，人口131万，其中78%为土著人（巴布亚族与马来族或波利尼西亚族的混血人种），20%为印尼人，2%为华人。德顿语和葡萄牙语为官方语言，印尼语和英语为工作语言，德顿语为通用语和主要民族语言。约91.4%的人口信奉天主教，2.6%信奉基督教，1.7%信奉伊斯兰教。首都为帝力（Dili），人口28.1万。现任国家元首为总统弗朗西斯科·古特雷斯·卢奥洛（Dr. Francisco Guterres Lú Olo），2017年5月20日就任东帝汶第四任总统。

一、政治发展简况

东帝汶在历史上长期被葡萄牙殖民。1512年，葡萄牙殖民者入侵帝汶岛。此后，荷兰和英国势力陆续侵入帝汶岛。1859年，葡、荷签订条约，帝汶岛东部及欧库西归葡，西部并入荷属东印度。1942年，日本占领东帝汶。第二次世界大战结束后，澳大利亚曾一度负责管理东帝汶，不久后，葡萄牙恢复对东帝汶的殖民统治，1951年将东帝汶改为葡萄牙海外省。

1960年，第15届联合国大会通过1542号决议，宣布东帝汶岛及附属地为"非自治领土"，由葡萄牙管理。

1975年，葡政府允许东帝汶实行民族自决。随后，东帝汶国内政治派别围绕独立问题展开内战。同年12月，印尼出兵东帝汶，次年宣布东帝汶为印尼的第27个省。1975年12月，联合国大会通过决议要求印尼撤军。1982年，联大表决通过支持东帝汶人民自决的决议。1999年1月，印尼总统哈比比同意东帝汶通过全民公决选择自治或脱离印尼。8月30日，东帝汶举行全民公决，75%的民众投票赞成独立。10月，印尼人民协商会议通过决议，正式批准东帝汶脱离印尼。

2002年5月20日，东帝汶民主共和国正式成立，目前东帝汶局势总体稳定。东帝汶是世界上最不发达的国家之一，经济发展主要依靠政府公共财政支出和外国援助。

二、经济发展简况

东帝汶被联合国开发计划署列为亚洲最贫困国家和全球20个最落后的国家之一，经济以农业为主，基础设施落后，粮食不能自给，没有工业体系和制造业基础。

2009年以来，东帝汶政局较平稳，社会治安状况持续好转。在石油产业的推动下，国民经济稳步发展。2010年，东帝汶政府颁布国家2011—2030年中长期战略发展规划。2012年，东帝汶第五届宪法政府履职后，采取积极务实的经济发展政策，国家建设步伐逐步加快，道路、机场、码头、市政、通信、农业设施等项目得以着手规划实施，为外来投资创造更有利的环境。2015年，东帝汶第六届宪法政府就职后，承诺继续实施前任政府的战略规划，向人民提供高质量的服务，打造"有效、高效、负责"的政府。2017年5月，东帝汶政府发布了《东帝汶2017年投资指南》。

总体来看，东帝汶经济发展水平落后，结构失衡，严重依赖油气收入和外国援助，非油气经济以传统服务业和农业为主。近年来，东帝汶政府将减少贫困和增加就业作为施政重点，逐步增加财政预算，扩大公共支出，鼓励外来投资，以拉动非油气经济增长。

三、主要经济部门

东帝汶主要矿藏有金、锰、铬、锡、铜等。帝汶海石油和天然气资源富集，迄今已发现44块油田，探明石油储量约1.87亿吨（约50亿桶），天然气储量约7000亿立方米。东帝汶矿业以石油、天然气为主。为扩大油气收入，东帝汶政府于2005年7月设立石油基金，2008年7月成立了国家石油管理局。2007年以来，东帝汶油气月平均收入约1亿美元，截至2019年9月，其石油基金滚存累计为176.5亿美元。

农业是东帝汶经济的重要组成部分，但农业并不发达，粮食不能自给。政府在多个地区重整了灌溉系统，促进了水稻种植面积和产量的增加，主要农产品包括玉米、稻谷、薯类等，经济作物有咖啡、橡胶、椰子等。东帝汶年产咖啡7000—10000吨，咖啡是政府收入和外汇的重要来源。东帝汶50%以上的劳动人口从事农业活动。2018年，东帝汶农业增加值占GDP的9.1%。

东帝汶约10%劳动人口从事工业生产，包括纺织品、饮用水装瓶和咖啡加工等。2018年，东帝汶工业增加值占GDP的56.7%。

服务业是东帝汶经济的另一个重要组成部分，大部分服务业集中在首都帝力。2000年以后，由于国外援助不断涌入，贸易、餐饮、旅店等为国际机构服务的行业都得到较快发展。建筑业首先受益，其他相关行业的投资也迅速增加。东帝汶近40%的劳动人口从事服务业。2018年服务业增加值占GDP的34.4%。2018年，东帝汶在国外务工的人数激增，国内收到约7000万美元来自国外的汇款，侨汇首次成为其仅次于石油的第二大经济收入来源。

四、宏观经济管理

东帝汶独立特别是政局稳定后，政府将经济发展重点放在基础设施重建和改善农业、开发油气资源方面，并加大了在这些方面的投入，致力于推动经济的可持续发展。

2011年6月东帝汶国会审批通过《2011—2030年国家发展战略规划》。该规划以东帝汶国家发展战略规划作为指导性原则，定位未来20年发展方向，加大公共领域投资。预计在未来20年（从2011年起），东帝汶基础设施领域投资将达到100亿美元。此外，该规划还力图创造更佳方法以获取最大回报，从而推动东帝汶非石油经济的发展，刺激私营经济的增长。

以长期发展战略指导性文件作为国家发展的目标，到2030年，东帝汶将由低收入国家发展成中等偏上收入国家。其主要发展战略包括：推动经济自由化和提升竞争力，创建由私营经济主导的市场经济，为企业投资建厂创造条件，吸引私人投资，促进出口，发展国有企业，为国内外投资者提供投资鼓励措施，推进经济领域基础设施建设，创造就业机会，减少贫困，提高居民生活质量。

第二节　东帝汶发展政策体系

一、贸易政策

（一）主管部门与法规体系

东帝汶的贸易主管部门为财政部和旅游贸易与工业部。其中，财政部是政府负责起草、执行、协调和评估部长理事会批准政策的中心机构，旅游贸易与工业部商务司主要负责对本国国内外贸易发展进行监测和分析。

目前，东帝汶有关贸易的法规体系还不够完善，包括2006年的《商业注册法》、2008年的《税收和关税法》、2009年的《餐饮业管理条例》、2011年的《商业活动执照法》《食品产业化条例》《进口汽车管理条例》等。2017年3月27日，东帝汶国家议会通过了新《商业公司法》。此外，还包括一些部长会议决议。

（二）贸易管理相关规定

东帝汶鼓励进出口贸易，出口不征关税，进口关税平均为2.5%，只对少数产品实行关税限制。比如，对进口军火征收200%的关税，对豪华游艇或私人飞机进口征收20%的关税，对单价超过7万美元的小轿车征收35%的关税。

东帝汶的主要出口商品是石油、咖啡等；进口商品主要为成品油、汽车、光学及照相器械、水泥、钢铁、粮食、电器产品、机械、饮料及药品。近几年，东帝汶咖啡主要出口到美国、德国、新西兰、比利时、日本、加拿大等国家和地区。

东帝汶是美国促进海外投资组织（OPIC）、多边投资担保机构（MIGA）、国际金融公司（IFC）、葡语国家共同体（CPLP）以及非洲、加勒比和太平洋地区国家集团（ACP）等组织的成员。

二、投资政策

（一）主管部门与法规体系

东帝汶的投资主管部门是贸易投资局。该局设置有投资、出口、对外关系、市场管理和财务等部门，主要职能是支持和鼓励来东帝汶的潜在投资者，帮助外国公司对东帝汶出现的商机予以引导并建立项目，提供一站式服务。该局隶属东帝汶旅游贸易与工业部。

东帝汶与投资合作相关的主要法律有《外商投资程序管理条例》《石油法》《私有投资法》《经济发展促进机构》等。有关招商引资政策和相关办理程序主要来自于《私有投资法》和《外商投资程序管理条例》。与投资相关的法律法规还有《商业企业法》《外商投资程序管理条例》《商业注册法》和《税法》等。2017年4月，东帝汶国民议会批准了新的《私有投资法》，对原有法律进行了进一步完善。

(二）投资管理相关规定

根据规定，外国投资者可投资于除邮政服务、公共通信、受保护的自然保护区、武器生产与销售等由国家控制的领域以及法律禁止的其他活动（如犯罪活动和不道德的活动）以外的任何领域。

根据《私有投资法》，东帝汶鼓励外商投资于基础经济领域和商品进出口贸易，对投资于部分农村、欧库西和阿陶罗等地区的投资者给予时间长短不一的免税待遇，包括免除进口关税待遇。但外国投资若要获得上述投资激励，最低投资须在150万美元以上，其中现金投入部分要占50%以上。在石油和矿产领域的投资行为按《石油法》和《矿产法》规定执行。《石油法》主要是用来规范东帝汶的石油和天然气开采。

无论是本土公司还是外商投资公司，均可以普通合伙、有限合伙、有限责任或股份公司形式存在。外国企业也可以注册成立本土分支机构。东帝汶政府鼓励外资与当地人合资（不是硬性规定），但大部分外国人在东帝汶都采用独资方式。政府对外国人在东帝汶建设开发区、出口加工区或工业园区暂无特殊规定，也暂无有关外资并购安全审查、国有企业投资并购、反垄断、经营者集中审查等方面的法律；关于外资收并购的主要手续及操作流程，当地无此类咨询的专业机构。

三、税收政策

（一）税收体系和制度

东帝汶政府2008年对税收政策进行了改革，致力于将东帝汶打造成为世界上税收最低的国家之一。通过减税和简化税收手续，刺激国内经济发展，促进国内和外来投资，鼓励私有经济领域发展，并减轻低收入者的负担。

据世界银行《2019年营商环境报告》显示，东帝汶的营商便利程度在190个国家（地区）中排名第178位；公司税赋平均为11.2%，排第140

位。据专业机构测评,东帝汶是葡语国家中最具税收竞争力的国家。

(二)主要税赋和税率

东帝汶主要税赋种类为劳务税、消费税、营业税、进口税、工资收入税、所得税等。

1. 劳务税

需缴纳劳务税的指定领域包括提供酒店服务、酒吧和餐馆服务、电信服务等三个领域,新税率为5%。如果提供以上服务的经营单位每月的发票总额低于500美元,则免税。

2. 消费税

以下商品进口需缴纳消费税,税额分别为:啤酒每公升缴纳1.9美元;葡萄酒和其他发酵类饮料等每公升缴纳2.5美元;烟草及烟草制品每公斤缴纳19美元;汽油柴油等石油制成品每公升缴纳0.06美元;单车价值超过7万美元的小轿车,超过部分征收35%的税;私人游艇和私人飞机缴纳应税额的20%。

3. 营业税

缴纳营业税的范围为:进口到东帝汶的应税商品,在东帝汶销售的应税商品,在东帝汶境内提供的应税服务。营业税税率规定如下:进口到东帝汶的应税商品税率为2.5%;在东帝汶销售的应税商品,在东帝汶境内提供的应税服务的税率为0%。

4. 进口税

进口税率为进口商品价值的2.5%,部分特殊商品则免税。

5. 工资收入税

如果雇员是居民自然人,每月工资不超500美元,免税;每月工资超过500美元,超过部分按10%纳税。如果雇员是非居民自然人,按每月工资收入的10%纳税。

6. 所得税

新税法规定的应缴纳所得税的收入,是指纳税人一年的总收入减去法律允许扣减部分后的收入。对居民自然人，年应税收入低于 6000 美元，免税；超过 6000 美元，税率为 10%；对于非居民自然人，税率为 10%。对于法人，税率为 10%。

四、产业政策

油气是东帝汶政府主要收入来源。为更有效、合理、透明地使用油气资源产生的收益，惠及子孙后代，实现国家经济的可持续发展，杜绝管理不善造成的贪污腐败现象，东帝汶先后制定与颁布了《石油法》《石油基金法》《石油税收法》和《石油活动法》等。

依据《石油基金法》，东帝汶政府参照挪威模式于 2005 年 8 月设立了石油基金。2009 年 6 月、2010 年 10 月和 2011 年 8 月，对该法进行了三次修改。前两次修改分别授权国际清算银行和施罗德投资管理公司管理部分石油基金，第三次修改将可用于投资美国国债以外的投资比例由 10% 提高至 50%。目前东帝汶石油基金投资比例为：美国政府债券占 74%，其他全球金融市场油价证券占 26%。预计在未来 20 年内，东帝汶油气收入将达到 500 亿—700 亿美元。

五、劳动政策

（一）劳工法核心内容

现行《劳动法》由东帝汶过渡政府于 2002 年 5 月颁布，2012 年 2 月颁布新版《劳动法》。

东帝汶最低工资标准为：无特殊技能的工人，每月不低于 115 美元。劳动者最低工作年龄为 15 岁，13—15 岁的未成年人可从事轻量工作。任何未成年人不得从事有损健康或危险的工作以及要求重体力的工作。通常的工作时间为 8 小时一天，每周工作时间 44 小时，雇主要求超时劳动的，超时部分应该按 1.5 倍工资支付，每天总工作时间不超过 12 小时。

每周加班不得超过 16 小时。连续工作 6 天后，应当休息一天，通常安排在星期天。法定休息假日加班，需要支付 2 倍的工资。每年应当有 12 天的带薪休假。当地法律暂无关于社保方面的规定。

（二）外籍人员工作规定

在东帝汶合法务工、经商者，需持有工作签证。2014 年 12 月，东帝汶政府对工作签证规定进行了微调，要求申请者提前在国籍所在国办妥部分申请文件的公证和领事认证。2017 年 5 月，东帝汶公布新《移民与避难法》，计划于 2017 年 8 月 24 日生效。但是，第七届宪法政府不太稳定，只改变了部分措施，并未在严格意义上实施该新法律。

六、土地政策

（一）土地法核心内容

东帝汶的立法对不动产的产权和租赁做出规定，仅东帝汶国民和企业对不动产拥有产权。由于历史的原因，以外国公民个人名义登记的不动产，将重新归东帝汶政府所有，但可以通过与东帝汶政府签署租赁合同的方式继续使用。外国企业只能拥有不动产除产权以外的其他表面权利。

东帝汶经历过葡萄牙殖民地时期、印尼占领期和后独立时期，因此同一土地经常存在交叉产权主张。2012 年，议会通过了一揽子土地法案，但遭到时任总统的否决，新的法案仍未出台，导致土地产权纠纷不断。

（二）外资企业获得土地规定

东帝汶的土地为私有制，且不可卖给外国人，因此只能从当地人手里租用土地和房屋。外国企业对土地最长可租用 50 年。根据《私有投资法》，东帝汶对外资参与农业和林业领域投资合作无禁止性规定。

第三节 东帝汶发展政策成效

一、成效分析

独立后,东帝汶曾在较长时间段内处于政局不稳的状况。2010 年后,东帝汶政府开始推出国家战略发展规划,着力推动经济社会发展。

经过努力,东帝汶经济有所恢复,由于海关关税和其他税种征收体制得到实质性改善,政府税收增长明显,加上国际石油价格上涨,帝汶海油气资源带来的收益大幅增加,政府的收入状况明显改善。2007 年以来油气月平均收入约 1 亿美元,随着国际原油市场价格上涨,2012 年东帝汶石油基金收入为 28.4 亿美元,2013 年为 26.93 亿美元。

但随着 2014 年以来国际油价持续下跌,东帝汶石油收入增速明显放缓。2014 年石油基金收入为 18.17 亿美元,2015 年为 13.06 亿美元,2016 年为 7.50 亿美元,2017 年为 20.335 亿美元,2018 年为 6.73 亿美元。截至 2019 年 9 月,东帝汶石油基金滚存累计为 176.5 亿美元,仍然为其经济主要支柱。

尽管在石油产业推动下,东帝汶国民经济得到稳步发展,但仍然存在着粮食不能自给、缺乏工业体系、经济发展基础不牢、经济结构单一、基础设施落后等问题。

二、合作建议

2002 年 5 月 20 日,东帝汶和中国建交。建交以来,两国关系发展顺利,各领域友好合作不断加强。2010 年 7 月起,中国逐步对东帝汶输华产品实施零关税。2014 年 4 月,两国共同发表了《关于建立睦邻友好、互信互利的全面合作伙伴关系联合声明》。2015 年 9 月,中国和东帝汶签订双方互免签证协议,两国公民持外交与公务护照可免办签证入境。

东帝汶属于葡萄牙语系国家,现为中国与葡语国家经贸合作论坛(澳门）成员国之一。2017年5月，东帝汶政府代表团出席在北京举办的"一带一路"国际合作高峰论坛。2019年4月，东帝汶政府再次派团出席了第二届"一带一路"国际合作高峰论坛。活动期间，东帝汶还正式与我国建立"一带一路"能源合作伙伴关系。4月26日，中国湖南省与东帝汶马纳图托地区缔结省级国际友城协议。

（一）基础设施

东帝汶作为年轻的国家，基础设施薄弱，国家处于百业待兴的状态。东帝汶在未来20年，基础设施投资将达到100亿美元，具有较大的潜在市场需求，中国在基础设施领域与东帝汶有着较大的合作空间。

根据东帝汶政府发布的《东帝汶2017年投资指南》，其早在2011年就成立了基础设施基金，旨在为国家超过100万美元预算的基建项目提供资金支持。其重点支持领域包括：水和电力供应及电网建设、空港海港建设、教育卫生、旅游以及国家路、桥网络的建设与升级改造等。

能源领域是基础设施基金投资的重点。在能源领域，基础设施基金正在进行的投资项目是电网改进，其未来的工作重点是重型染料和天然气的开发。在航空领域，基础设施基金将重点加强对帝力机场、四个区域机场的升级与扩建。在通信领域，基础设施基金制定了提高国家连通性的具体计划，该计划预计在2020年前提供7000万美元的资金支持。

东帝汶政府制定的《2011—2030年战略发展规划》涉及公路、港口、码头、机场、电信、电力等各领域的基础设施建设。在此规划指导下，东帝汶近年来依托不断增长的石油基金，大力加强教育、卫生和基础设施建设，全国电网建成，诸多国家级公路项目陆续开工。帝力港转型在即，帝力机场改扩建列入新一届政府优先发展项目清单；欧库西开发走上轨道，路桥、机场相继开工建设，欧库西港口处于筹划中；苏艾港建设箭在弦上，南部沿海地区开发开始提速。

2017年9月第七届宪法政府成立后，东帝汶继续保持了基础设施建设步伐。2018年6月成立的第八届宪法政府施政纲领，确定继续加大基础设施建设领域投资，依靠天然气发电，保障电力供应，降低用电成本；在陆路海路及航空领域投资，新建及改扩建一批重点项目，提升全国运输效率。

（二）油气产业

油气产业是东帝汶的经济支柱，政府经济发展的重点之一便是持续加大油气资源开发力度。帝汶海石油和天然气资源富集，仍有大量油气资源尚未开发，且油气产业下游链条发展空间巨大。

2019年3月，东帝汶政府从石油基金中提取6.5亿美元，用于购买康菲及壳牌公司在大阳升油气田联营体中30%和26.56%的股份，成为该联合体中最大的股东。目前，东帝汶正在寻找国际投资者共同开发该油气田。另外，东帝汶政府也在加快南部海上油气田的开发和南部石油城项目的建设步伐。

（三）其他领域

根据东帝汶经济发展规划，东帝汶经济未来有潜力的投资领域还包括：农业合作、海洋渔业、旅游酒店、商业贸易和交通运输等。

东帝汶可耕地面积2300平方千米，农业人口占总人口的71.4%。主要农作物为玉米、稻谷、薯类等，粮食尚不能自给自足。旅游资源方面，东帝汶多山、湖泊、泉水、海滩，发展旅游业具有一定潜力，旅游资源尚待开发。中国企业可利用技术、管理、资本方面的优势，推进与东帝汶相关领域的合作。

参考文献

一、中文文献

毕世鸿等编著：《新加坡》，北京：社会科学文献出版社，2016年版。

蔡金城主编：《印度尼西亚社会文化与投资环境》，广州：世界图书出版广东有限公司，2012年版。

常永胜主编：《马来西亚社会文化与投资环境》，广州：世界图书出版广东有限公司，2012年版。

曹云华主编：《东南亚国家可持续发展研究》，北京：中国经济出版社，2000年版。

陈鸿瑜：《东南亚各国政府与政治》，台北：翰芦图书出版有限公司，2006年版。

陈元中主编：《东南亚政治制度》，桂林：广西师范大学出版社，2012年版。

邓岩：《东盟农业投资研究》，北京：中国经济出版社，2019年版。

高歌：《东南亚经济与贸易》，南宁：广西人民出版社，2009年版。

国家市场监督管理总局国际合作司：《中国与东盟市场准入制度比较研究》，北京：中国工商出版社，2019年版。

孔庆山主编：《新加坡社会文化与投资环境》，广州：世界图书出版广东有限公司，2012年版。

赖小民主编：《"一带一路"沿线国家和地区法律与税收政策研究》，

北京：中国金融出版社，2017年版。

李菁：《东盟国家土地政策研究》，武汉：华中科技大学出版社，2019年版。

李敬、陈容、李志军：《"一带一路"沿线国家出口比较优势分析与进口需求研究（东南亚十一国）》，北京：经济日报出版社，2019年版。

罗志蓉：《投资东南亚》，昆明：云南人民出版社，2013年版。

刘新生：《东帝汶史纲》，广州：世界图书出版广东有限公司，2019年版。

李轩志编著：《柬埔寨社会文化与投资环境》，广州：世界图书出版广东有限公司，2012年版。

李小元、李锷编著：《老挝社会文化与投资环境》，广州：世界图书出版广东有限公司，2012年版。

梁立俊、莫洁玲编著：《文莱社会文化与投资环境》，广州：世界图书出版广东有限公司，2012年版。

林秀梅主编：《泰国社会文化与投资环境》，广州：世界图书出版广东有限公司，2012年版。

马勇主编：《东南亚报告（2018—2019）》，昆明：云南人民出版社，2019年版。

吴伟杰主编：《菲律宾社会文化与投资环境》，广州：世界图书出版广东有限公司，2012年版。

杨玉梅主编：《东南亚国家商务法律制度概论》，北京：法律出版社，2012年版。

叶德燎等编著：《东南亚与南亚油气资源及其评价》，北京：石油工业出版社，2004年版。

俞德俊：《一带一路建设下东南亚经济合作与贸易研究》，北京：中国商务出版社，2017年版。

余定邦：《东南亚近代史》，贵阳：贵州人民出版社，2003年版。

张哲、齐琳编著：《缅甸社会文化与投资环境》，广州：世界图书出版广东有限公司，2012年版。

欧树军、王绍光：《小邦大治：新加坡的国家基本制度建设》，北京：社会科学文献出版社，2017年版。

祁广谋、钟智翔主编：《东南亚概论》，广州：世界图书出版广东有限公司，2013年版。

覃主元等：《战后东南亚经济史（1945—2005）》，北京：民族出版社，2007年版。

沈安波主编：《缅甸联邦经济贸易法律指南》，北京：中国法制出版社，2006年版。

宋慧中主编：《"一带一路"沿线国家贸易投融资环境》，北京：中国金融出版社，2016年版。

王红晓主编：《东南亚税制》，北京：中国财政经济出版社，2019年版。

汪慕恒、周明伟：《东盟国家外资投资发展趋势与外资投资政策演变》，厦门：厦门大学出版社，2002年版。

王兴平主编：《东南亚及南亚产业园区发展与规划》，南京：江苏人民出版社，2019年版。

王正立等编：《东南亚国家矿业投资环境分析》，北京：中国大地出版社，2008年版。

庄国土、林宏宇、刘文正主编：《泰国研究报告—2018》，北京：社会科学文献出版社，2019年版。

邹春萌、罗圣荣编著：《泰国经济社会地理》，广州：世界图书广东出版公司，2014年版。

《东南亚地区发展报告（2012—2019）》（东南亚蓝皮书，2013年以来每年一本），北京：社会科学文献出版社。

《东南亚概论》丛书，广州：世界图书出版广东有限公司，2012年版。

《东南亚国家法律制度概论》丛书，成都：西南交通大学出版社，2017年版。

《东南亚文化概论》丛书，广州：世界图书出版广东有限公司，2014年版。

［澳］安东尼·瑞德，吴小安、孙来臣译：《东南亚的贸易时代》（两

卷本），北京：商务印书馆，2010 年版。

［澳］约翰·芬斯顿主编，张锡镇等译:《东南亚政府与政治》，北京：北京大学出版社，2007 年版。

［美］戴尔·布朗主编，王同宽译:《东南亚》，北京：华夏出版社，2002 年版。

二、英文文献

Beckmann, Volker（et al.），（eds.），*Economic Transition and Natural Resource Management in East and Southeast Asia*, Aachen: Shaker, 2010.

Blackwell, Jacob C., (ed.), *Southeast Asia*, Hauppauge, New York: Nova Science Publishers, 2010.

Brown, Rajeswary Ampalavanar, *The Rise of the Corporate Economy in Southeast Asia*, London and New York: Routledge, 2006.

Chan, Raymond K. H. and Kwan Kwok Leung (eds.), Raymond M. H. Ngan, *Development in Southeast Asia*, Burlington, VT: Ashgate, 2002.

Dayley, Robert and Clark D. Neher, *Southeast Asia in the New International Era*, Boulder, CO: Westview Press, 2010.

Tongzon, Jose L., *The Economies of Southeast Asia*, Cheltenham, UK and Northampton, MA: Edward Elgar Pub., 2002.

Yao, Souchou, *Singapore*, London and New York: Routledge, 2007.

三、线上资源

《对外投资合作国别（地区）指南》，http://fec.mofcom.gov.cn/article/gbdqzn/。

《国家（地区）》概况，https://www.fmprc.gov.cn/web/gjhdq_676201/gj_676203/yz_676205/。

东南亚国家联盟官方网站，https://asean.org/。

世界贸易组织官方网站，https://www.wto.org/。

世界银行官方网站，https：//www.worldbank.org/。
亚洲开发银行官方网站，https：//www.adb.org/。
东南亚国家政府部门官方网站。
中华人民共和国驻东南亚国家大使馆官方网站。

后　　记

《东南亚国家发展政策研究》一书是宋国华负责的四川外国语大学科研创新团队——东南亚地缘政治关系与投资安全研究团队的研究成果。2017年3月研究团队立项建设以来，历经三年多时间，在各位团队成员的集体协作和共同努力下，最后的"产品"终于呈现于广大读者面前，我们内心虽难免忐忑，但却充满了一丝期待。

东南亚地区与中国的历史渊源自不必说。该地区的重要价值，不仅体现在是中国做好周边外交的重中之重，同时也是中国推进合作共建"一带一路"的重要面向和支点。即使对于国内区域协调发展而言，在中新（重庆）战略性互联互通示范项目和西部陆海新通道建设等国家级发展战略的"加持"下，东南亚地区也已成为新时代推进西部大开发的重要外部资源和市场所在。本书既是对东南亚国家发展政策的一次全景式"扫描"，也是促进中国与东南亚国家传统友好关系的一次小小的助力。

本书由宋国华提出整体设计方案，拟定写作大纲，召集团队成员研讨，并具体指导各章内容的写作。在初稿基础上，宋国华进行了最后的统稿和定稿工作。具体写作任务分工如下：第一章党文娟，第二章高福霞，第三章朱丹亚，第四章陈婧晋，第五章蔡薇，第六章何承丽，第七章谭亮，第八章宋国华、王英豪，第九章宋国华、杜海昕，第十章宋国华、殷秀娟，第十一章宋国华、王一丹。葛静静对于团队建设和书稿审查付出极大努力和细致工作。倪聪聪认真整理和修订了本书的参考文献。感谢各位老师和同学的辛苦付出！

在书稿付梓之际，特向关心和支持研究团队建设、书稿写作及出版工作的良师益友表示真诚的感谢！本书写作过程中大量参阅吸收了国内外诸多专家学者的研究成果，以及相关机构的文献资料，在此表达我们最诚挚的谢意！本书的最终出版得到"重庆市高校国际化人文特色建设项目（非通用语）"出版资金的支持，在此一并致以深深的谢意！

本书涉及国别众多，限于能力和水平，我们对每一个国家的了解和研究仍然存在诸多认识不到位、理解不深刻和把握不全面的情况，错谬之处在所难免，恳请各位专家学者批评指正。

宋国华
于耕耘书斋
2020 年 10 月

图书在版编目（CIP）数据

东南亚国家发展政策研究/宋国华等编著.—北京：时事出版社，2020.12
ISBN 978-7-5195-0391-8

Ⅰ.①东… Ⅱ.①宋… Ⅲ.①政策—研究—东南亚 Ⅳ.①D733.022

中国版本图书馆 CIP 数据核字（2020）第 261955 号

出 版 发 行：	时事出版社
地　　　　址：	北京市海淀区万寿寺甲 2 号
邮　　　编：	100081
发 行 热 线：	（010）88547590　88547591
读者服务部：	（010）88547595
传　　　真：	（010）88547592
电 子 邮 箱：	shishichubanshe@ sina.com
网　　　　址：	www.shishishe.com
印　　　　刷：	北京朝阳印刷厂有限责任公司

开本：787×1092　1/16　印张：18.5　字数：300 千字
2020 年 12 月第 1 版　2020 年 12 月第 1 次印刷
定价：98.00 元

（如有印装质量问题，请与本社发行部联系调换）